奪われた物語

大兼久の戦争犠牲者たち

大城 貞俊

沖縄タイムス社

敬愛する郷里の人々と、すべての戦争犠牲者に捧げる

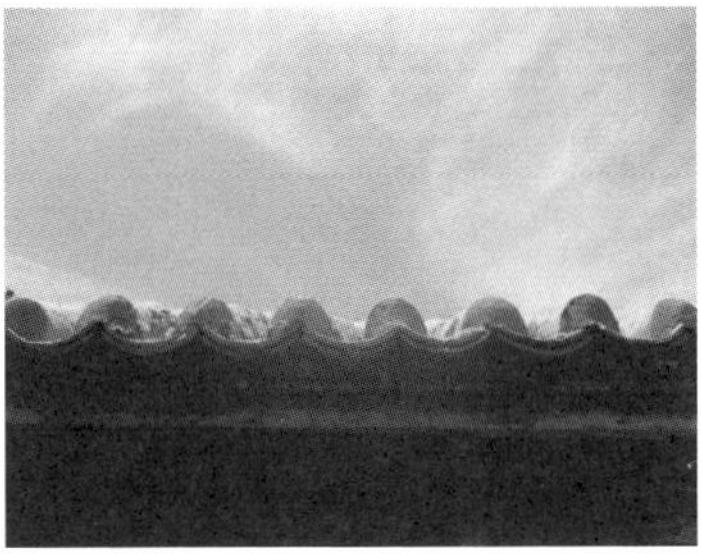

奪われた物語——もくじ

プロローグ　わが故郷・大宜味村大兼久

第1章　戦争体験の波及力

第2章　戦没者名簿の死者たち

＊提供写真を除き文中写真はすべて筆者撮影。
＊本書の文中に記した取材協力者のカッコ内の年齢は、取材した二〇一五年当時の年齢である。

奪われた物語

大兼久の戦争犠牲者たち

大城貞俊

大兼久
国頭村
東シナ海
饒波
喜如嘉
田嘉里
謝名城
赤又山
根路銘
上原
大宜味
塩屋
屋古
押川
大宜味村
宮城
塩屋湾
玉辻山
田港
白浜
大保
津波
江洲
東村
津波山
名護市
国頭村
大宜味村
東村
名護市
58
331

プロローグ

わが故郷・大宜味村大兼久

郷里の風景

『大宜味村史』から

大兼久の戦争犠牲者たち

郷里の風景

山は、村の背後に迫って屏風のようにそそり立っている。その山裾を迂回するように、道路は海岸沿いに造られている。どの山も背を丸めた生き物のようだ。芋虫のよう蠢《うごめ》いて海岸線までやって来たが、海風を受けて勢いを押し戻されるように立ち止まる。立ち止まったがゆえに背後から押しやられるようにして前方に駱駝《らくだ》のような丸いこぶを作る。

山の樹々は、海風を避け、地に沿って寝そべり、幹をむき出しにして枝葉を畳む。すでに樹木が剥ぎ取られ、赤土や岩肌を風に曝している箇所もある。もちろん、海風と対峙し、堂々と梢を揺らしている斜面もある。どこかに山を迂回する風の道があるのだろうか。

かつて、山は季節ごとの花に彩られたという。春にはツツジの赤い花が、緑の絨毯《じゅうたん》に朱墨を落としたように華やかに咲き誇り、テッポウユリの白い花は道路脇で幻惑的な匂いを撒き散らして道行く人々を魅了したという。野いちごが実り、椎の樹の新芽が陽光に照り輝いてきらきらと金色の葉裏を翻す。先人の語る山の風景は、いくばくかは残っているものの、今ではそれほど多くはない。見上げると、山の稜線には、リュウキュウマツの大木が、刈り残した稲穂のように一本、二本と青空を背景に緑のシルエットを作っている。直立した樹木は風を受けないのか微動だにしない。

私の郷里、沖縄本島北部の大宜味村《おおぎみそん》は、そんな山々を背景に小さな村々が点在して出来た寒村である。海風や川が運んできた土砂が作った小さな土地に、身を寄せ合うようにして人家が建っている。現在の大宜味村の人口はおよそ三〇〇〇人ほどだ。

私が生まれ育った小字の大兼久《おおがねく》の人口は、現在二〇〇人ほどである。海岸沿いに糸を引くように点在する村の一つだ。人家は七〇軒ほどであろうか。いきなり背後に山が迫り来て耕す土地が少ないだけに、目前に広がる海に糧を求めたと言われている。戦前には、糸満の漁夫から漁法を学び、県内でも名の知れた漁村であったようだ。南洋諸島のパラオにも移民を送り出し、漁業で成功を収めた人々も数多くいたという。今は、漁業で生計を立てている家族は一軒もない。

大兼久全景

私の両親もそうだが、私の伯父家族もパラオに渡った。そしてパラオやペリリュー島で戦死した大兼久の人々は数多くいる。去る大戦は、沖縄戦での戦死者だけでなく、当然のことながら、南洋諸島や、満州、シベリアでの犠牲者たちも数多く生み出したのだ。

私は、戦後生まれで団塊の世代と言われている。戦後七〇年、私たちの世代も還暦を過ぎた。しかし、正直なところ、今やっと戦争と向き合える時間を手に入れることが出来るようになったと言っていい。少なくとも私の場合は、定年退職を迎え、父や兄が死亡した年齢を過ぎると、にわかに残された時間を逆算するようになった。父が召集されたパラオのことが気になり、私が生まれ育った郷里大兼久の戦死者のことが気になり始めた。

戦争の体験者が、トラウマのように苛まれてきた戦争の悲劇を語り始めたように、私もまた自らの生を閉じようという年齢を迎えるにあたって、戦争という理不尽な権力に奪われた人生について、思いを巡らす日々が多くなった。同時に国家の戦争システムに、とても怒りを覚えるようになった。無名の人々の奪われた物語をいとおしく思うようになったのだ。

戦死者たちにとって、織り成されるはずの人生の物語はどのようなものであったのか。個々人にとって、かけがえのない絶対無二の物語が奪われたのだ。換言すれば、あの時間、あの場所で彼らが死に、この時間、この場所で私が生きている意味を深く考えるようになったと言っていい。戦争がなければ郷里のこの土地で、死んだだれかの子や孫が命を引き継いで生きていたのだ。そして、もしも私の父が徴兵されたパラオで戦死していたら、私はこの世に存在していなかったのだ。

戦後七〇年、郷里のこの土地は、無念の思いで斃れていった人々の血と織り成されることのなかった物語を吸い込んで、空を見上げ、雨に打たれ、風に曝されてきたのだ。運命と呼ぶにはあまりにも悲しいこの愕然とする事実が、私にこの本を書かせる動機になったと言っていい。

『大宜味村史』から

『大宜味村史　通史編』（一九七九年）や『大兼久誌』（一九九一年）を紐解くと、戦時中のことが詳細に記録されている。自らが生まれ育った土地であるだけに、過去の風景が現在のように蘇ってくる。この土地で流された戦死者の血を、この土地はどのような思いで抱きしめたのだろうか。故郷を離れ、遠い異国の地で戦死した人々は、どのような思いで故郷を懐かしみ、父母や兄弟の姿を思い描いて死んだのだろうか。戦争の時代は、どの地においても、日本人であるがゆえに、戦火を避けることは出来なかったのだ。

郷里大兼久の人々の具体的な戦争体験を聞き取る前に、その全体像を俯瞰的にでも理解することから始めたいと思った、郷里の人々は、どのように戦争に巻き込まれていったのか。たぶん、抗うこともできない大きな力が村人を襲ったのだろう。その力はどのようにやってきたのか。正体を隠して波状的にやってきたのか。それとも欲望を剥き出しにやってきたのか。それとも内部から自然発生的に生まれたものなのか。その実態を把握したかった。

『大宜味村史　通史編』（一九七九年）では第二章の第三節に「戦時下の行政」と題して、「戦時下の村民生活」「大宜味防衛隊の編成」「護郷隊の編成」「敗残兵と避難民」「戦争犠牲者」などの項目を設けて、多くの頁を割当てて記述している。ここに当時の実情が示されている。第三節の書き出しは、次のようになっている。（二〇一～二〇三頁）

昭和十二年（一九三七）七月の日中戦争（支那事変）の勃発を境に日本国内は長期持久戦体制に突入した。翌一三年四月には国家総動員法が公布され、物資・労働・産業から国民の衣食住にいたるまで国家総力戦の遂行に集中されることになり、物価統制、消費節約、廃品回収、国民貯蓄、生活簡素化などの徹底によって、国民は〝欲しがりません勝つまでは〟の窮乏生活をよぎなくされることになった。

大宜味村のような、いわゆる銃後農山村においては、①兵士の供給②産業戦士の供給③戦時食糧の供給、が三大任務とされた。（中略）

だが、兵士・産業戦士の供給と食糧増産とは相矛盾する課題であった。兵役と軍需産業への出稼ぎによって農業労働者は払底し、これが食糧増産運動にブレーキをかけることになったからである。おまけに、物資統制によって肥料や農業資材はいちじるしく不足し、生活必需品も極度に切りつめられて、農業生産活動は縮小再生産に向かわざるをえない。

こうした戦時統制経済の矛盾をとりつくろうために、いっぽうでは国民精神総動員運動が政府の指導の下に大々的に展開されていった。「挙国一致・尽忠報国・堅忍持久」の三大スローガンの下で銃後国民の教化運動が重視され、村常会↓部落常会↓隣組常会などの国民統制機構を通じて徹底されていった。これがやがて、昭和一五年大政翼賛会の発足以降、産業経済団体、青少年団体、婦人団体などもすべて翼賛会の下に吸収統合されていき、物心両面にわたる国民統制が「翼賛運動」の名の元に強化されていく。（中略）

昭和一六年一二月八日、日本は無謀な太平洋戦争に突入した。日中戦争の泥沼化に疲れていた国民は太平洋での緒戦の勝利にわずかに希望をつないだが、しかし一八年ころからは日本の敗勢は国民の目にも明らかとなり、物資不足と重労働は、日に日に深刻さを増してきた。戦線は沖縄にも近づきつつあった。一八年夏ころから伊江島飛行場の工事が始まり、翌一九年三月に沖縄守備軍（第三二軍）が創設されてからは全島要塞化の軍工事に拍車がかけられた。大宜味村にも伊江島や読谷山の飛行場工事へ次々に労務徴用が割当てられてきた。そのうえ軍用の食糧や資材の供出が相次いだ。ただでさえ食糧自給ができず、労働力不足に悩む村内の農家は、非常食糧の確保も不十分なまま、やがて翌二〇年三月末からはじまる沖縄戦にまきこまれていったのだった。（以下略）

わが故郷、沖縄本島北部の小さな大宜味村にも、このようにして容赦なく戦争が押し寄せてきたのだ。戦時下での必死の対応や日常生活の困窮さの記述には心が痛む。もちろん、労務徴用のみならず、軍事訓練を受けて戦線で戦う兵士として、さらに補充兵役や産業戦士としても徴用され戦線へ送り出されるのである。そればかりではない。残った村民男子のほとんども、昭和二〇年ごろには、「軍民一体」の号令の下に、護郷隊や防衛隊員として、根こそぎ動員されていくのだ。

これらの記述の中から、「大宜味防衛隊」「護郷隊」、そして「敗残兵と避難民」についての箇所を抜粋してみよう。まず、「大宜味防衛隊」については、次のように記載されている。

(二二九〜二三五頁)

「防衛隊」というのは陸軍防衛召集規則に基いて召集された「特設警備第〇〇中隊」のような後方補助部隊のことである。満一七歳以上満四五歳までの男子が対象となる。陣地構築、弾薬運搬などに使役されるのが主たる任務で、ふつう武器は与えられず、地元民は〝棒兵隊〟とか〝苦力部隊〟と呼んでいた。しかし、補助部隊とはいえ砲爆撃の下で実戦部隊と行動を共にするのであるから決死の覚悟は正規兵と異るところなく、また、中南部の戦線では銃を持って第一線に立たされた場合もあった。防衛隊約二万二〇〇〇のうち約六割が戦死したといわれている。
　大宜味村には昭和二〇年三月三日付で防衛召集が発令されてきた。召集令状は正式には沖縄連隊区司令官の名で発行されるのであるが、国頭地区の場合は国頭支隊の宇土大佐名で発行されることになっていた。（中略）
　このとき、村役場の忠魂碑前に整列した防招兵は約二八〇名、ほとんどが軍隊経験のない者たちだった。即戦力のある在郷軍人や青年学校生徒はすでに招集された後だったから、村内で残った者の根こそぎ動員であった。その中には村内各校の男子教員がほとんど含まれており、このため、この日をもって学校は閉鎖されることになった。一般家庭でも、一家の大黒柱がいきなり引き抜かれるのだから、のこされた家族の悲嘆は想像にあまるものがあった。別れの言葉もそこそこに男たちは戦場へ向って行った。（中略）
　配属された部隊は金武湾の海岸線に基地を置く海軍第二二震洋隊（豊広部隊）と第四二震洋隊（井本部隊）であった。震洋隊は海軍の海上特攻隊である。
　特攻隊「震洋」は長さ五・一メートルのベニヤ製のボートに炸薬を装置して敵艦に体当りする自爆兵器である。ふだんは海岸近くの壕に秘匿しておき機をみて泛水して奇襲攻撃に出撃する。防衛隊の任務はこの「震洋」の秘匿壕の構築作業と出撃時の泛水作業が主たるものだった。（中略）

沖縄戦が迫ってくると空襲がひんぱんになってきた。警報下でも作業は続行し、敵機が襲ってくるたびに壕の中に駈けこんだ。途中から宿舎も壕内に移された。重労働と壕内の湿気に悩まされて、病人が一〇名以上に達し、そのうち一名が病死した。そしていよいよ三月二三日から空襲は本格化し、沖縄戦の幕が切って落された。金武湾沖にも敵艦隊が姿を現わした。三月二九日夜、震洋隊は第一回の出撃を決行した。防衛隊は壕から艇を運びだし、出撃を見送った。特攻隊員はいずれも二〇歳前後の志願兵たちであった。その後、四月一日、三日と出撃していったが、いずれもみるべき戦果はなかったと言われている。

四月一日に中部西海岸に上陸した米軍は三日には石川に達し、震洋隊の基地の近くまで迫ってきた。もはや特攻出撃の機会も失し、部隊は残艇を処分して陸戦に移行することになった。この機会に、防衛隊の幹部は震洋隊に対して、ただちに任務を解除して隊員全員を帰村させて欲しいと申し入れた。もともと大宜味村防衛隊は国頭支隊の隷下にあって村内の沿岸防備にあたる任務があった。本来の任務に復するために帰村させよ、というのが申し入れの理由だった。震洋隊もこれを認め、帰村を許した。四月四日、激しい砲爆撃の下を一隊は故郷へ向けて移動を開始した。しかし、途中から小禄の海軍本部（小禄海軍飛行場の根拠地隊司令部）に抽出されていった第一小隊はこれに合流することはできなかった。周知の通り、大田海軍少将指揮下の海軍部隊は激烈な戦闘の後、六月一三日全滅して

いる。大宜味防衛隊第一小隊四五名中、約三〇名が同地で戦死したものとみられる。（以下略）

帰村が許された防衛隊員は、以後、各部落における警防団員として活動する。村人の避難誘導から食糧の管理・配給・敵情監視と伝令等、村民の自存自衛の組織の一員として活動する。警防団員は団の制服制帽を身につけていたので、これが軍人と誤解されて敵の狙撃の的になり、このため戦死した団員が数名いるという。

ちなみに、大宜味村防衛隊の正式名称は「大宜味独立中隊」で、中隊には指揮班を置き、その下に六個小隊が置かれ、小隊の下に分隊が置かれるという編成であったという。

今、振り返って考えてみると、小禄《おろく》海軍本部に抽出された小隊が、別の小隊であったなら、悲劇はまた違う状況を生み出していただろう。また、金武湾《きんわん》に配備された震洋隊に、帰村を申し出る勇気と判断がなければ、これもまた違う惨状を生み出していたものと思われる。戦場での命や不運は、予測不可能なままに遭遇してしまうのだ。大宜味防衛隊に召集された二八〇名のうち、未帰還者は七二名にのぼるという。

護郷隊については、さらに悲惨な結末に遭遇する。大宜味村から徴兵された村人は第二中隊に組み込まれ、恩納岳《おんなだけ》周辺での戦闘に参加するが、二四名が戦死し、第二護郷隊全体では七三

名が戦死したという。護郷隊については次のように記述されている。（『大宜味村史　通史編』二三五～二四〇頁。一部省略）

護郷隊とは遊撃隊（ゲリラ部隊）の秘匿名である。太平洋戦争で日本軍は、ニューギニアに第一遊撃隊、フィリピンに第二遊撃隊、沖縄本島国頭郡に第三、第四遊撃隊を配置した。第三遊撃隊（隊長村上治夫大尉）は名護から本部半島を守備範囲とし、第四遊撃隊（隊長岩波寿大尉）は恩納岳一帯に根拠地を置いて、それぞれ第一、第二護郷隊と称した。

遊撃隊は秘密遊撃戦を本務とする特殊部隊であるため部隊編成も正規部隊とは異なる。隊員は、国家総力戦の指導要領にもとづいて、ただちに戦力化できる一七歳以上徴兵適齢期以前の青年を防衛招集し、これを基幹として編成し、小隊長、分隊長クラスには現地の在郷軍人を再召集して指揮にあたらせ、さらに、陸軍中野学校で特殊教育を受けた将校、下士官が隊長、中隊長、指揮班に配置されるという編成だった。中隊総員一〇〇～一三〇名、第四遊撃隊総員四〇〇名。大宜味村からは、青年学校生徒、在郷軍人約一三〇名が召集を受け、第四遊撃隊第二中隊に編成され、恩納岳から石川岳にかけての守備についた。各中隊は村単位に編成され、第一中隊（中島寛少尉）は国頭村、第二中隊（松崎正行少尉）は大宜味村（一部読谷村）、第三中隊（畑友迪少尉）は東村と配属された。このほか、県立第三中の鉄血勤皇隊約一五〇名は第三遊撃隊（第一護郷隊）に配属されている。

　護郷隊の編成と配置は、二つの点で重要な意味をもっている。一つはこの部隊の編成が先例となって後の学徒隊編成の基準とされたことである。これらは厳密には義勇隊であって軍隊ではない。しかし、義勇兵役法が公布され全国的に義勇隊が編成されるのは沖縄戦の後のことであって、沖縄の護郷隊や学徒隊は法の定めもないままに、本土決戦における義勇隊の実験版にされたことになる。しかも、本土では八月一五日の降伏によって実際に義勇隊が戦闘に参加することはなかった。義勇兵役法の公布は国家総力戦＝国民総動員体制の極限の形態といわれているが、ひとり沖縄だけがその極限を体験したことになる。

　護郷隊の編成・配置のもつもう一つの意味は、日本軍の作戦方針がそこによく現わされている点である。大本営は沖縄作戦を「決戦」とは考えなかった。あくまでも本土決戦に備えるための「持久作戦」であった。いわば時間かせぎの捨て石作戦である。本土に兵力を温存するために沖縄軍には十分な補給は行わなかった。そのため沖縄軍は現地自給主義をとって「現地物資ヲ活用シ一木一草ト雖モ之ヲ戦力ト化スベシ」という方針で根こそぎ動員を行ったうえ、乏しい兵力を中南部の地下陣地に集中させ、石川〜仲泊線以北の国頭山岳地帯は秘密遊撃戦の作戦地区に指定した。主力の第三二軍が全滅した後も、なお北部山岳地帯でゲリラ戦を続行して米軍を一日も長く沖縄に釘づけするというのがそのねらい

であった。護郷隊すなわち遊撃隊はかかる任務をおびていたのである。（以下略）

ここに記されているように、昭和一九年九月中旬に、陸軍中野学校の卒業生二名が沖縄にやって来て、第三、第四遊撃隊の隊長となる。九月二五日には「朕ココニ第三第四遊撃隊の編成を命ス」という勅命がくだり、ここに遊撃隊が正式に発足する。それ以降、戦線で米軍と相まみえるまでの経緯は次のように記されている。（二三七頁）

一〇月初旬には基幹要員として第一次召集が行われ、在郷軍人が臨時召集されて那覇の軍司令部に入隊していた。続いて十月中旬に第二次臨時召集が行われ、隊長以下分隊長にいたるまでの部隊編成が整い、これら下士官級を常置員として、翌年一月中旬以降、第四遊撃隊（第二護郷隊）は恩納岳、石川岳地区に遊撃拠点を設け、同地区および中頭地区において情報収集と作戦準備を進めた。

いっぽう、部隊の一般兵員となる青年学校の生徒たちは、前年一一月一日から防衛召集を受け、名護国民学校で約四〇日間の遊撃戦教育を受けていたが、沖縄戦開始直前の三月二五日ころ、恩納村名嘉真の部隊に配属され、二九日いよいよ拠点地区である恩納岳に配置された。まだ童顔の面ざしを残した一六歳から一九歳未満の隊員たちは、だぶだぶの軍服とぶかぶかの軍靴に身を包み、緊張した面もちで配置についた。

護郷隊は、遊撃戦用の装備と訓練をほどこされていた。軽機関銃、てき弾筒、九九式小銃のほかに、「ハハリュウ」（破壊用）「ホイキマー」（火災用）という暗号名をもつ爆雷を装備して、敵陣斬込みの訓練を積んでいた。ほかに情報収集用の無電機を備えていた。こうした、本来秘密遊撃戦を本務とする特殊部隊が米軍歩兵部隊との正面からの銃撃戦を余儀なくされたところにこの部隊の不幸があった。（以下略）

このようにして、第二護郷隊は恩納岳に陣を構える。米軍は四月一日に北谷《ちゃたん》や読谷《よみたん》の海岸から上陸し、三日のうちに東海岸に達し、石川《いしかわ》〜仲泊《なかどまり》の地峡線で沖縄本島を南北に分断する。その後、素早く上陸部隊を二隊に分けて、それぞれ南と北に進撃させる。北部侵攻には精鋭の第六海兵師団が振り向けられ、東西の海岸道路から北上する。

恩納岳での戦闘は四月初旬から始まる。第一次、第二次、第三次と波状攻撃を仕掛けられた第二護郷隊は、戦死者を多数だし、六月二日から撤退を開始する。七月一六日には、第二護郷隊の本部は有銘《あるめ》西方の山中に到達したが、既に食糧は尽き、部隊として行動することは不可能になったため、武器・弾薬を地中に埋めて部隊を解散する。その後、隊員は各中隊ごとに自村に帰還して情報収集にあたり中隊長は分担地区の山中に潜伏する。大宜味村の第二中隊も数名ずつに分散して、山中を行動し各々の部落に帰って来る。この時期、既に村民は収容所に保護されて戦後の再建に立ち上がっているときであった。第二中隊長も喜如嘉《きじょか》収容所の近くの山中に潜伏していたが、九月に入ると住民を通じて米軍からの下山勧告もあり、十月二日、隊長以下部隊本隊は、米軍収容所にくだった。大宜味村からは一三〇名が召集を受け二四名が戦死する。

大宜味村の山々もまた悲劇の場所になる。山々は村内の小字の多くの人々が避難した場所でもあったが、同時に中南部からやって来た避難民たちが身を隠す場所にもなった。当時、大宜味村と国頭村《くにがみそん》の山々には、およそ二万人の避難民が潜伏していたという。当然、人々は、山中で飢餓地獄を彷徨うことになる。さらにその山々には、組織的な戦争で敗北した兵士たちが、なだれ込み、ゲリラ戦を展開する場所にもなる。兵士たちは、食糧を避難民たちから強奪していく。このようなことの経緯は『大宜味村史　通史編』には、「敗残兵と避難民」として次のように記載される。(二四〇～二四三頁)

国頭支隊(支隊長宇土武彦大佐)約三〇〇〇が守備する八重岳を中心とする本部半島では四月一一日ごろから本格的な攻防戦が開始された。およそ一週間の戦闘の後八重岳頂上は米軍海兵隊の手に陥ち、その後一週間の山岳掃討戦で半島全域は完全に米軍に制圧された。これよりさき、一六日には支隊司令部は名護〜羽地の米軍警戒線を突破して国頭北部に「転進」することを決定、各隊は小隊、分隊単位に分散してひとまず名護後方の多野岳方面に向った。重傷病兵を置き去りにしてのみじめな敗走であった。

多野岳に集結した部隊は、四月二三日ふたたび米軍の攻撃を受けることになったが、もはや弾薬や食糧は底をつき戦意も尽きていた。そこで支隊長は、以後各隊は分散して羽地以北の山中に分散潜伏し遊撃戦を実施せよ、と命令して指揮を打ち切った。携行糧食を持たない部隊はたちまち飢餓状態におちいり、言うところの「遊撃戦」は食糧を獲得するための最後のあがきにすぎなかったのである。支隊本部も食糧を求めて北上、途中偵察機と掃討隊の銃砲撃に追われながら伊湯岳方面に移動していたが四月二七日内福地付近の山中でついに部隊解散のやむなきにいたった。

当時国頭山中の北部には数万（大宜味と国頭だけで二万人以上）の避難民が飢餓地獄をさまよっていた。ある小屋には十数名の女や年寄りや子どもたちが飢餓と熱病で動くこともできず横になっていたし、餓死した母親の側で乳呑児が乳房をしゃぶり続けている姿も見られた。とり残された幼児の傍に、「この子に食べ物を恵んで下さい　母親より」と書きのこして死んでいった若い母親もいた。あちこちの樹の下に死者を埋葬した土まんじゅうがあり、出身地名と名前を記した木札だけが枝にぶらさがっている光景もみられた。

こうした飢餓地獄の山中に敗残兵グループが移動してきたのだから食糧問題もいっそう深刻になった。食糧をめぐる軍民の摩擦は弱肉強食の惨状を呈し、食糧の挑発・強奪、あげくは住民虐殺事件にまで発展していった。部隊の表向きの方針は「食糧を獲得しながら遊撃戦を続行する」というものであったが、米軍の警備キャンプを襲撃して食糧を獲得することは戦力からいっても至難のわざであったし、結局は避難民がもっている食糧が獲得の対象になった。あるいは斬込み出撃を装って徴発を求めたり、あるいは露骨に銃口をつきつけて強奪した。やがて、収容地区の難民を襲撃して米軍支給の食糧を強奪するまでになった。渡野喜屋部落（現白浜）では、空家に収容された中南部出身の避難民を夜間に十名前後の敗残兵グループが襲撃、数十名の女や子どもたちを手榴弾で一瞬のうちに虐殺して持物をことごとく持ち去っていった。（以下略）

住民も、兵士も悲しい。生きるために、自らの生命を守るために、非人間的な行為を選び取っていく。それも七〇年前の、ごく近い過去のことなのだ。

大宜味村の山や海は、これらの惨状を記憶しているように私には思われる。土地の精霊が、土地に流れた血や埋もれた遺体を慈しんでいるように思われる。決して顔を背け、知らない、見ていないと、「知らんふり」を決め付けているのではないように思われるのだ。

大兼久の戦争犠牲者たち

私の故郷、大宜味村大兼久には、この大戦で犠牲になった村人の名前を刻んだ「北霊之塔《ほくれいのとう》」が建立されている。一九五八年五月一一日に除幕式が行われた。県内では、集落単位で慰霊塔が建立されたものとしては、おそらく最も早い時期であっただろう。建立時に六八柱の氏名が刻銘されたが、後に刻銘漏れがあることが分かり、現在、犠牲者は九二柱とされている（ただし、刻銘は当初のままで六八名。追加氏名は『大兼久誌』二〇四頁参照）。

北霊之塔に記された鎮魂の碑文は次のようになっている。

国のため幾山河《いくやまかわ》に
散華《ちり》し　英霊《みたま》よ
今故郷《ふるさと》に　眠れとぞ祈る
一九五八年四月　平良仲蔵　詠進

私は、このささやかな書物は、故郷大兼久が書かせたものだと思っている。未来を奪われ、現在を奪われた戦争の犠牲者たちの、ついに描かれなかった物語を紡ぐ書物だ。私のささやか

北霊之塔

な営為が、戦死者たちの無念の思いを想起させる契機になればと思っている。

そして、願わくば故郷に生を受け、故郷から有形無形の恩恵を受けている者の一人として、故郷に恩返しをする営為の一つになればと思っている。戦争で犠牲になった村人と悲しみを共有し、この国のすべての戦争犠牲者を含め、理不尽に命を奪われていった世界の国の人々とともに、悲しみを共有することができれば、この上ない喜びだ。

私の六〇年余の人生の中で、理解出来たことの一つに、人間の感情は存在に関わる共通の基盤であるということがある。それは性別を問わず、人種を問わず、国籍を問わずに発露する。悲しみや孤独は、国境を越えて連帯できる感情の一つだ。このことが、二度と戦争を起こさない国を創る一歩にもなるはずだ。

そのためにまず、私は、大宜味村の中でも、私の故郷である小字大兼久の戦争犠牲者へ、思いを馳せたい。不遜なことかもしれないが、その努力を積み重ねたい。そこから奪われた物語を紡ぎたい。それが私に出来る唯一のことで、第一歩の行為になるような気がする。

『大兼久誌』（一九九一年五月）に記載された戦争犠牲者は、次の九二名である。

◇大兼久戦没者氏名と屋号

注1　出典は『大兼久誌』の二〇〇～二〇四頁。番号は筆者が一覧表にして付した。1から68までは「北霊之塔」に刻銘されている。

注2　今後、本文中に登場する人物の上にゴシックで付した番号はこの一覧表の番号に照応する。

番号	氏名	屋号	所属	備考
1	奥島憲太郎	比謝小	現役兵	満州事変
2	山川　元正	松下小	軍属	フィリピン—日本
3	奥島憲五郎	憲五郎屋	軍属	ニューギニア
4	平良　鍋一	浜仲門	軍属	南洋
5	金城新太郎	前新屋	防衛隊	沖縄—島尻
6	金城　新助	新助屋	防衛隊	沖縄—島尻
7	平良　忠雄	東り仲門	軍属	フィリピン
8	山川元太郎	東り新門	軍属	フィリピン

9	與那城蔵七	大阪屋	召集	ニューギニア
10	山城　正喜	正喜屋	召集	南洋
11	金城正次郎	入り門	召集	フィリピン
12	山川松次郎	松下	召集	南洋
13	平良　森吉	新地小	防衛隊	沖縄―本部半島
14	山川元次郎	若松屋	召集	沖縄
15	金城祥次郎	前門	召集	海軍
16	平良　仲三	東り仲門	召集	
17	平良　仲喜	浜仲門小	召集	南洋
18	金城正太郎	入り門	軍属	南洋
19	金城　清良	大屋	召集	
20	山川　桃福	上那小	軍属	南洋―ラバウル
21	大宜見朝健	大宜見小	召集	沖縄―首里
22	山川　茂雄	桃喜屋	召集	南洋ペリリュー島
23	我喜屋宗栄	ガーザ	召集	南洋ペリリュー島
24	平良　芳雄	前仲門	召集	沖縄―伊江島

25	金城　良雄	宏明屋	現役	
26	大城新次郎	新島	召集	南洋ペリリュー島
27	金城　仁一	新屋小	召集	
28	照屋　一夫	照屋小	現役	
29	金城　福正	上親田地小	軍属	フィリピン
30	前田　元栄	前田	軍属	南洋―ラバウル
31	大城　神盛	上門	現役	海軍
32	照屋　林英	照屋	現役	ハノイ
33	金城　正善	入り門	現役	海軍
34	山城　照義	正喜屋	現役	海軍
35	金城　圭助	宏明屋	現役	
36	平良　森幸	新地小	現役	ブーゲンビル
37	山城　得栄	西東り	現役	南方
38	大城　仲吉	浜仲門	召集	南洋
39	山川　茂喜	桃喜屋	召集	南洋
40	宮城　親栄	浦崎小	現役	

41	大城　昇	川畑小	現役	沖縄—南部
42	山城　昇	東り	現役	沖縄—運玉森
43	金城　新幸	新助屋	現役	沖縄
44	照屋　林盛	照屋小	現役	台湾
45	大城　安蔵	倉ン当	現役	沖縄
46	金城　輝好	前新屋	学徒出陣	沖縄—本部
47	山川元三郎	松下小	現役	沖縄—南部
48	前田　光雄	親太郎屋	現役	沖縄—南部
49	奥島　武雄	上那	現役	沖縄—大山
50	大宜見秀雄	朝吉屋	現役	沖縄
51	前田　元三	仲前田	護郷隊	沖縄—恩納キセン原
52	與那城光雄	東り門	護郷隊	沖縄—源河山
53	金城　久幸	玉井	護郷隊	沖縄—恩納
54	我那覇宗貞	我那覇屋	海軍志願	
55	大宜見秀光	朝吉屋	海軍志願	
56	山川　裕子	元三屋	女子挺身隊(召集)	

57	前田牛太郎	入前田	民間人	大兼久で
58	我那覇宗久	我那覇屋	民間人	饒波で
59	屋良　朝貞	大屋		
60	平良　光正	浜仲門	民間人	南洋↓台湾
61	與那城正光	東り門	現役兵	中国
62	照屋　林起	照屋	民間人	沖縄へ赴任中、米国潜水艦により乗船沈没
63	貴美子	照屋	民間人	
64	芳郎	照屋	民間人	
65	林宣	照屋	民間人	
66	直子	照屋	民間人	
67	律子	照屋	民間人	
68	光子	照屋	民間人	林起の妹
69	山川　文三	上之屋	軍尉大尉	マリアナ群島
70	山川健次郎	上之屋	現役兵	北支
71	山川文八郎	上之屋	現役兵	沖縄首里
72	山川　好造	元三屋	三中鉄血勤王隊	

73	富原美代子	富原屋	三高女生	
74	山城　永蔵	前金細工小	民間人	
75	大城　マツ	新島	民間人	パラオ
76	金城　ウシ	前新屋オバー	民間人	
77	金城　マカ	東りン当	民間人	
78	金城　フミ	川端小	民間人	
79	山城ヨシ子	後親細工屋	民間人	
80	山城　栄正	金細工小	民間人	
81	大城　ウシ	上門オバー	民間人	
82	金城　朝子	倉根小	民間人	
83	平良　ナベ	前仲門オバー	民間人	
84	大城　弘子	貞三屋	民間人	
85	我喜屋ツル	ガーザオバー	民間人	
86	島袋　真吉	川端小	民間人	
87	山川　ウト	前当小オバー	民間人	
88	我喜屋トシ	ガーザ	民間人	

89	与那城マツ	東り門オバー	民間人	
90	山城　タマ	金細工小	民間人	
91	金城　ウシ	大屋オバー	民間人	
92	金城　祥一	前門オジー	民間人	

第1章　戦争体験の波及力

南洋諸島の犠牲者たち
パラオの青春
二人の証言
台中丸で一家全滅
山川勝さんの体験
大城直子さんの戦後

南洋諸島の犠牲者たち

『大兼久誌《おおがねく》』に記載された戦没者名簿を見ていると、それだけで悲しくなる。想像力を駆使すると、なお悲しい。じっと見ているとそれぞれの人物が、紙背から肉体を持って浮かび上がってくる。時には悲しみの表情で沈黙し、時には白い歯を見せて笑い声を上げる。それぞれ一人ひとりに夢があり、家族があり、大切な日々があったはずだ。それぞれに喜怒哀楽の感情があったはずだ。憎んだり、泣いたり、笑ったり……、そして時には激しく、愛する者への言葉を並べたはずだ。それらが、みんな奪われしまったのだ。紡がれるべき未来の物語が一瞬にして中断されてしまったのだ……。

『大兼久誌』に記された戦没者名簿からは、幾つかの特徴がすぐに見出せる。それに気づくとさらに胸が痛む。例えば、屋号が同一の犠牲者が多い。このことは、家族や兄弟や親族であることを意味するはずだ。一つの家族から複数の犠牲者が出ていることが第一の特徴だ。胸が詰まる。**62**から**68**の照屋林起《てるやりんき》さんの家族は、一家全滅だ……。

また、追記された**69**から**92**までの犠牲者の中で、**74**以降はすべて民間人である。それも女性の名前が多い。山中での避難生活のための病死や餓死、もしくは想像だに及ばない死に襲われたのではないか。さらなる特徴の一つに、現役兵として召集されただけでなく、防衛隊、護郷隊として召集された戦没者も見られる。「根こそぎ動員」というのは、嘘ではない。ヤンバルのこの小さな村にも確実に押し寄せて来ていたのだ。

そして、もう一つの特徴がある。備考欄を見ると南洋諸島で戦死した犠牲者が多いことがあげられる。『大兼久誌』には、第四章「大兼久の漁業発展」の第三節で、「南洋での豊かな生活」という項目を設けている（九二頁）。戦前に多くの家族が、南洋諸島に渡ったと記されている。同節には「南洋出稼者名簿」（一〇〇頁）が作成され付記されている。それを見ると、約四〇所帯、人数にして一四九名が南洋に渡っている。職業は、漁業、漁商、大工、土木請負業、運搬船員、アルミ会社工員、南洋興発社員、南洋庁水産職員など、様々である。そして単身ではなく、多くが家族全員での出稼ぎであったようだ。在外年数は、最も長い家族で一七年五か月、最も短い家族で二年とある。

実は、私の家族もパラオへ渡っている。私の家族といっても、私は戦後生まれだが、父と母は、二人の娘を引き連れて、当時在職していた金武《きん》尋常小学校での教職を離れてパラオに渡っている。パラオには、既に実兄の吉郎《きちろう》伯父家族が渡っていた。

父は、昭和一四年にパラオに渡る。六年三か月の在外年数だ。伯父家族は、それより八年ほど前の昭和六年にパラオに渡っている。伯父家族は終戦直前に娘を一人残して郷里に帰ったが、一六年三か月の長期に渡る在外年数である。漁商と貸家業を営んでいたという。吉郎伯父は父の四人兄弟の長兄だが、伯父が末弟の父を呼び寄せたとの話も聞く。
　父は、当初パラオでは南洋庁に勤務する農業技師としてトラック島などで働いたようだ。嘉《か》手納《でな》にあった農林学校の卒業生という履歴を生かしたものである。数年後に伯父の口利きで、コロールの公学校教師になる。そこで徴兵され、戦場に駆り出される。そして、野戦病院で終戦を向かえ九死に一生を得て帰還する
　『大兼久誌』の第六章三節には、「パラオ島在住者戦死者名簿」（二〇九〜二一〇頁）が付されている。父は生きながらえたが、二一名の死亡者名が記載されている。当然、前掲の戦没者名簿と重なるはずだ。しかし、重ならない部分もある。十分な調査や整理をする余裕がなかったのだろう。また、この種の調査が困難であることは容易に理解出来る。ちなみに表にして掲載してみると次のとおりになる。

◇パラオ島在住者戦死者名簿

番号	氏名	屋号	戦死場所	備考
3	奥島憲五郎	憲五郎屋	ニューギニア	戦死
4	平良　鍋市	浜仲門	アイミリーキ村海岸	戦死
10	山城　正喜	正喜屋	アイライ飛行場	戦死

12	山川松次郎	松下	アイミリーキ林業試験場	戦病死
17	平良　仲喜	浜仲門小	ペリリュー島	戦死
18	金城正太郎	入り門	ペリリュー島	戦死
20	山川　桃福	上那小	ソロモン群島ラバウル	戦死
22	山川　茂雄	桃喜屋	ペリリュー島	戦死
23	我喜屋宗栄	ガーザ	ペリリュー島	戦死
26	大城新太郎	新島	ペリリュー島	戦死
30	前田　元栄	前田	ソロモン群島ラバウル	戦死
38	大城　仲吉	浜仲門	アンガウル島	戦死
39	山川　茂喜	桃喜屋	エルギー村	戦病死
75	大城　マツ（新太郎妻）	新島	ガラスマオ村	病死
	大城　カメ（新治妻）	新島	カイシャール村・清水村農場	戦病死
	平良　カナ（仲一妻）	浜仲門	アイミリーキ村	戦病死
	山川　桃治	前ン当	アイライ水道にて遭難死	遭難死
	平良　仲勇	浜仲門	ヘレン島にて病死	病死
	山城　繁	前金細工屋	コロール島沖にて遭難死	遭難死

金城善太郎	上井	コロール島沖にて遭難死	遭難死
大城川栄	川栄屋	コロール島にて病死	病死

大城カメさん以降の七名は、「字大兼久戦没者氏名と屋号」（二〇〇〜二〇四頁）の一覧からは欠落している。また**4**の「平良鍋市」は、右記の名簿では「平良鍋一」と記されている。同一人物だと思われるが、表記が異なっている。一九九一年の刊行といえば、戦争終結から既に四六年余の歳月が流れている。遺族も少なくなっており、記憶も薄らいでいる中での小さい村での同胞を思う気持ちからの編集である。手探りの中での労苦にかえって敬意を表したい。

ただ、ここでは、南洋諸島、特にパラオの戦死者が多いことから、パラオの戦争を体験した大兼久の人たちの証言を聞くことから始めたいと思う。もちろん、私の家族や親族もパラオの戦争体験者であることも理由の一つだ。ただし、私の両親は既に他界している。父や母からは、一度もパラオの戦争体験を聞くことは出来なかった。今ではこのことが至極残念なことに思われる。

父の兄で一六年余のパラオ滞在経験のある吉郎伯父の次女、富原貞子《とみはらさだこ》さん（九二歳）の証言を聞くことから始めることにした。私の従姉である。伯父家族が、老いた両親を案じて沖縄へ引き揚げる際に、一人残された娘である。電話で訪問の意図を告げると喜んで対応してくれるという。

私は、『大兼久誌』から関連する箇所をコピーした資料を郵送した。それから数週間後、ＩＣレコーダーとデジタルカメラを持ち富原貞子さんの家を訪ねた。いよいよ私の作業のスタートである。いくばくかの緊張感は拭えなかったが、親族であるという気安さが私の背中を押した。

パラオの青春

富原貞子さんは、娘の幸恵《さちえ》さんと西原に住んでいる。大歓迎をしてくれた。幸恵さんは私と同年齢であるが、一緒に貞子さんの体験を聞いた。興味深い話であった。同時に素直には喜べない話でもあった。貞子さんの言葉遣いは丁寧で、記憶が鮮明なことに驚いた。

「私は、パラオでは南洋庁に勤めていました。職員と接する中で自分の学歴や教養面での至らなさを痛感しました。そこで学校に行きたいと思い、昭和一三年、東京に行って勉強しなおしました。昭和一四年に日本タイピスト女学校を卒業して、再び南洋庁に就職しました」

「これが、南洋庁です（写真を示す）」

「南洋庁の頃の写真は私はほとんど持っていません。これは南洋群島協会会報誌から切り抜いた写真です」

「貞賢《ていけん》叔父さん（筆者の父）は、南洋庁トラック支庁殖産課に勤務していました。トラック島の空襲が始まり疎開が本格化すると、貞賢叔父さんは、コロールの公学校の勤務になりました。トラック島から、家族は二手に分かれて海を渡って来ました。一家全滅を避けるためです」

「南洋庁では昭和一九年三月上旬から婦女子の内地疎開が始まりました。大兼久の人も引き揚げを希望する人たちは三月一三日の第一回目の疎開船に乗ることができました。私は引き揚げ船に乗る名簿を作成していました。私が南洋庁に勤めていたので、大兼久の人たちは無事に引き揚げることができたと感謝されました。その後の引き揚げ船はだいぶ潜水艦にヤラレタからね」

「パラオが初めて空襲を受けたのは、昭和一九年の三月二九日と三〇日だったと思います。南洋庁職員は庁舎の前庭に造った防空壕に避難して難を逃れました。低空して機銃掃射されたときは、恐怖で震えていました。日本の飛行機は一機も姿を現しませんでした。二日間の空襲でコロールの市街地や軍事施設は大部分破壊されました」

「コロールの公学校もパラオ本島のアイミリーキに引っ越しました。貞賢叔父さんはそこで公学校の先生を続けました。コロールの大兼久の人たちは、貞賢叔父さんを頼って、アイミリーキに避難しました」

「南洋庁が大東亜省の管轄になった時点で陸軍の先発隊が入ってきました。先発隊本部からタイピストを一名出向させろと命じられて、私が任命されました。私は女学生二人とともにホテルに籠もって陸軍の極秘文書などをタイプしました。照《てる》部隊が満州から転進してくる前の準備でした。照部隊は昭和一九年四月に上陸しました」

「私たち若い女子職員は寮に住んでいましたが、身を守るためだといって玄関になぎなたを置いていました。実際、私は兵隊に追い回されたこともあるよ。日本刀を振り回されてね。生きた心地がしなかったよ」

富原貞子さん

「南洋庁の女子職員は、竹槍の訓練もしました。米軍が上陸したら、一緒に死のうねって、みんな覚悟していたよ。上陸したら女は強姦されると教えられていたからね」

「英語廃止で、タイプは日本語タイプでした。文字盤の文字を拾うのも大変でしたが、それよりも直筆の文字を読むのが大変でした。それぞれに癖があるからね」

「父は、砂バラス工場の組合長でした。貸家を造って貸してもいました。魚も捕って生簀《いけす》に入れて料亭に出していました。結構、財産を築いたと思います」

「海軍が最初に入って来ました。その次に陸軍が入って来ました」

「私の母は、自分の長女婿（山川元康）も陸軍に徴集されて満州の戦地に行っているので同じように苦労をしているだろうといって、そんな陸軍の兵隊を一生懸命接待していました」

「平助《へいすけ》伯父さん（筆者の伯母のご主人）も陸軍でね、父は平助伯父さんがコロール街道を行軍している姿を見て、互いに声を掛け合ったと言っていたが、それが見納めになった。平助伯父さんは梅《うめ》伯母さんの旦那さんだよ。平助伯父さんは、どこで亡くなったのかは分からないよ。フィリピンだとも言われているけれど、遺骨は届かなかったはずだよ」

「昭和一九年の五月には台湾から陸軍兵事部が入って来て、南洋庁の二階に事務所が設置された。パラオでの現地召集も始まった。一時期、私は兵事部の仕事を兼務していたこともあるよ」

「空襲は、だんだん激しくなってきて毎日のようにB29による爆撃があった。私はアラバケツの武官府官舎に南洋庁の一部の職員と一緒に避難していた」

「米軍機が飛んできて低空で機銃掃射をされると本当に怖かった。アラバケツからアルミズに避難したが、そこも長く住める場所ではなく、在留邦人全員が本島のジャングルに避難した。私たちも南洋庁本部のある熱帯産業研究所の造林試験所のジャングルに避難した」

「後に、私は南洋庁職員と別れ、先に公学校が移転したアイミリーキ村に住んでいた貞賢叔父さん家族のもとに移住した」

「それから、ジャングルに避難小屋を建て、防空壕を掘ってジャングルでの避難生活が始まった。戦争も長期化して、食糧事情もますます乏しくなり、食糧増産が必要になった。アイミリーキ村の近くの一の谷に引っ越したが、軍の命令により同地に駐屯していた部隊の管理のもとに甘藷作りに動員された。収穫した芋は軍に提供して、家族一人五〇グラムが配給された」

「当然それだけでは十分ではなく、私たちは芋の葉を摘んで食べました。後に芋の葉も萎縮病になって、ジャポック（ヒーグ）を採って食用にしました」

「食糧事情は、日に日に深刻になり、栄養失調で犠牲者が出始めました。私たちもいつ死ぬか分からないとの思いが脳裏をよぎりました」

「コロールで生まれたあんたの兄さんは、ひもじくなったら、葉っぱを食べたい、葉っぱを食べたいって、泣きよった。あの戦争を生き延びて来たのに、あんたの兄さんが亡くなった時は、こんな病気で死ぬかねって、叱って……、泣いたよ」

「貞賢叔父さんは、現地の子供たちを教える公学校の先生だった。島民の学校と、内地の人たちの学校は別だった。あんたの姉さんの美智子《みちこ》は貞賢叔父さんを追いかけて、よく公学校に行っていたよ。叔父さんが徴兵されて野戦病院に入院していることを聞いた教え子たちは、家族が叔父さんを見舞いに行くと聞くと、土産だといって食べ物をよく持ってきてくれていたよ」

「パラオには、朝日村とか、瑞穂村とか、日本人が行ってから作った村が幾つかあった」

「私は、台湾農場の人にとても可愛がられたよ。一緒に台湾に行こうとも言われたよ」

「沖縄だけでなく、サイパン、テニアンでも多くの人が犠牲になった」

「コロール島では地上戦はなかったものの、昼夜の別なくB29の爆撃があって食糧難に苦しんだ。あと数か月も戦争が続いていたら、残留邦人は生きて帰郷できないほどの餓死寸前だった」

「昭和二〇年六月、沖縄玉砕を軍部から知らされた。沖縄の人は集合してみんなで黙とうを捧げたよ」

貞子さんは、時々涙を浮かべながら話し続けた。貞子さんの記憶の確かさに驚いた。九二歳という年齢には、とても思えなかった。歩くと腰が少し曲がってしまうが、腰掛けると、しゃんとして腰が伸びているように思われた。

私をもっと驚かせたのは、私の身近に、このように戦争に翻弄された人生を送った人がいるということだ。考えてみると、戦後七〇年だから、沖縄県民で七〇歳を越える人々はみんな戦争体験者だ。いや日本国民の七〇歳以上のみんなだ。当然のことだが、今さらのように驚いた。

貞子さんは、今ではすっかり白髪になってしまった。当時はきっとエリートのタイピストだったのだろう。上品な人柄、話しぶりが、茶色のワンピースに白いカーディガンを羽織った清潔な服装にも、よく表れていた。

私は、『大兼久誌』の「字大兼久戦没者氏名と屋号」を広げ、この中に知っている人がいるかを尋ねた。貞子さんは食い入るように見つめながら、めがねの縁を掴み、懐かしそうに名簿を指でなぞりながら話し続けた。（以下一部割愛）

「……戦後、私はペリリュー島に行き、慰霊祭に参加したよ。まだ慰霊塔が出来ていなくてね、浜で慰霊祭をしたんだがね。いろいろと思い出されて涙がこぼれたよ」

「吉次郎《きちじろう》叔父さん（父の二兄）は、海軍だった。沖縄戦の前に病気をして、軍艦から上陸して病院で亡くなったんだよ」

「この名簿は、十分ではないね……。戦死者の名前が何名か漏れているような気がするよ」

「学校の近くに官舎があってね。戦争が始まったら学校はすぐアイミリーキに移ったよ」

「私は犬に噛まれて血だらけになったこともある。いろいろの思い出があるよ」

「弟の貞信《さだのぶ》はウーマク（腕白）でね、椰子の木に登って、いつも服を汚していた。上の弟の貞夫《さだお》は予科練に行ってね……、でも特攻に出ずに帰って来たよ」

「ウフオジイ（祖父・貞次郎《ていじろう》）の軍服も長くあったよ。日露戦争に出征したときのね」

「糸満《いとまん》の人たちも、パラオには多かったよ」

「平良《たいら》カナさんも餓死したよ。（前田）裕子《ひろこ》のお母さんだよ。この名簿にあるかねえ。隣の饒波村《ぬうはむら》の出身だから、ないかもね」

「**18**金城《きんじょう》正太郎《しょうたろう》さんはペリリュー島で亡くなった。金城一夫《かずお》さんのお父さんだよ。**33**金城正善《せいぜん》さんは正太郎さんの弟だよ。海軍で亡くなった」

「**12**山川松次郎《まつじろう》さんは、私たちのおばあの従兄《いとこ》だよ。アイミリーキで亡くなったけれど、私と弟の貞夫はとても可愛がられたよ」

貞子さんは、それから戦後の話を始めた。私は止めなかった。戦争の犠牲は、戦場にのみあるのではなかった。戦後にも起こるのだ。戦後の苦労話は、戦争があったから起こったものだった。戦争のせいで多くの苦労の種が蒔かれ、戦争のせいで、夢が途絶えたのだ。貞子さんは、「戦争で人生が狂わされた」とも言った。その言葉に、私も素直にうなずいた。

貞子さんの話を聞いていると、完成されるべきジグソーパズルの数枚が、戦争で失われ、そのパズルを探すために、戦後の苦労がいつまでも続いているように思われた。パズルの欠片は粉砕され喪失されて、永遠に見つけることは出来ないのだ。

私は身近な親族の言葉に、戦争が与える影響の大きさに驚いた。貞子さんは、滲んだ涙を白いハンカチで時々拭いた。その仕種は、戦争中のことを語るとき以上に多いように思われた。私は聞いていることが辛くなった。ＩＣレコーダーのスイッチを切って、貞子さんを労わり、励ます言葉を探した。しかし、適当な言葉を探せなかった。沈黙の時間が重く過ぎた。

しばらくして、貞子さんは紙袋の中から、Ａ４判の文書を数枚取り出した。自分が体験したパラオの戦争を回想してまとめたものだと言った。目を通すと、貴重な証言になっていた。それを預かり、コピーして返却する約束をして借り受けた。どこにも発表する当てのない回想録だと笑った。こんなおばあちゃんがいたんだよ、戦争はだめだよという記録になればいい。子どもや孫たちへの置き土産になればいいと、言った。それから笑いながら、テーブルの上に準備した食事を勧めた。自らが作った手料理だという。私は貞子さんの思いを想像しながら箸を取った。

貞子さんの回想録の中から了解を得て一部を紹介する。この回想録を読むと、パラオの戦争が具体的に浮かび上がってくる。平和への願いも溢れていて、貴重な歴史の証言だ。具体的な記述は叙情的な文章と相俟って割愛しがたいのだが、冒頭の部分と、終戦後の引き揚げの部分、そして戦後、慰霊祭で再渡南した部分を一部省略して紹介する。なお、文中の「大城家」は貞子さんの結婚前の実家である。

◇パラオ島へ渡南

私が小学校を卒業した当時、上級学校に進学しない男子は、すぐ大工や漁師に従事しました。女子は紡績女工（製糸工場）に行って働くことが多い時代でした。長男の貞夫と私は祖父母に預けられ、幼かった次男の貞信だけを連れて、昭和六年、父母はパラオ島に渡南しました。私は、辺土名小学校で教師をしていた貞三叔父さん、弘子叔母さんの許で子守をしました。叔母さんの教室の後方で、赤ちゃんを負ぶって勉強したものでした。

その頃、大兼久に宇部紡績から女工の募集人が来られたので、友人等と共に話を聞きに行き、喜んで名簿に名前を記しました。その方からお菓子を頂いて帰ったことが記憶に残っています。私は内地に行けるという嬉しさで、叔父さん、叔母さんの言葉に耳を傾けることもせず、出発の準備をして、その日の来るのを楽しみに待ちました。

宇部紡績に働きに行くことを、パラオにいる父母に知らせたところ、即座に反対されました。その時は、大変ショックでした。早速、パラオから親戚の山川松次郎さんが帰郷されて、父母の気持ちを伝えに来てくださいました。是非パラオ島に連れて来るようにと、父母に依頼されたとのこと、叔父さん、叔母さん、伊波先生らの助言もあり、結局は、父母の呼び寄せに従って、昭和一二年七月に渡南しました。

鹿児島県、下関を経由して泰安丸で横浜を出発、グァムを経由して海路何万キロの太平洋の波濤を越えて、父母の待つマダライ波止場に到着しました。小学校を卒業したばかりの私は、初めての旅で、船酔いもありましたが、旅の疲れも忘れて、見るものすべてが物珍しく、美しい自然美に接し、好奇心が湧いてきました。紺碧の空、色彩豊かな珊瑚礁の海、灼熱の太陽の燦燦と輝く椰子並木、暑さにも負けず咲き誇るハイビスカスの花、可愛く咲いたニトベカズラ……。アスファルト道路を走り、コロールの街並に目を見張りながら、五丁目にある大城家に着きました。その晩は母の手料理で美味しいご馳走を頂きました。

アメーバ赤痢の予防とかで、生豆腐を食したことなどが懐かしく思い出されます。裏の庭には熟れた実をいっぱいつけたバナナが何本もあるのには驚きました。パンの実、マンゴー、シャシャップ、いろいろな南洋の果物の豊富なのが珍しく、印象深く残っています。

その晩は、弟の貞夫のこと、学校での出来事などを久しく離れていた両親に報告。沖縄の土産話に、夜が更けるまで語り合ったものでした。（中略）

◇終戦内地引き揚げ

昭和二〇年八月終戦となり、九月に入って米軍が上陸。武装解除となり、戦地から次々と帰還して来られました。貞賢叔父さんも生還され、家族との再会を喜びました。台湾農場からトタンを頂いて、急造の長屋を建て、大兼久の残留者が共同生活をしました。情報では本土引き揚げは数年かかり、パラオの引き揚げは何時になるのか分からないとのこと。後に食糧事情の悪い地区から優先するとのことでした。

パラオ島の引き揚げは、昭和二一年一月頃から始まりました。引揚者の順は、朝鮮、台湾、沖縄、内地の四組に区別され、朝鮮や沖縄の人たちは、内地を経由せずに、直行することに決定しました。

島民部落アイミリーキ村を後にして、アルミズに集合、そこで船待ち滞在中、米軍はたくさんの食糧を支給してくれました。大きな缶入りのバターやチーズ、コーヒーまでも付いている携帯食品など。豊富な数々の食料品には驚きました。

いよいよパラオ島を後にする日が決まり、昭和二一年二月末乗船、グァム島を経由して、三月六日、沖縄の地、中城湾に入港、久場崎に上陸しました。多くの天幕小屋が建てられ、引揚者の受け入れに備えていました。一泊して、米軍のトラックに分乗して、郷里大兼久へ向かいました。

村では、区民の大勢の方々が出迎えてくださり、互いの無事の姿を確かめ合い、生きて肉親に再会できた祝福を喜び、幸せに満たされました。幸い、大城家（南上門《フェーウイゾー》）は戦禍を免れ、昔の赤瓦葺きの家が残っていました。幼少の頃を思い出し、懐かしくありました。

南上門には、貞三屋、貞賢屋の三家族が同居しました。後に各自の家が建てられ、分家しました。

◇再渡南

昭和二一年、帰郷の折、船上より見た水平線上に消えて行くパラオ島に別れを惜しんで以来、二度と来島することはないと思っていた島、南海の楽園とも言われていた第二の故郷へ、念願かなって再渡南が実現しました。

帰郷して四〇年の歳月が流れ、昭和五二年八月五日、コロール町の旧海軍墓地に建立された「沖縄の塔」の除幕式に参加して、今次大戦で犠牲になられた方々の御霊安らかにと冥福を祈りました。

繁華街であった五丁目の市街地や、官庁街の椰子並木路だけは変わることなく、昔日の面影を残し、横文字の看板が書かれた店などがありました。樹木の間に民間や公共の建物が見えました。のんびりとした町に変わっていましたが、パラオの青い空、青い海は変わることなく、第二の松島とも呼ばれていた島々は美しい景観でした。現地の人々も相変わらず陽気で、素朴さ、人なつっこいその愛情は、失われていませんでした。

大城家の地主のペテロさん宅を訪問しました。ペテロさんと娘の花子さんは、すでに他界されたとのこと。妻のメリーさんは高齢でしたが記憶力もしっかりしていて、私たちのことを覚えていてくださり、元気たるや孫たちに囲まれ、幸せそうな姿をカメラに収め、別れを惜しみました。

「南海楼」裏の大城家の貸家は、大兼久部落とも呼ばれていました。その屋敷跡は、すっかり大木が茂っていてジャングルになっていました。この屋敷跡にたたずむ時、父母が長年汗にまみれて働いていた姿を思い出し、しばし、その時の思い出に浸りました。

南洋庁時代のボーイ（給仕）のシモンさんに思いがけなくお会いしました。彼は鼈甲細工の加工業を営んでいました。彼からベルト、ネックレス、櫛、上下になった小さな鼈甲の一組などを頂きました。「この一組の鼈甲は、女性がお嫁に行く時に持参する大切な宝物だよ」と、シモンさんは教えてくれました。現地の人たちは、何年経っても日本語を忘れることなく、日本の統治時代を懐かしんでいました。

毎年、各県で開催されている南洋大会には、現地人の幾人かが参加されています。第三一回の熱海大会には、ヤップ島から、二人の長老と一人の青年が参加されました。南洋での思い出は、どんなに世の中が変わり、政治、経済が変わっても、夢を抱いて南洋を永住の地として生活してきた人々の深い絆はいつまでも思い出として残ることでしょう。

（以下略）

二人の証言

私は、富原貞子さんの証言を聞いた後、長くその余韻に揺さぶられた。戦争の被害者とは、親族や家族を失った人だけを指すのではない。肉体に傷を負った人だけを指すのではない。戦争によって、思い描いた人生の針路の変更を余儀なくされる人々をも指すのだ。そんな当たり前のことに無頓着だった自分を恥じた。そして、紛れもなくその一人が富原貞子さんだった。

そのように考えると、私の身近には多くの戦争の被害者がいることを、おぼろげながらも想像できた。しかし、それだけで気が滅入った。気が滅入る思いを奮い立たせて、大兼久の戦争の実態、そして『大兼久誌』に記載された戦没者の姿を追い求めた。

次に二人の体験者の話を聞くことにした。一人は大城信子《おおしろのぶこ》さん（八九歳）、もう一人は前田《まえだ》裕子《ひろこ》さん（八九歳）だ。二人は同年生でとても仲良しだ。信子さんは、名護《なご》に在った三高女で勉学中に戦争に巻き込まれた。看護師養成所に様変わりした三高女での体験を、幾つかのメディアでも証言している。インターネット上のＮＨＫアーカイブでも見ることが出来る。また、摩文仁《まぶに》にある平和祈念資料館でも証言の映像が流れている。さらに三高女で学んだ学徒の皆さんの幾つかの証言集にも玉稿を寄せている。私もその証言集を幾つか読み、映像を幾つか見させてもらった。

信子さんは終戦間近になって、日本軍の敗色が濃厚になり、看護師の仕事が必要ないほどに多くの被害を受けて死亡者が続出した後、解散命令を受けたという。そこで郷里大宜味村《おおぎみそん》に、三高女の学友や教員、併せて四〇名の仲間たちと一緒に避難をする。夜陰に紛れての強行軍で、明け方に避難地の大宜味村喜如嘉《きじょか》の村に到着する。そこで終戦を迎える。信子さんは、終戦間近とはいえ、郷里大宜味村の戦争の真っ只中にいたのだ。

また、信子さんは、富原貞子さんと同じく、私の縁者で従姉にあたる。戦後は、沖縄県の高等教育を司った学校、後の琉球大学の前身である「文教学校」を卒業して、郷里での教員の経験もある。優秀な従姉で常日頃から私は尊敬していた。

前田裕子さんは、信子さんの友人で、私の父と同じように、パラオに渡南し、パラオで終戦を迎えた家族の一員である。パラオのジャングルで母親が死亡したという惨い戦争体験がある。また私の父が野戦病院に入院したとき、そこで看護師として働いていて、とてもお世話になった方だ。電話をすると、二人とも喜んで取材に応じてくれた。

待ち合わせの場所は、信子さんが決めてくれた。新都心にある「サンエー」2階の映画館前広場。それから喫茶店に移動した。二人とも灰色地に黒いまだら模様の入った服を着け、紫色の上着を羽織っていた。色の好みも同じようで、いかにも仲良しそうだった。柔和な笑顔が、私のためらいを一瞬にして打ち消した。もちろん、初対面ではない気安さもあった。

　私は、『大兼久誌』からコピーした戦没者の名簿を広げ、この中に知っている人がいたら、些細なことでもいいから教えて欲しいとお願いして、ＩＣレコーダーのスイッチをＯＮにした。

大城信子さん（左）と前田裕子さん

　私の問い掛けに、大城さんと前田さんは、名簿を見ながら懐かしそうに話し出した。

「この人、**3**奥島憲五郎《おくしまけんごろう》さんは、奥島菊江《きくえ》さんのお父さんだよ。**1**憲太郎《けんたろう》さんは、奥島憲次郎《けんじろう》さんの兄さんだ。憲太郎さんは満州で戦死した。憲五郎さんはニューギニアで戦死した」

「**2**山川元正《げんしょう》さんと**47**元三郎《げんざぶろう》さんは親子だよ。**12**山川松次郎さんと併せてこの三人は一族で、松次郎さんはアイミリーキで亡くなったよ」

「**46**金城輝好《てるよし》さんは、前新屋《メーミーヤ》だよ。農林の卒業だが、すぐに戦争に連れて行かれた。お父さんも防衛隊で亡くなった」

「**4**平良鍋一《なべいち》と、**17**平良仲喜《ちゅうき》と、**38**平良仲吉《ちゅうきち》の三人は兄弟（名簿には大城仲吉とある。本書94頁参照）。**60**平良光正《みつまさ》は鍋一の子ども。台湾で、マリアで死んだ。親子兄弟4名、戦争で亡くなったんだよ」

「**13**平良森吉《もりきち》さん、この人は森雄《もりお》さんのお父さんだね。防衛隊として八重岳《やえだけ》で戦死したはずだ」

「**36**平良森幸《もりこう》さんは、現役で中尉にもなった人だけど、ブーゲンビルで亡くなった」

「**22**山川茂雄《しげお》さんは、ペリリューで戦死した。人間魚雷にされたと聞いている。泳げる人って、手を上げさせて、手を上げた人を選んで、ペリリューの周りを囲む岩礁まで泳いで行かせて、上陸してくる米軍の船に爆弾を投げさせた。あんたのお父さんは、危険を察知して手を上げなかったというよ」

「兄弟で亡くなった人は多いよ」

「**75**大城マツさんは新太郎《しんたろう》さんの兄さんのお嫁さん。この人はパラオで亡くなった。大兼久の人は、コロールからアイミリーキに避難したけれど、この人は少し離れたガラスマオという所に住んでいて被害にあった。あんたのお父さんのお陰で、みんなアイミリーキに避難して助かったんだよ」

「**56**山川裕子《ひろこ》さんは、三高女を卒業して軍属で戦死」

「**72**山川好造《こうぞう》さんは裕子さんの弟。三中に入学して勉強していたはずだよ」

「**57**前田牛太郎《うしたろう》さんは、山から下りてきた時にヤラレタ。サバニ（小舟）を見に行くといって村に下りたところを撃たれたと聞いている。大兼久の最初の犠牲者だと思うよ」

「**15**金城祥次郎《しょうじろう》さんは、祥栄《しょうえい》先生の兄さんじゃないかな。金城祥一郎《しょういちろう》先生のお父さんだよ。祥一郎先生は、その時、まだ赤ちゃんだった。お母さんに抱かれた赤ちゃんの祥一郎先生の頭を撫でて出征して行ったということを聞いたことがある」

「**62**照屋林起《てるやりんき》さんの家族は、沖縄に帰って来る途中に、船が魚雷を受けて家族全滅だ。沖縄県庁に勤めるということで大阪から帰る途中で魚雷を受けたんだ。奥さんの**63**貴美子《きみこ》さんは百《ゆ》合《り》子《こ》さんの姉さんだよ。百合子さんは、あんたの従兄の貞信のお嫁さんだよね。**68**光子《みつこ》さんは熊本に嫁いだトヨ叔母さんと同級生。トヨ叔母さんは、あんたのお母さんの妹だね。林起さんは役所の偉い人だから、大兼久では歓迎の幟も準備していたってよ」

「**24**平良芳雄《よしお》さん、この人は伊江島《いえじま》で戦死した」

「**9**與那城蔵七《よなしろぞうしち》さんはニューギニアで亡くなった。大阪屋《オオサカヤ》の一夫《かずお》さんのお父さんだと思うよ。一夫さんに聞けば分かるね。聞いてごらんね」

「**53**金城久幸《ひさゆき》さんは玉井《タマイ》だね。第二護郷隊で戦死した。恩納村《おんなそん》の山でヤラレタ」

「この名簿に載ってない人もいるよ。浜仲門《ハマナカゾー》の一部の人たちが載ってないような気がする。平良カナさん。平良仲一《ちゅういち》さんの奥さんだけど、昭和二〇年九月一三日、アイミリーキの一の谷のジャングルで亡くなったよ。大城仲吉《ちゅうきち》の長男で大城貞治《さだはる》の名前もないよ。比嘉ウトさんもない。比嘉ウトさんは鐃波《ぬうは》で亡くなったんだよ」

「名簿から漏れている人は、もっといるかもしれないね……」

「これは大兼久の地図だよ。戦前の地図だけど、この地図には屋号が書いてあるから、名簿と照らし合わせてみるといいね」

「これは、パラオの写真だよ。戦前のパラオの写真で、学校の風景だよ」

「県内からたくさんの人が、パラオに渡ったんだよ」

「これは沖縄パラオ会の記念誌。戦争が終わってもパラオに残った人が何人かいるよ」

「大兼久の人たちは、戦後みんな一緒に引き揚げて来たんだよ」

「あんたの二人の姉さんは、引き揚げ船で、パラオの踊りをよくしていたよ」

「引き揚げて来た人たちは、大兼久でパラオ部落を作ったんだ。家がないから一箇所にまとまって簡単な規格住宅を造ったんだ」

「アイミリーキでは食べ物は少なかったよ。二か年も隠れて過ごしたんだからね。餓死する人もいたさ」

「貞夫も一年ぐらいは、パラオへ渡ったんだよ」

大城さんと前田さんは、注文したケーキを食べようともせず、また紅茶にも口をつけずに、あれこれと思い出したことを話してくれた。また、この日のために写真や資料なども準備してくれていた。

「いつでも、連絡をしてね。まだまだ話していないことはいっぱいあるからね。思い出すこともたくさんあるだろうからね」

大城さんと前田さんからそう言われたときは嬉しかった。二人のためにも、是非、この作業をやり遂げたいと思った。活字にして後世に残したいと思った。

台中丸で一家全滅

二人の話題にも出てきた「照屋林起」さんのことは、遺族が『大兼久誌』に手記を寄せている。無念の思いが迸《ほとばし》っている手記で、肉親の愛情を強く感じさせるものだ。米国潜水艦の魚雷を受けて沈没した船は台中丸。女、子どもを含む家族三〇〇名余を乗せて昭和一九年四月六日神戸港出港、途中鹿児島に寄港、奄美大島曽津高崎の沖で四月一二日午前二時、魚雷三発を左舷に受けて船体は爆発、三分後に沈没したという。

手記を執筆したのは「照屋林起」さんの弟で、照屋林佑《りんゆう》さん。後に沖縄タイムス社専務取締役にまでなった人だ。照屋林佑さんは、すでに亡くなっているが、生前に私も激励の言葉を掛けられたことがある。大学在学中の頃だったが、こんなにもたくさんの悲しみを抱えているとは思わなかった。前半部を割愛して後半部を転載する。海上での慰霊祭に参加した様子を綴ったものだが、生々しい肉声が浮かび上がってくる。船べりに寄り掛かって深い群青色の海を覗き込み、死亡した兄に呼びかける林佑さんの姿が浮かんでくる。(『大兼久誌』二一一〜二一四頁)

私たちは日本軍国主義の犠牲になった台中丸の遺族です。今日はじめて戦没した海上に参りました。二度とこのような悲しみを見ることのない平和で豊かな世の中にすることを誓います。

台中丸の皆さん、苦しかったでしょう。寒かったでしょう。悔しかったことでしょう。皆さんの悔しさを、尊い犠牲を無駄には致しません。私たちは那覇市波之上に「うみなりの像」を建立し、皆さんと同じ運命に逢った戦時遭難船舶戦没者の多くの御霊と御一緒に合祀し、永遠にこのあやまちを伝えて参ります。

あゝ台中丸

わたしはこの海底に眠っている照屋林起七名家族の遺族です。ほんの少しばかり兄さんたちと話をさせて下さい。

林起兄さん、貴美姉さん、みつ子姉さん、林宣君、直子ちゃん、律子ちゃん、芳郎ちゃん、今日は兄さんたちとご一緒だった台中丸の遺族の方々とご一緒に慰霊祭に参加しました。妻の成子、節子姉さん、泉次兄さんも参加しました。つる姉さんと静子姉さんからはたくさんのお供えが届いています。

林起兄さん、あなたは沖縄農林学校から鳥取高農を昭和七年に卒業し、大阪府庁、滋賀県庁、愛知県庁と高等官七等の事務官として精勤していましたが、昭和十九年二月農林省の直令によって沖縄県庁に昇任発令された偉い人でした。

郷里大宜味村では、村役場に歓迎照屋林起高等官と大書されたのぼりがあげられていましたのに、働き盛りの三十四歳の若さでした。

貴美姉さん、姉さんは第一高等女学校、徳島県立撫養《ムヤ》高等女学校を昭和六年卒業して滋賀県立近江木戸尋常小学校、愛知県立守山国民学校の教員として昭和一九年三月まで勤め、林起の妻として林宣、直子、律子、芳郎の四名の母として、若く美しい三十才の女教師でした。

林宣は三年生、直子は一年生で律子は四才、芳郎は一才の幼児だったため、光子姉さんの手を借りて養育されていました。

光子姉さん、二十才の若い青春を花開くことなく尊敬する兄、姉と可愛い甥、姪たちと一緒に、残念でなりません。

兄さんを大成させるために苦労した母は、錦をかざって帰る兄さん達をどんなに待ちわびていたことか、荷物だけが届き、母は病臥に臥してしまいました。

弟の林英兄さんもジャワ方面で昭和二十年十月四日戦死の公報がありました。母も沖縄戦の疲れがそのまま病いとなって終戦後山から下りて戦火に焼けた屋敷へ戻れないうちに亡くなりました。やさしかった母はいつも言っていました。戦争さえなかったらと、母の繰り言が今も聴こえてきます。(中略)

あゝ台中丸、戦没者の御霊よ、御霊は私たちに戦争の悲惨さを教訓を与えて下さいました。この教えをいつまでも守りつづけます。

この慰霊祭は私たちに勇気と希望を与えて下さいました。どうぞいつまでも平和の守り神になって下さい。

台中丸の戦没者に哀悼の誠を捧げ弔辞とします。

昭和六二年五月二八日

台中丸遺族を代表して　照屋林佑

山川勝さんの体験

私の母方の従姉妹で最年長者は大城信子さんだが、父方の従姉妹の最年長者は山川勝《かつ》さん（九八歳）である。勝さんは、昨年カジマヤーのお祝いをした。すこぶる元気だ。耳も目も口も達者である。それ以上に頭脳が明晰で、記憶を鮮やかに紡ぎだす。驚いてしまう。

勝さんは、戦後ずっと大兼久で暮らしている。戦前は郷里を離れてパラオに渡ったこともあったが、同郷の山川元康《げんこう》さんに嫁いで、ご主人を支え続けてきた。結婚は昭和一四年、二一歳の時だ。ご主人は結婚後すぐに大村歩兵四六部隊に入隊、満州を経てフィリピンで終戦を迎える。

山川勝さん

ご主人の実家は、大兼久では珍しい二階建ての旅館を経営していた。若くして元康さんに嫁いだ勝さんは、女将《おかみ》さんとして戦後も長く旅館をきりもりしてきた。時代の流れで、旅館経営は成り立たなくなったが、私は幼少時代、大きな二階建ての旅館を見上げ、憧れたものである。旅館の名前は「山川荘」、戦前は「三衆館」と名付けていたそうだ。

ご主人の元康さんは、戦後村役場の助役として重職をも担った人だったが、六八歳で他界した。子どもたちはそれぞれに家庭を持ち、末の娘は県外に嫁いだが、多くは那覇近郊に居を構えている。私は勝さんを訪ねた。大兼久での戦争体験の取材でなく、別用で出掛けたのだが、大歓迎してくれた。

当初、玄関で声を掛けても出てこないので、高齢のこともあって心配になった。家の壁に沿って裏手に回り勝手口から部屋を覗いた。勝さんは私の姿を認めると、土間を上がって来た私を、両手で抱きしめてくれた。ほっとした。勝さんは裏座で腰掛に座り、一人で芭蕉の糸を紡いでいた。

勝さんは、健康のことを心配していろいろと尋ねる私に「足が弱って歩けなくなった、それでベッドのある裏座にいるんだよ」と笑って説明した。村にある介護施設のデイケアの皆さんや、社会福祉士などが頻繁に回ってきて声をかけてくれるから心配ないという。私の用件は、数か月前まで在籍していた大学の仕事に関するものだったが、私の用件をしっかりと理解し、はっきりと返事をしてくれた。その後は昔話を楽しそうに語った。私も楽しかった。

私は、『大兼久誌』の死亡者名簿の中から一つだけ聞きたいことがあった。「字大兼久戦没者氏名」84番の大城弘子《ひろこ》さんのことだ。弘子さんは私の父の兄、貞三《ていぞう》伯父の奥さんである。戦争中、気が触れて亡くなったと仄聞していた。このことの事実を確かめたかった。その他のことは、また日を改めて尋ねようと思った。もちろん、このことも無理に尋ねることではないと思っていた。

また、勝さんには戦時中の美談もある。新聞で紹介されたこともあるというが、大兼久の山中で、餓死寸前の秋田県出身の兵士を家族の一員のように世話をしたというものだ。このことを感謝され、戦後は秋田へ何度も招待されたという。日本軍から住民はスパイ扱いされ、住民は、日本軍を敵視さえした山中での出来事としては、特異な対応だったはずだ。勝さんの人柄が表れたエピソードだ。

勝さんは、大正七年の生まれだ。勝さんの息子は「うちのお母は、負けても勝だよ」と、いつも冗談口調で母親のことを紹介している。勝さんはその名のとおり、戦前、戦中、戦後を頑張って生きてきた。旅館業の傍ら、田畑仕事や機織だけでなく、村の婦人会の活動にも積極的に参加してきたという。干潮時には、海に出て、タコや貝などを捕る名人だとも噂されていた。

勝さんは、ひところに比べて顔や首筋に老斑が多く現れていた。勝さんの過ごした歳月を思い遣ると悲しかった。寂しかった。髪もすっかり白髪になって、頬の肉も柔らかく垂れ下がっていた。少し猫背になりながら腰掛に座り、私の訪問に何度もお礼を言った。弱くなったという脚を時々両手で擦った。私も両手で脚を擦ってやった。むくみがあり、黒ずんでいて痛々しかった。

勝さんは、もうすぐ百歳になる。私の兄の結婚式には、夫婦で媒酌人をしてもらった。弟の結婚式では、お嫁さんの実家のある沖永良部島《おきえらぶじま》にも行き、親族の先頭になってあいさつをしてくれた。私も、何度も可愛がってもらった。娘と一緒に訪れると、しっかりと娘の名前を覚えていて、いつも小遣を渡してくれた。私は、年老いた勝さんを見て、思わず胸が熱くなった。

勝さんは、たくさんの思い出を語ってくれた。勝さんにはいつまでも私たちは幼い従弟なんだろう。私は少しの間、ＩＣレコーダーのスイッチをＯＮにした。笑みを浮かべ、私の頭を撫でるようにして、いとおしそうに話した。

「あんたのお母はね、笑い虫だったよ」

「私はね、貞賢《ていけん》叔父さん（筆者の父）とは年が近いから、妹とよく間違われたよ。私はいつも貞賢叔父さんのあとを追いかけていたからね。パラオに渡って行ったときも、妹が来たと言われたよ」

「貞三叔父さん（父のすぐ上の兄）の嫁の弘子は、鏡地《かがんじ》のフーヤー小《グワー》から嫁に来たんだよ。フーヤー小というのはね、村で一番のお金持ちで、栄えている家のことを、そう呼んだんだよ」

「戦争が終わって山から下りてきたとき、貞三叔父さんは米兵たちを案内して村人に投降を呼びかけていた。貞三叔父さんは防衛隊あがりだった。金武の部隊に派遣されたんだが生きて帰って来たんだ。弘子おばさんは、貞三叔父さんが米兵と一緒にいる姿を見て、基地に連れられていく、殺されると思ったのかもしれないねえ。驚いて、火事起こした（気が変になった）んだよ……」

「弘子おばさんは、山中で子供も亡くしていたからねえ。いろいろと考えたんだろうねえ。気の毒だった。心配ないよ、なんでもないよと、私は慰めたんだがね、南上門《フェーウイゾー》で亡くなったんだよ」

「弘子おばさんは、教員をしていたんだ。貞三叔父さんとは、辺土名《へんとな》にある小学校で出会ったはずだ。弘子おばさんは、頭が良すぎてね……」

「貞三叔父さんは、弘子おばさんを亡くしたあと、苦労をしたはずよ。子供たちはまだ小さかったからねえ、私も子守を手伝ったよ」

「私は二一歳の時、松下小《マッサーグヮー》へ嫁に来て、それから旅館でずっと働いた」

「私はね、あんたたちがね、先祖の墓からお父とお母の遺骨を移して行ったのが残念だよ。それだけがチムガカリ（懸念していること）だよ」

「新しく墓を造るときは、必ず連絡しなさいよ」

「あんたたちが元気で頑張っているから、私は生きていけるんだよ」

「お父、今日は、貞俊《さだとし》が来たから、昔話をしたよ。懐かしい話をいっぱいしたよ。（仏壇の元康さんの遺影に向かって声を掛ける）」

私は、思わず頭を垂れた。私たちは、こんなにも可愛がって貰っているのだ。そのことを改めて気づかされた。多くの親族が都会へ生活の拠点を移していく中、勝さんは嫁ぎ先だけでなく、私たちの一族が眠る郷里で墓守の仕事をも担っていたことを思い出した。私は立ち上がって、仏壇に線香を手向け、勝さんの思いに感謝しながら、山川家の彼岸の人々へ、冥福を祈って手を合わせた。

大城直子さんの戦後

私は、貞三伯父さんの長女、大城直子《なおこ》さん（八〇歳）を訪ねることにした。何か親族のことで相談事などがあるときは頼りにしている従姉《ねえ》さんだ。聡明な方で県内や京都での教員経験もあり、文学にも造詣が深い。私もよく励まされた。今は退職して茶を楽しみ、短歌の結社に属して日々を送っている。旅行も趣味で、海外旅行にもよく出掛けている。

亡くなった二人の弟も聡明だった。一人は早稲田大学大学院を卒業して上級公務員試験に合格して大蔵省に就職した。将来を嘱望されたエリート官僚だった。途中、ヘッドハンティングのような形で、琉球銀行の管理職に招かれた。下の弟は沖縄県の国費留学生として九州大学法学部を卒業、県内の大学に職を得た。しかし、二人とも志半ばで逝去した。その二人の弟のことを、よく語り、よく世話を見ていた姿が、私の脳裏には強く焼きついている。

大城直子さんは、戦時中は郷里大兼久に住んでいた。一〇歳ほどであったはずだ。大兼久の戦争のことと、亡くなったお母さんのことが聞ければと思った。戦争当時のことを話すのは初めてのことだと、戸惑っていたが、笑顔を浮かべながら、思い出すようにゆっくりと話し始めた。

「戦争の始まりの記憶は、村の男の人が大きな声で、戦争が始まったよ、戦争が始まったよ、って興奮気味に叫んでいたことを覚えている。なんか勝ち誇ったような大声を上げていた。一二月八日のことだよ。それが私の戦争の始まりの記憶だ」

「私は国民学校の一年生だった。父と母は辺土名にある国頭《くにがみ》尋常高等小学校で教員をしていたが、その頃に出会い結婚した。私は辺土名で生まれた。その後、父は大宜味の学校に転勤になり大兼久に移り住んだ。父はそこで防衛隊に徴集された。母はマラリアに罹って死んだ。私はすごくショックで、とても辛かった」

大城直子さん（提供）

「戦争中の記憶の一つに、大宜味の小学校の中庭で、女の人たちが大日本婦人会のたすきをかけて、藁で作った人形を鬼畜米英と大声を掛けながら竹槍で突く訓練をしていたのを覚えている。子供たちもバケツリレーをしたり、敵機来襲に備えて地面にひれ伏す訓練をしていた」

「一九四四年、家族の中で私だけ本土疎開へ行く準備をしていたが、どういうわけか行くことはなかった。私の担任の新里千代《しんざとちよ》先生親子は、私も乗る予定だった対馬丸に乗って亡くなられた」

「その年、一〇・一〇空襲があって那覇が焼けた。大宜味にも飛行機が飛んで来た。頭上を飛んでいる飛行機を敵機だと思わずに盛んに手を振った。また飛行機雲を見て毒ガスと騒ぎ、濡れた手ぬぐいで鼻を被《おお》っていたこともある」

「一九四五年の初め頃から、学校は中南部からの避難民を受け入れる所となった。婦人会は避難民のおにぎりを作っていた。近くの山の斜面に防空壕を掘ったり、保存食品を埋めたりしていた。母は日頃から漬物や乾物、味噌などの保存食を作るのが上手だった。大きな瓶《かめ》に味噌を詰めて埋めていたのを覚えている」

「やがて村近くの防空壕では危なくなり、大木が生い茂る山奥に移動した。沢の近くの渓谷に草葺の屋根を造り丸木を組んで床を作った避難小屋に住んでいた。梅雨どきには屋根からしずくが垂れた。四か月近くそこにいた。一歳にもなっていない妹の洋子が、顔に腫物ができ、治療のすべもなくそこで亡くなった。（注：洋子さんの死は『大兼久誌』には記載されていないが「平和の礎《いしじ》」には刻銘されている）」

「妹の遺体は山で埋めた。でも、その後、遺骨はどうなったかは分からない。戦後、父たちが遺骨を拾いに行ったのかどうかも覚えていない。遺骨はどうしたのかと、亡くなった親にも聞いたことはない。とても気になるのだが、だれに聞いたら分かるんだろうねえ。私の戦後は、まだ終わっていないんだ……」

「山中での避難生活が長くなると、食べ物がないのでとても困った。子供たちは昼は野いちごや木の実や草などを採り、夜になると大人たちは照明弾を潜って里に下りて芋を掘ってきた。母たちは遠い実家のある鏡地まで行ったはずだ」

「戦争が終わって山から下りてきたのは六月の下旬頃、当初は大兼久ではなく収容所のあった饒波に下りた」

「家族みんなで山を下りたのだが、父はズボンをはかずに、寝巻きのようなぼろぼろの服を着て、年寄り風な服装をして山を下りた。兵隊ではないよ、防衛隊ではないよ、ただの老人だよということだったと思う。私は自分のことは覚えてないけれど、父のこの服装はよく覚えている。実際、村に下りていって、米軍に撃たれて死んだ人もいたからね」

「饒波の収容所から大兼久に戻ったのは七月の初め頃だったと思う。村の家は、半分ぐらいは焼き払われていた。私たちの家も焼かれていた。でも、幸いなことに父の実家は残っていた。父の実家は大きくて部屋数も多かったので、そこに移り住んだ」

「各村の境界には監視のためにアメリカ軍の指導で自警団が置かれていた。しばらくは村から出ることはできなかった。子供たちは大兼久にあった村役場の建物や樹の下などに集められて青空教室での学習が始まった。ノートや鉛筆などもないので、軍歌などをよく歌っていた。英語の勉強もさせられた。アイマイミー、ユーユアユー、ヒーヒズヒム、サンキューなど、何度も言わされて暗唱させられた」

「アメリカ軍の軍事食料も配られた。食べたことのない食料に戸惑ったが、自分たちの料理法で食べた。大きな缶に入ったものが多かった。卵の黄身の粉末やバター、トマトジュースなど。朝食、昼食、夜食とそれぞれ内容の違うセットも配られた。日本兵の乾パンに比べてあまりの違いに、子供心にも戦争が負けるのは当たり前だと思った」

「バターは食べたこともなく匂いも強いので、鍋で温めて油に搾《しぼ》って、配給されたメリケン粉でてんぷらを作った。またトマトジュースは真っ赤で気味が悪いといって飲まずに庭の野菜に撒いた」

「アメリカ軍からの配給は長くは続かなかった。いつもひもじい思いをしていた。蘇鉄などを薄く切って水につけて毒抜きをして煮て食べた。塩も酒も自家製だった」

「栄養失調に陥る人が多かったが、大兼久ではマラリアに罹る人も多かった。一日おきに高熱と震えが繰り返されて死ぬ人も出た。私の母もその一人だった。母は高熱の後遺症で精神障害を起こし気が触れてしまった。一一歳の私はそんな母に寄り添い、看護することもできずに死なせてしまったことをずっと罪のごとく感じていた。今でも母の姿を思い出すと後悔し胸が苦しくなる」

「母の死がマラリアの後遺症だと分かったのは、戦後しばらく経ってからだ」

「母は、歌がうまかった。学校でも公的な行事の時は、母がオルガンを弾き、音頭を取っていた。母のことを知っている人たちからは、あんたも歌は上手だろうね、と言われるよ。母はいつも歌を口ずさんでいた。戦争の歌だったように思うけれどね」

「七〇年経って、今やっと母のことも、戦争のことも考えられるようになった。短歌に書くこともできるようになった」

私は、直子さんの落ち着いてゆっくりと話す口調に、教師だった頃の面影を見出した。同時に、一人で戦後を生きて来た寂しさに思いを馳せた。直子さんは長女で、山中で亡くなった洋子さんの他に妹が一人、弟が四人いる。四人の弟のうち、三人は、すでに他界している。

私は、当初　直子さんのお母さんのことだけでも教えてもらうことができればと思っていたのだが、思いがけずも郷里での戦争のこともたくさん教えてもらった。どれもこれも具体的で生々しい証言だった。

直子さんが戦争のことを歌った短歌を見せてもらった。印象深い歌が多かったが、その中からお母さんのことと関わりの深い歌三首を選んで次に掲載する。話をしてくれたことと重なる味わい深い歌である。

○マラリアに逝きし母の名刻まるる平和の礎の灼熱の日々

○長くながく口噤《つぐ》みゐて吐くごとく戦世《いくさよ》語る七〇年経て

○奥山のじめじめしたる避難小屋に息絶えし妹を抱きしめし母

第2章　戦没者名簿の死者たち

大兼久のアブシバーレー
再び山川勝さんを訪ねて
山川東軒さんの証言

大兼久のアブシバーレー

わが故郷大兼久《おおがねく》では、一年を通して様々な祈願行事や各種の祭りが執り行われる。これらの行事は、古い時代から継承され、起源が定かでないものもあるようだ。また、広く沖縄全土で行われている行事と重なるものもあれば、村独自のものもある。さらに村全体で行われるものもあれば、各家庭単位で行われるものもある。そして、行事は、現在を生きている人々に都合のいいように改変され、簡素化されたものもあるようだ。

これらの行事の日を、ウイミ（折目）、シチビ（節目）と呼び習わしている。昔は、この日に用意される料理等を目当てにして、子供たちは首を長くして待ち、随分と賑やかな行事が多かったようである。

アブシバーレーもそんな行事の一つである。「畔払い」と表記されるようだが、田畑の害虫を払い、豊年豊作を祈願する行事だ。旧暦の四月二〇日前後に行われる。余興にハーリー（爬竜船）競漕が行われるので、楽しみにしている区民や関係者も多い。大宜味村《おおぎみそん》では、唯一大兼久だけがアブシバーレーでハーリー行事を取り入れているとのことだ。耕地面積が小さく、それゆえに海を相手にして村が栄えてきたという名残りの一つであろう。

ハーリーは村を三区に分けて、東ン門《アガリンゾー》（東班）、中ン門《ナハンゾー》（中班）、南ン門《ミィージマンゾー》（南班）と称して、競漕をする。その他、職域対抗で船を漕いだり、年齢別対抗で船を漕いだりと余興的な色彩が強い。今年は、村の区長や有志にお願いして、かつての私の職場である大学生の参加を認めてもらった。私も参加して久々に船を漕ぐ予定だ。ハーリーは、潮の満潮時を見計らって行われる。その時間は、今年は午後五時四〇分という。

私の住まいは宜野湾市なのだが、早めに郷里に行き、午前午後に、二人の親族から戦争体験を聞き取ることにした。一人は山川勝《やまかわかつ》さん、今度は別用のついでではなく、狙いを定めて戦争体験の取材である。もう一人は山川東軒《とうけん》さん（八七歳）。前もって取材を申し込んだが、二人とも快諾してくれた。

再び山川勝さんを訪ねて

山川勝さんは、二度目の取材である。勝さんには、秋田県出身の若い兵士を山中でかくまって終戦を迎えたというエピソードがある。このことを詳しく聞いてみたかった。戦時中に、なぜそのような行為を取ったのか。また取れたのか。勝さんの思いを尋ねてみたかった。実際に、村人から、「兵隊をかくまっていたら、ろくなことにはならないよ」と、忠告された行為のようであったが、勝さんは、この美談を驕ることなく淡々と話してくれた。話は、前回と重なる部分もあったが、遮らずに聞き続けた。

「私は、二一歳の時に嫁いだんだが、結婚と同時に、お父《とう》（夫）は戦争に取られた。あとは、嫁ぎ先で、おじい、おばあと一緒に、戦争を迎えて、山中を逃げ回った。嫁ぎ先の山川家は旅館をやっていた。三衆館という名前だった。三衆館は戦争でみんな焼けた」

「お父は、満州に三年ぐらい、埼玉に二年ぐらい、あちこちの戦地を渡って八年間も戦争に行っていた。私をハンナギテ（ほったらかして）よ。最後はフィリピンで終戦を迎えたんだよ」

「秋田の兵隊は、三人一組でやって来た。伊江島《いえじま》に駐屯する部隊で、車に乗ってやってきた。当時、軍は木炭をガソリン代わりに燃料にしていたようだが、三衆館で泊まって、その状況を調べに来た。一度引き上げたんだが、戦争が激しくなって伊江島の本隊には戻れなくなった。この三人が、山の中で隠れ場所を探しているところを、偶然鉢合わせた」

「ワーケー（私たち）家族は、炭《タン》ガマ（炭焼き窯）の中に、逃げ隠れしていた。村の人たちは、日本の兵隊と一緒にいたら大変だよと言ったが、ワーケーお父たちも戦争で苦労をしているのだと言って、おじいや、おばあは、村の人の意見は聞かなくていい。カンダバー（芋の葉）でもいいから、一緒に食べさせればいいさ。なんとか生きていけるさといって、かくまった」

「おばあの破れた服などを着せて、一緒に山の中で隠れていた」

「秋田の兵隊と静岡の兵隊ともう一人。静岡の兵隊が上官で、秋田の兵隊は車の運転手だった。秋田の兵隊とは、よく一緒に芋を探しに行ったよ」

「戦後、秋田の兵隊さん、名前は菊池東次郎《きくちとうじろう》さんだ。菊池さんが沖縄を訪ねてきて、命の恩人に、お礼を言いたいといって、大宜味村にやって来た」

「それで、役場から連絡があって再会した。菊池東次郎さんはすぐに私のことを思い出した。私もすぐに思い出した。菊池さんは、感激していた。たくさんお礼を言われた」

「お父は、私たちの再会を見て、こんなこともあったのかと笑っていた」

「夫が長く戦争に行って帰って来ないと、再婚する人もいた。また、戦争に行った人も、沖縄玉砕と言われ、村のイイナズケ（婚約者）は、もう死んだものと思って結婚した人もいたよ。逆もいたさ。私は、夫の帰りを八年間待っていた」

「戦後、菊池東次郎さんは、秋田で自動車会社を興して成功していた。私は秋田に呼ばれてご馳走になった。親戚の皆さんは、菊池東次郎さんは、人前で涙を流したことはないが、勝さんの前では涙を流している。菊池東次郎さんの涙を初めて見たと言っていた」

「菊池東次郎さんは、病院に入院して亡くなる時、沖縄の勝さんには亡くなったことを知らせなさいと遺言して、それからすぐに亡くなったって」

「戦争当時は、山の中は、防衛隊やヤマトの兵隊や、南部からやって来た避難民たちが、食糧などを奪い合って大変だった。菊池東次郎さんは、その時の恩が忘れなかったんだろうねえ」

「菊池東次郎さんには、小さい芋とか、小さい黒砂糖しか上げられなかった。恩を着せるほどのことは、してあげられなかったのにねえ。その当時のことを考えると夢のごとくあるよ」

「でも、もうたくさんのことを思い出すことは出来ないよ。私は九八歳にもなります。もう何もかもは思い出せないよ」

「弟の貞夫《さだお》は、予科練に入隊したんだが、どうやって帰ってきたかね、もう思い出せないよ」

勝さんは、遠くを見るように話し終えた。勝さんの目には何が見えているのだろうか。勝さんの瞼には何が残っているのだろうか。歳月は容赦はしないのだ。記憶を奪っていくし、愛するものも奪っていく。私たちの手元に最後に残るものは何だろう。

勝さんは、戦争の記憶を私に丁寧に話してくれたが、話したくない記憶もきっとあるだろう。あるいは、変形した記憶があるかもしれない。

勝さんの乗り越えてきた歳月に思いを馳せた。勝さんは、戦後、生まれた息子を一人、若い頃に亡くしていた。若い息子は、まだまだ夢の途中だったはずだ……。

山川東軒さんの証言

山川東軒さんは、『大兼久誌』の中で、「第六章　戦争の傷跡　第三節慰霊」の部で「北霊之塔と戦死者」の項目を担当した村の先輩である。「字大兼久戦没者氏名と屋号」に記載された人々のことを、出来るだけ教えて欲しいとお願いをすると、快く引き受けてくれた。

山川さんを訪ねると、奥さんが東京の息子さんの元へ出掛けて留守にしていることを申し訳なさそうに話した。奥さんの絹江《きぬえ》さんは、私の母方の従姉である。大城信子《おおしろのぶこ》さんの妹だ。

山川さんはサーターアンダーギーと、缶に入った冷たいお茶を出してくれた。扇風機も回してくれた。汗を拭いながら話し出した。元教員であっただけに、話は理路整然としていた。字大兼久の成立から現在までのことも分かりやすく、細やかに話してくれた。大兼久フクター（大兼久の貧乏人）と揶揄された時代から、先人たちの努力を讃えるエピソードは、村に対する溢れるような愛情を感じた。

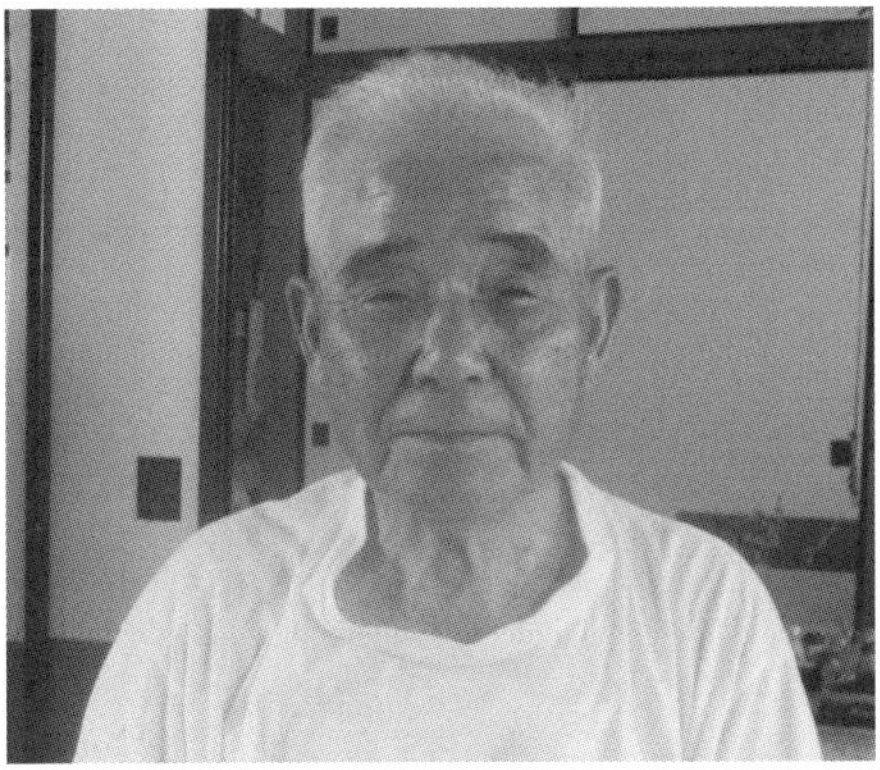
山川東軒さん

やがて私の要望に答えるために、名簿に記載された一人ひとりの名を示しながら、慈しむように話し出した。

「この名簿は、軍人とか軍属とかで亡くなった人々が中心です。あとで追加した人々は戦争に関連して亡くなった人たちです。女性とか……、ですね」

「二〇三ページの**60**平良光正《たいらみつまさ》は、光秀《みつひで》の兄さん。小学校の三年まで一緒だった。お父さんの呼び寄せで、南洋に渡った。南洋の中学校を卒業して予科練に入るために日本に引き揚げる船に乗ったが、フィリピンで撃沈された。助けられて台湾に行き、そこからまた船に乗ったが、その船がまたヤラレタ。それで備考欄には、『南洋―台湾』と書いた」

「**61**與那城正光《よなしろまさてる》さんは、勝子《かつこ》さんの兄さん。現役兵で中国満州で戦死したと思われるが、生きているという噂もあった。はっきりしなかったのだが、長い間連絡もないし、この名簿には書きましたよ」

「三高女の**56**山川裕子《ひろこ》さんは、三高女を出て、軍で事務をやっていたそうだが、解散命令が出て、家に帰って来た。しかし、家の人はいなくて、どこに避難しているかも分からず探せなかった。また軍に戻ったが、そこで亡くなった。この人の家族は、多く亡くなっていますよ」

「**72**山川好造《こうぞう》さんもその一人だな。裕子さんとは姉、弟の関係だ」

「**69**山川文三《ぶんぞう》さん、**70**健次郎《けんじろう》さん、**71**文八郎《ぶんはちろう》さんは上之屋《ウイヌヤ》の人たちだ。お父さんは文信《ぶんしん》さんで、那覇で眼科のお医者さんをしていた。羽地村《はねじむら》に呼ばれて仲尾次《なかおじ》で村医になった。この一家はみんな優秀で、文三さんは三男で、軍医で亡くなった」

「このような人たちの努力で、大兼久はだんだん豊かになっていくんだ。師範学校にも、大兼久から一度に三名ぐらい合格したこともあった。先輩たちが大変喜んで、山羊をつぶして激励したんだ。覚えているよ」

「教育や、学問だけでなくて、漁業も栄えた。私の伯父さんの山川桃太《とうた》がね、糸満《いとまん》で漁法を学んできてね、それを大兼久で広めたんだ。それでますます豊かになった」

「大兼久にはね。鰹船も、鰹節工場もあったんだ。女の人たちはね、魚を担いで名護までも売りに行ったんだよ」

「辺土名《へんとな》高校から喜如嘉《きじょか》に行く途中の土地は、大兼久の人が財力をつけて手に入れた土地が多くあるよ。大兼久は戦前も戦後も、学区で大学へ行ったのは一番多かったんじゃないかな。先輩たちが、みんなを激励してくれたんだ。伝統だな」

「大兼久の人は、ペリリューで亡くなっている人も多いよ」

「**22**山川茂雄《しげお》さん。この人は高男《たかお》さんのお父さん。高男さんは生まれたばかりだった。南洋ペリリューで、爆弾を抱いて島を取り巻いているリーフまで泳いで行って、そこで上陸する船に爆弾を投げて戻って来る。いわゆる人間魚雷だな。それで戦死した」

「**30**前田元栄《まえだげんえい》さんは軍属で戦死だな。兵隊の食糧の魚を捕るといって、ラバウルで戦死している。大兼久はウミンチュー（漁師）が多いから、ペリリューで戦死した人も多い」

「**2**山川元正《げんしょう》さんは戦後亡くなった。やはり軍属で魚を捕っていた。しかし、昭和一九年頃にはね、フィリピンの沖合いにもフィリピンゲリラが現れてね。暴れていたという話も聞いたことがあるよ」

「そうだ、名簿の最初から言いましょうねえ。**1**奥島憲太郎《おくしまけんたろう》さんは、大宜味村で最初に村葬をやった人です。その人の告別式の時に、私はお祝いの儀式かと思ったよ。学校の校庭でみんなが集まって葬儀をした。大兼久青年団は集まって、青年団の歌を歌っていた。満州事変で亡くなったんだ」

「**2**山川元正さんは、さっき言ったな。戦後亡くなった」

「**3**奥島憲五郎《けんごろう》さんは、軍属として漁業に携わっていて、ニューギニアで戦死した。奥島菊《きく》江《え》さんのお父さんだ。菊江さんのお母さんは、戦後、子沢山で大変な苦労をしたはずだよ。憲五郎さんは私の父に漁業を習った。戦後、菊江さんのお母さんはそのことに恩を感じて、よくあいさつに来ていた」

「**4**平良鍋一《なべいち》さんは、光秀のお父さん。南洋で戦死した」

「**5**金城新太郎《きんじょうしんたろう》さんは防衛隊。私は読谷《よみたん》飛行場で会ったことがあるんですよ。我々農林生は座喜味《ざきみ》城址に軍の施設を作っていたが、その前をよく通っていた。その後、那覇《なは》に行ってヤラレタみたいだ。キビ畑が焼かれて、出て行ってヤラレタらしい。子供が一人いるが、この人の一人息子、**46**金城輝好《てるよし》は、農林学校でも級長、青年師範でも級長、とても優秀だった。学徒動員だ。本部《もとぶ》の護郷隊に配属された。機関銃の射手で、解散命令が出たのに、退くわけにはいかない、と言ってまた軍に戻って行って戦死したと聞いている。この人は農林学校時代に、今でいう国体の射撃の選手だった。戦後、遺骨を探しに親族が行ってね。金城輝好という名前の彫られた万年筆を見つけて、これは間違いないということで遺骨を持って帰って来たらしい。お母さんは一人残されてね。旦那さんも一人息子も戦争でヤラレタんだ。とても悲しんでね。周りの人が見ていられないほどだったそうだ。女友達などがよく慰めに来ていたらしい」

「**6**金城新助《しんすけ》さん、この人も同じく防衛隊で亡くなった」

「**7**平良忠雄《ただお》さんは、フィリピンで戦死した」

「**8**山川元太郎《げんたろう》さんもそうです」

「**9**與那城蔵七《ぞうしち》さんは一夫《かずお》のお父さんだ。大阪で召集されてニューギニアで亡くなった」

「**10**山城正喜《やましろせいき》さんも、召集ですね」

「**11**金城 正次郎《しょうじろう》さんは、南洋の海で戦死。船長だったらしい。機関室にいたまま船が沈没。その日の戦争が終わったあとで遺体を収容に行ったら、遺体が膨れていて、船から出すのが大変だったらしいよ」

「**12**山川松次郎《まつじろう》さんは松下《マッサー》、**13**平良森吉《もりきち》さんは、森雄《もりお》のお父さん。大工だった。戦後、お父さんが使っていたお椀だっといって森雄に届けてくれた人がいたそうだ。防衛隊に召集されて、橋を壊すような工作部隊にいたというんだがね。本部《もとぶ》で戦死したようだが、どこで死んだか分からない。だから遺骨もまだ見つかってないはずだ」

「**14**山川元次郎《げんじろう》さんは召集」

「**15**金城祥次郎《しょうじろう》さんは、祥一郎《しょういちろう》のお父さんだ。祥次郎さんは元教員ですよ。この人は、教員時代に県の発表会で竹を編んで地球儀を作って、素晴らしいと絶賛されたことがあると聞いている」

「**16**平良仲三《ちゅうぞう》さん、**17**平良仲喜《ちゅうき》さん、**18**金城正太郎《しょうたろう》さんは、南洋で戦死ですね。**11**正次郎さんは、正太郎さんの弟ですね。私がさっき船の船長をしていたという話をしたのは、正太郎さんのことだ」

「**19**金城清良《せいりょう》さんは、大阪に行っていた人だ。子供たちが、戦後沖縄に訪ねて来た」

「**20**山川桃福《とうふく》、これは私の兄さんだ……。私の家は上那小と書いているが上之屋小というのが本当の屋号だな。端折って上那小《ウイナーグヮー》と言ったんだな」

「**21**大宜見朝健《おおぎみちょうけん》、現役兵です。あんたの同級生の朝一《ともかず》のおじさんだ」

「**22**山川茂雄は私の従兄弟です。先ほど話をしたが、ペリリューで人間魚雷で死んだ」

「**23**我喜屋宗栄《がきやそうえい》さん、この人もペリリューでヤラレテいる」

「**24**平良芳雄《よしお》さんは、伊江島でヤラレタ。招集兵です」

「**25**金城良雄《よしお》、現役兵だ。宏明屋《コウメイヤ》の長男でないかな。あんたの伯父さんの貞三《ていぞう》先生のところに後妻にいった絹江《きぬえ》さんの元夫だ。絹江さんは旦那さんを亡くして、伯父さんは奥さんを戦争で亡くした。それで、戦後、小さい子供の面倒を見てもらうこともあって後妻にしたんだな（注：宏明屋の長男は別名で、病気になり死別したという証言もあった）」

「**26**大城新次郎《しんじろう》は、南洋ペリリュー島」

「**27**金城仁一《じんいち》、この人は現地招集です」

「**28**照屋一夫《てるやかずお》さんは、末子の兄さん、現役だ」

「**29**金城福正《ふくしょう》さんは、フィリピンで亡くなった」

「**30**前田元栄さん、私の従兄弟だ。ラバウルで亡くなった」

「**31**大城神盛《かみもり》さんは、神信《かみのぶ》の兄さん」

「**32**照屋林英《てるやりんえい》さんは現役だ。一家全滅した林起《りんき》さんの弟だ」

「**33**金城正善《せいぜん》さんは、ウチのとし子《こ》のおじさんだ」

「その次のページね。**34**山城照義《てるよし》さん、この人のことはよく知らないが、この人の兄弟は辺《へん》土《と》名《な》にいると聞いたことがある」

「**35**金城圭助《けいすけ》さんは、宏明屋だ」

「**36**平良森幸《もりこう》さんは、森雄のおじさんだ。森雄は、お父さんも、おじさんも亡くした」

「**37**山城得栄《やましろとくえい》さんは、西東り。ニシャアガリという」

「**38**大城仲吉《ちゅうきち》さん、これは浜仲門《ハマナカゾー》だ。浜仲門は平良だが、婿養子になって大城となっていたらしい」

「**39**山川茂喜《しげき》さんは召集、**40**宮城《みやぎ》親栄《しんえい》さんも現役だ」

「**42**山城昇《のぼる》さんは、現役兵だ。東り《アガリ》。南部の運玉森《うんたまもり》で死んだ。運玉森で埋葬されたということを聞いて、戦後、親族が遺骨を探しに行ったのだが、探せなかったらしい。埋葬した場所にも、おそらく砲弾が飛んできて、遺骨も吹っ飛んだじゃないかなあ」

「**43**金城新幸《しんこう》さんは新助屋の長男」

「**44**照屋林盛《りんせい》さんは、部隊が台湾に移動したときにヤラレタ」

「**45**大城安蔵《あんぞう》さんは、安正《あんせい》さんの弟です、沖縄でヤラレタ」

「**46**金城輝好さんは、さっき話したとおり。優秀な先輩だった」

「戦死者は私より、五歳、六歳、上の人が多い。私は戦争当時一五歳だった」

「**47**山川元三郎《げんざぶろう》さんは身体が小さいから通信隊であったそうだ。最後に南部で斬り込みで死んだ。斬り込みに行ったのを見た人がいるんだよ」

「**48**前田光雄《みつお》さんは沖縄戦だ。南部で戦死したらしい」

「**49**奥島武雄《たけお》さん、この人は大山《おおやま》で爆撃でヤラレタ」

「**50**大宜見秀雄《ひでお》さん、この人も最後の入隊ですよ。だから鉄砲の持ち方も分からなかったはずよ。みんな木の鉄砲を持たされたというからな」

「**51**前田元三《げんぞう》さん、私の従兄弟だ。護郷隊だが怪我して杖をついていた。喜瀬武原《きせんばる》の田んぼでアメリカ兵の機関銃で撃たれて戦死した。戦後、遺骨を拾いに行った。同じ場所で塩屋《しおや》の人も亡くなった。塩屋の人は遺骨を探せなかったらしい。戦後は、遺骨を奪い合うような状況もあったんだよ」

「**52**與那城光雄《みつお》さんも護郷隊だが、源河山《げんがやま》まで来てからヤラレタ」

「**53**金城久幸《ひさゆき》さんも護郷隊だ。恩納村《おんなそん》で戦死」

「**54**我那覇宗貞《がなはむねさだ》さん、**55**大宜見秀光《ひでみつ》さんの二人は、海軍の志願兵で亡くなった」

「**56**山川裕子さんは先ほど話したな。三高女の卒業生」

「**57**前田牛太郎《うしたろう》さん、大兼久で死んだ。村に歩哨線が張られていてそれに引っ掛かって死んだ。自分の船を見に行くといって山から下りてきて歩哨線に引っ掛かったんだ」

「**58**我那覇宗久《そうきゅう》さん、我那覇さんは饒波《ぬうは》の山で歩哨線に触れて死んだ。実はね、この人はね、私も一緒にこの人とスク（小魚）採りに行ったんだ。七月頃だったと思う。その頃になると、隙を見て、潮干狩りにも行っていた。大兼久の男の人が二〇名ぐらい一緒に行った。山から下りてスク採りに行ったんだ。私は父親も兄さんたちも一緒だった。ところが、米兵に見つかって、手を上げさせられて、みんな捕まった。トラックに乗せられて、まず、大兼久の小学校の所に連れて行かれた。アメリカ兵は、役場に駐留していて、学校の水タンクの前で裸になって水浴びをしていた。余裕があったな。我々は名護《なご》の田井等《たいら》まで連れて行かれた。三高女の近くに尋問所があって、そこに連れて行かれたんだ。二世が尋問に当たっていたが、私は鉄血勤皇隊と間違われて尋問された。私はシラを切った。そんな者もいるんですかと知らん振りをした。我々の年齢だと護郷隊か、鉄血勤皇隊に取られているからな」

「尋問された後、また田井等に戻って金網が張られた収容所に入れられた。我々は罪人だなと、お互いに言い合った。翌日も尋問された。二世が言うには、三中の同級生で金城祥栄《しょうえい》という人がいたが知らないか、と。そんなふうに問われた。傍らにいる祥栄さんは驚いてブチクン（一瞬、気を失う）になった。二世は助けようと思ったかもしれないが、祥栄さんは黙っていた。軍歴があるから黙っていたんだな」

「それから私の父たちは、収容所から逃げたんだ。私たち若者は、別部隊で働かされていた。戦争はほぼ終了していたんだが、父たちは屋我地《やがじ》の方から船を調達して、さらに山を越えて逃げたんだ。我那覇宗久さんは、遅れたんだな。一日遅れて山から下りてきた。その時に歩哨線に触れて死んだ。その頃は、多くの人たちが山から下りていたんだが、あちこちに歩哨線が張り巡らされていた」

そこまで話し終えた時、玄関を開けて山川東軒さんの甥、山川義高《よしたか》さんが訪ねてきた。私も面識のある元教員の先輩だ。名護に住んでいて、久し振りの来訪だという。しばらく雑談をして、私の来訪の理由を言った。遠慮することはない、聞き取りを続けなさいと言ってくれたが、私は、もう一度機会を見つけて訪問させて欲しいとお願いをして、切れ目のいいところでインタビューを打ち切った。

最後に、戦死した兄さん、**20**山川桃福さんへの思いを尋ねた。

「山川桃福は私の兄さんだ。兄さんはとても元気者だった。三線も上手だった。学校を卒業するときに、上級学校に行かさないからといって、家でストライキ起こしたとも聞いている。家には、あんまりいなかった。当時は友達の家に寝泊りする習慣もあって、ご飯を食べるときだけ帰って来た。だからあんまり覚えてないんだ。しかし、はっきり覚えているのは、南洋に行くときに、上の兄さんと二人、羽織袴を着けて仏壇の前にかしこまって座っていた。みんなから激励の言葉や別れの言葉を掛けられて神妙に座っていたのを覚えている。私の十三祝いの時は、学生服を贈ってくれたよ」

山川さんは、そう言って笑みを浮かべた。私は、ここが区切りになると思って、お礼を述べて立ち上がろうとした。それを制止された。そして、東軒さんは、口ごもりながら意外なことを告げた。

「農林生で鉄血勤皇隊に参加できなかった者は、たくさんいる。私もその一人だ。少し後ろめたい思いをしている……。というのはね、戦争が激しくなってきてね、農林生で鉄血勤皇隊を結成するといってね。いったん、みんな家に帰されたんだ。家族と別れを言うためにね。それで、私もいったん家に帰った。二四日に学校に集合という命令だった。当日、私はゲートルを巻いて出ようとしたんだが、その日にちょうど空襲があって、学校に戻ることは出来なかった。鉄血勤皇隊には参加できなかったんだよ。私と同じ思いをしている人は、たくさんいる。しかし、考えてみると、このことは敵前逃亡に当たるよ。戦後は、生き延びた者同士で、我々は敵前逃亡罪にならなくてよかったなあと、話したもんだよ」

東軒さんは、このことが、とても気がかりであったように話した。しかし、私には答えるすべがなかった。沈黙するだけだった。

その雰囲気を察したかのように、義高さんが私たちの間に入って、戦争の思い出を語ってくれた。東軒さん親子が、饒波の前でアメリカ兵に捕まって、トラックに乗せられていくのを、五歳の義高さんは木の陰に隠れて見ていたというのだ。義高さんは、恐怖で息が詰まり、心臓が破れそうになり、すぐに山に引き返したという。

私は、話し終えた義高さんにもお礼を述べた。それから玄関を出た。東軒さんは、自分を責めるように、敵前逃亡罪と言ったが、律儀な東軒さんの性格を思わせる言葉だった。もちろん、私は口ごもってしまったままで、やはり返す言葉を探せなかった。感想が言えなかったのだ。私は、慌しく東軒さんの家を辞した。その行為の中で、思考を中断させ答えを霧散させただけだった。

私は、自分を責めた。卑怯者だと思った。それから、その答えを見つけるために、今自分は努力しているんだと慰めた。故郷の山を見上げたが、答えてはくれなかった。感想が言えなかった悔いは、ずっと残った。

第3章 少年の頃の思い出

大兼久での思い出
すみおっかあの体験
再び山川東軒さんを訪ねて

大兼久での思い出

私は、父の仕事の都合上、小学校三年生の新学期を迎える直前に、国頭村《くにがみそん》の楚洲《そす》小学校に転校した。楚洲小学校は中学校との併置校で、父の学校長としての最初の赴任地だった。私は楚洲で小学校三年生から中学一年生までの五年間を過ごすことになる。陸の孤島と呼ばれるほどに僻地の学校であった。私の同年生は八名、一つ上の学年は三名であった。

転校した年は、一年から三年生までの三学年が一つのクラスに机を並べていた。いわゆる複式の学級である。全校生徒は小中学校併せて六〇名ほどの学校だった。さすがに、翌年からは三学年一緒の学級は解消され、二学年が一緒に学ぶ複式学級になった。

私は、そんな学校で学んだ。ちょうど少年期の黄金時代を楚洲で過ごすことになる。それだけに思い出は尽きない。

同じように出生の地であるわが故郷、大兼久《おおがねく》での思い出も尽きない。大宜味《おおぎみ》小学校と大兼久との間を流れる兼久川《かねくがわ》は、とてつもなく大きな川であった。大きな川であったように覚えているが、今では、海まで流れる水の量も少なくなっている。日照りが続くと水流は砂に潜って途絶えてしまう。川の両岸もコンクリートの壁が出来た。生態系に影響は出ていないだろうか。対処策は取られているのだろうか。余計な心配までしてしまう。当時の両岸は草が生い茂る土手で、水面と境をなす樹の根の周りには、土穴があり、蟹や川えび、うなぎやテルピアなどが潜んでいて、格好の遊び場であった。少年の私たちは、川を横切って土手から土手までを往復する競泳の場所にもしていた。

その川にまつわる思い出は数多くある。特に記憶に残っている出来事の一つに「蟹事件」がある。「蟹事件」と言っても私が勝手に名付けたものだ。小学校二年生の時の学校での休み時間に、友人たちと一緒に校庭を横切ってこの川まで遊びに来た。その時、大きな蟹を見つけたのである。私はその蟹を捕ることに夢中になって足を滑らせ、ずぶ濡れになった。始業の鐘が鳴ったので、友人たちは教室へ戻ったが、私はずぶぬれの服を着替えるために自宅へ戻った。川から自宅まではそれほど遠くはなかった。もちろん、私は格闘して蟹を捕まえていた。自宅に戻り、バケツに入れて、逃げないように蓋をして教室へ戻った。

担任は大城敏子《おおしろとしこ》先生だった。敏子先生は、級友たちから事情を聞いていたのだろうか。強く叱ることもなく、微笑を浮かべて遅刻した私を迎え入れてくれた。「それで、蟹は捕れたの?」と聞かれた。私は元気よく「はい、捕れました」と答えた。「へえ、凄い」と、先生も級友たちも驚きの声を上げた。私は胸を張って答えたはずだ。先生は続いて私に尋ねた。「で、その蟹はどうしたの?」と。私は戸惑った。笑顔で尋ねる先生に小さな声で「家に持ち帰ってバケツに入れてあります」と答えた。

その後は、どんなことを聞かれて、どんな注意をされたか覚えていない。「その蟹はどうしたの?」と聞かれて、私は先生にあげるべきだったのかと自問し混乱したのだ。席に戻ってからもそのことが頭の中を駆け巡った。いや、頭が真っ白になったのだ。

放課後になって、急いで家に戻り、バケツの中の蟹を眺め続けた。「今からでも、先生に届けるべきではないか」。私は蟹を見つめながら、日が暮れるまで自問し、迷い、悩み続けた。

外出から帰って来た母は、蟹を見て驚いた。私を誉め、夕食に蟹汁が出された。私は、自分の胸の内を誰にも言わず、混乱を噛み殺して蟹を食べた。その出来事は、数日間私を苦しめたが、一週間もすると、きれいさっぱり記憶の彼方に追いやられた。少年の特権でまた遊びに夢中になった。これが「蟹事件」の顛末だ。今でも懐かしさを伴って、ふと思い出されるのだ。

川だけでなく、海にまつわる思い出や、山にまつわる思いでも数多くある。村の裏手の山は、「メンパー」と呼ばれていた。この場所も格好の遊び場だった。急坂を登り切った頂上は、平たい広場になっていて、背の高い松が数本生えていた。メンパーからの眺めは絶景で、眼下に村の家々の佇まいが一望できた。目前には、青い海が大きく広がっていた。遠くに米軍通信基地のある奥間ビーチが見渡せた。ここからの絶景を描いて、夏休みの絵画の宿題などに提出する先輩や仲間たちは多かった。

私は、再び山川東軒《やまかわとうけん》さんの話を聞くために、故郷大兼久に向かった。さらに大兼久の長老の一人である平良澄子《たいらすみこ》さん（九七歳）の戦争体験も聞きたいと思った。そして、今回は、土地の記憶を思い起こし、少年時代の思い出の地をも訪ねてみたいと思った。友人で親しくしている沖縄国際大学教員の田場裕規《たばゆうき》さんを誘った。事情を説明すると、田場さんは喜んで同行してくれた。

二人でメンバーに登った。いや、登ろうとしたが登れなかった。当時は、村役場の隣から大きな山道があったはずだが、山道は消えていた。不思議に思い目を凝らして探してみると、大樹の陰をすり抜けるような小道が見つかった。そこを登って行った。ほとんど利用する人がいないのだろう。蜘蛛の巣が行く手を遮るように掛かっていた。若い田場さんが前を歩き、私は後ろについた。互いに手に持った木の枝で蜘蛛の巣を打ち払いながら歩いた。

やがて、道は突然消えた。それでも、草木を掻き分けて登り続けたが、次に現れたのは、明らかに反対側へ下る道だった。メンバーまで登ることを断念した。木陰からちらちらと見える村の風景をデジカメで撮って山を下りた。

「そんなはずでは、ないのだがなあ……」と私が一人ごち、いつまでも不思議がっているので、田場さんは笑みを浮かべ、そんな私を不思議そうに見ていた。

少年の頃の記憶は、時には鮮烈で、時には脆い。私は苦笑しながら、そんな記憶を懐かしみ、気持ちをリセットして平良澄子さんの家に向かった。

すみおっかあの体験

平良澄子さんには、娘の善恵《よしえ》さんから前もって連絡をして貰っていた。善恵さんは私の同級生だ。「すみおっかあ」「すみおっかあ」と私たち同級生は、澄子さんのことを呼び慣わしていた。私も何度か善恵さんや同級生と一緒に、すみおっかあを訪ねたことがある。耳も目も口も九七歳とは思えないほど達者であった。腰もしゃんと伸びていた。今年のハーリーにも、浜辺に出てパーランクー（小太鼓）を叩いて応援していた。

善恵さんは、「すみおっかあ」のことを、実の母親ではなく育ての母親だと教えてくれていた。このことを公言して憚らなかったが、二人の間には血の繋がる親子以上に、強い絆があった。私たち同級生が家を訪ねると、いつも「カメー、カメー（食べて、食べて）」と、たくさんのご馳走を差し出した。

すみおっかあは、今回も笑顔で私と田場さんを迎えてくれた。前もって、手作りの暖かいジーマミ豆腐も作っていて、ご馳走になった。てんぷらを揚げて待ってくれてもいた。

すみおっかあは、戦争当時一七歳。すみおっかあに、戦争当時の記憶を思い出して貰った。

「私は戦争当時は山口県宇部の紡績工場で働いていた。宇部でも空襲が何度もあった。その度に、肌着や芭蕉布の着物を持って山に逃げた。芭蕉布は自分で作った着物だったので大事にしていた」

「戦後、大兼久に引き揚げて来た。沖縄玉砕と聞いていたので、どうなっているかと心配だったが、親は生き延びていた」

「私のイイナズケ（婚約者）は、戦争に行って戻ってこなかった。ハーマ（ずーと遠く）南洋で戦死した。次男も三男も戦死していた」

「戦争が終わって数年後、私は周りの人から勧められて子供が三人いるこの人（仏壇の写真を指差す）の元に嫁いだ。この人の家族はパラオから引き揚げてきたが、奥さんの文子《ふみこ》さんは下の子を生んで亡くなった。私は子供を生んだことがない、育てたことがないので、結婚話は断ったのだが、タージマ（よその村）には嫁に行かさないよ、とみんなに言われた。イイナズケの親とかにも説得されて嫁に来た。下の子というのは善恵のことだよ。生まれて三か月足らず。ミルクもない時代で苦労をした」

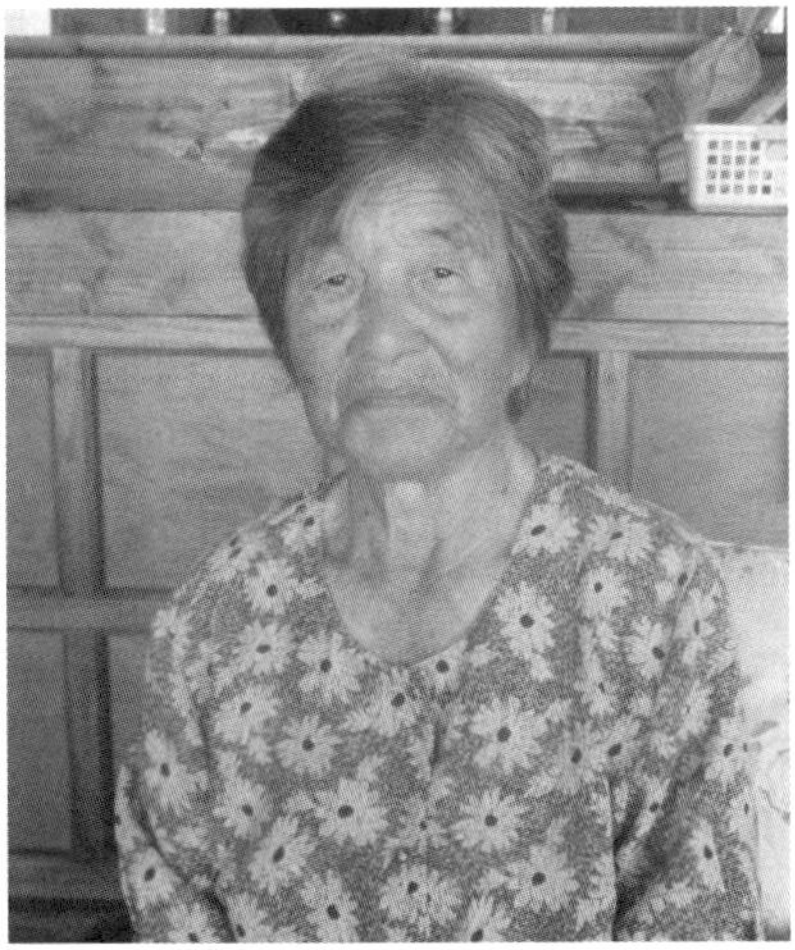

平良澄子さん

「三人の子供たちは、みんな立身している。

そのことが一番嬉しいさ」

「私は五人姉弟で、私が一番上だ。三人はもう亡くなっている。この二年で、次々と五人の親族が死んでしまった。死んだのも、私が生きているのも、運命だと思う。そう思うことにしている」

「むかし、農協の婦人会で、八重山に旅行をしたことがあった。そのとき民謡歌手の瀬良垣《せらがき》苗子《なえこ》から『十九の春』の歌をみんな教えて貰った。私は行けなかったけれど、私がこの歌を最初に覚えて、名護で行われた忘年会で披露した。そのときから、すみさんの十八番ということで、機会がある度に歌わされている」

「ほら、あんたたちは黒砂糖も食べなさい。黒砂糖はクスリだよ」

「戦争ではイキサンヌチュウ（たくさんの人々）が死んだ。みんな帰ってきたら、シマには、なあイランテェー（村には入らんだろうねえ）」

「伊江島《いえじま》には、村からもたくさんの人々が飛行場作りに行ったそうだ。女たちもたくさん行ったらしいよ」

「ワーケーシマはヒンスー村（大兼久は貧しい村）だったから、先輩たちが教育を大切にして、後輩たちを育てたんだよ」

「村の女の人たちは、魚を担いで、羽地《はねじ》、名護《なご》辺りまで歩いて売りに行ったんだよ。私もそうしたよ。車はなかったからねえ、隣の東村にも歩いて行ったよ」

「私は、一家全滅した照屋林起《てるやりんき》の一門だよ。林起のおっかあは、浜に出て、林起、林起、って海に向かって声をあげて泣いていたよ。ウッサナーヌチュ（こんなにたくさんの人々）、子供や孫を失ったんだからね。暮ラサランヨヤ（暮らすことができなかったはずだよね）。夕方になると、海に行って胸まで海水に浸かってね、林起、林起って、声を上げて泣いていた、ティーラ（照屋）の節ちゃんが、いつも海から引っ張りあげていた」

私が『大兼久誌』に載っている戦没者名簿を広げて見せると、一人ひとりを指差し、読み上げながら、ぶつぶつとつぶやいた。

「ハメー、ナー……（あれ、まあ）。ハメー、ナー……。（目を潤ませて涙を拭う）」

「アイエナー、アイエナー。ウッサーナーヌチュ、ウランナティヤ……（こんなにも、たくさんの人が亡くなってねえ）」

すみおっかあのつぶやきは、しばらく止まらなかった。

その後の歓談の後、私たちはお礼を述べ、退出する旨を告げた。すみおっかあは、私と田場さんに、ビニール袋いっぱいに詰めたてんぷらのお土産を渡した。恐縮しながら再びお礼を述べた。すみおっかあは、健康の秘訣は、動くことだと笑って言った。朝になると家の戸を開けて、庭で体操をするという。それも、仏壇に置いた夫の遺影から見えるところで体操をするという。後妻に入ったという夫の遺影は仏壇に大きく飾られて正面を向いていた。

「五〇、六〇はまだ子供、トーハキ（八八歳・米寿）過ぎても鮮やかに、百で咲かそうよ、福の花……」。すみおっかあは、そんな歌詞を持つ「百歳節《ひゃくさいぶし》」を私と田場さんに歌って聞かせた。もちろん、オハコの「十九の春」も、隣家に聞こえるほど大きな声で歌ってくれた。私は、そんなすみおっかあの飾らない素朴な心が、長生きの秘訣のように思われて、笑みがこぼれた。素直に、生きてくれて有り難う、と心の中でつぶやいていた。

再び山川東軒さんを訪ねて

再び山川東軒さんを訪ねた。前回の続きを聞くためである。山川さんは奥さんと二人で部屋にクーラーをつけて待っていてくれた。東軒さんの奥さんの絹江《きぬえ》さん（八一歳）は、こちらが恐縮するほど気を使ってくれた。お茶を出し、お菓子を出し、冷たいビールを出し、座布団まで用意してくれた。忙しく立ち居振る舞っていたが、時々話に加わった。ご主人への遠慮があったのかもしれない。そう思いながら感謝をした。

私は、東軒さんに戦没者名簿に記載された最後の頁、二〇四頁めの追加された戦死者の状況を教えて欲しいと、再度訪問の意を告げた。

東軒さんは、数日前に母校の嘉手納《かでな》農林学校の記事が新聞に掲載されていたので、その話から始めた。鉄血勤皇隊として戦死した学徒兵の慰霊塔が東村《ひがしそん》の山中に建立されたという記事である。私は東軒さんの意に任せた。

「農林学校からは、鉄血勤皇隊を組織して戦争にも参加したんだ。鉄血勤皇隊は金武《きん》で解散したんだが、南部から来た人たちは自分の故郷に帰れなかったんだな。それで北部の山の中を逃げ回ったんだ」

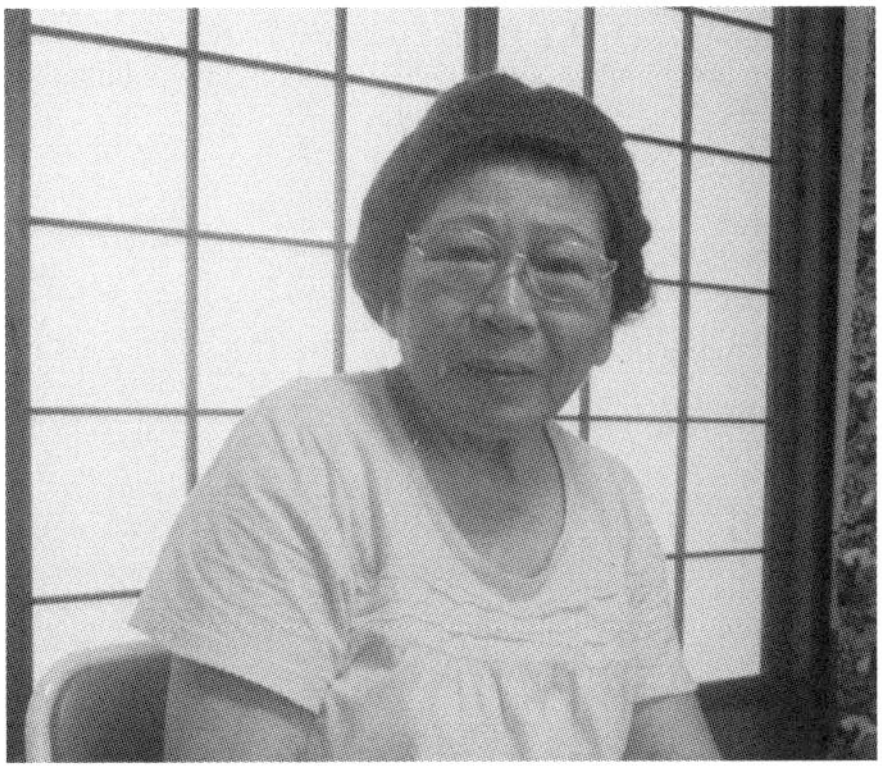

山川絹江さん

「あのね、こんな話を聞いたことがあるよ。農林学校の鉄血勤皇隊の隊長は、沖縄の首里王家の血を引く尚謙《しょうけん》であった。東村の山で戦死した。その際、二中の鉄血勤皇隊の指揮を執っていたヤマトの隊長から尚謙の遺骨を取って来いと命令されてね、死後二、三日しか経過していないのに鎖骨を取ってきたというんだよ。鎖骨は外れやすいからと言われてね。戦争中には、いろいろなことがあるよ」

「青年学校教員養成所（青年師範）は、昭和一九年に学制改革があってね、高等専門学校に格上げされたんだ。それで**46**（金城）輝好《てるよし》さんなんかも上級学校に編入できたんだな」

（絹江）「輝好さんのお母さんは、息子の輝好さんを亡くして、また、ご主人も亡くして、ヤートーリになった（家系が途絶えてしまった）。輝好さんのお母さんは、フリムンになって（気が触れたようになって）嘆いてばかりいたよ」

「戦争では、たくさんの人が亡くなった。位牌を持つ人も居なくなって、ヤートーリーになった家は多いよ」

「農林学校の頃は、座喜味《ざきみ》城で、高射砲台造りをよくやったなあ。座喜味城からは、名護辺りまでもよく見えたよ」

「北霊《ほくれい》之《の》塔《とう》を建設した人、発起人の名前は、『大兼久誌』の一九九頁に書いてある。金城新《きんじょうしん》豊《ほう》さん、奥島憲三《おくしまけんぞう》さん、金城祥信《しょうしん》さん、金城正治《まさはる》さん、山城永盛《やましろえいせい》さんたちだ。この人たちは友達がたくさん死んだ人たちだ」

「兵隊にとられるよりは、軍需工場などに徴用されたほうがいいと言って長崎の造船所に働きに行った人たちもいたようだよ。造船所の船の底で働いているときに、大きな爆発音を聞いた。甲板に上がったら船上でたくさんの人が死んでいた。それが原爆が落ちた日だったというんだよ。戦後この人たちは、間もなく亡くなったんだが、その日に放射能を浴びたんじゃないかな。原爆の後遺症ではなかったかと思うよ」

「二〇四頁、この前の続きだな。**69**山川文三《ぶんぞう》さん、**70**健次郎《けんじろう》さん、**71**文八郎《ぶんはちろう》さんは上之屋《ウィヌヤ》の人たちだ。三人は兄弟だが、三人とも現役兵で戦死だ。この人たちのおじいさんは文光《ぶんこう》さんといって大宜味村の村長をした人だよ。お父さんは文信《ぶんしん》さんで、那覇《なは》で眼科のお医者さんをやっていたが、羽地村《はねじむら》に呼ばれて仲尾次《なかおじ》で村医になった。薬草園を作ったり、茶園を造ったりといろいろやったみたいだよ。経営に長けていたんだろうなあ。この一家はみんな優秀で、文三さんは三男で、軍医で亡くなった」

「祖父の文光さんは、貧しい大兼久をなんとかしたいと思い、子供たちの教育をしたんだな」

「文信さんは、八人子どもがいたが、五人は男で、三人が女。長男、次男、三男、みんな医者になった。長男は歯医者。次男は横浜に住んでいるはずだ。文三さんが三男で軍医、戦死した。文信さんは、スポーツマンでもあったようだよ。長女は三高女の先生もしたらしい。次女はお医者さん。喜如嘉《きじょか》の診療所の女医さんだった。名前は信子《のぶこ》さんだ」

「**72**山川好造《こうぞう》さん、この人は三中生で鉄血勤皇隊だ。ほぼ戦争が済んでいた頃だが伊差川《いさがわ》で亡くなった。この人の兄弟の一人は、戦後筑波大学で教員をしていた。たしか山川稔《みのる》さんという名前じゃなかったかな」

「私の本家は、大元《おおもと》は東り《アガリ》なんだ。文光さんは長男元《もと》だな。東りは山城だが、山川という姓を首里王府からもらったようだ。私の父は次男元《もと》の家系だ……。(父のことを思い出したのか、少し涙ぐむ)」

「**73**富原美代子《とみはらみよこ》は、うちの家内の姉さんだよ。食糧を採りに山の中に入ってハブに噛まれて死んだ。三高女の一年生だった。私より二つ歳下だ。死ぬ二、三日前に私は会ったんだが、脚が大きく腫れていた」

「**74**山城永蔵《やましろえいぞう》さんは、永輝《えいき》さんのお父さんだ」

「**75**大城マツさんは、南洋パラオで亡くなった。(『大兼久誌』)一〇九頁には、南洋で死んだ人たちの名簿を載せている」

「**76**金城ウシさんは戦後、**77**金城マカさんは、山に逃げる直前に亡くなった。アメリカーが来るぞといって、慌てて遺体を家に残して、家族は山に逃げたらしい」

「実際、大兼久にも爆弾が落ちたんだよ。四発の大きな爆弾が落ちた。大きな穴が空いたよ」

「大兼久は、学校があり、役場があった。大きな旅館もあったからな。狙われたんじゃないかな。それに悪いことに、戦争が始まる前に、日本の輸送船がヤラレテ、ドラム缶がたくさん流れ着いたんだよ。そのドラム缶を浜に集めて、積んでいたんだが、それが狙われた。弾が当たって黒煙が出たもんだから、やっぱりこの村はおかしいと思って狙われたんじゃないかな」

「家も燃えたんだ。飛行機が飛び去った後、みんなでバケツに水を汲んで消火に当たったが、全く役に立たなかった。学校もヤラレタ。メンバー(山の上)からよく見えた。みんなで消火に行ったんだが、間に合わずに、目の前で燃え尽きて崩れ落ちたよ」

「四月を過ぎた頃、メンパーに登って海を見ると、古宇利島《こうりじま》の方から、米軍の船が押し寄せて来るのが見えた。これは大変だと思ったなあ」

「私の兄が、支那事変から帰って来ていたが、昭和一九年に多野岳《たのだけ》でゲリラ戦の指導を受けてきていた。みんな兄を頼っていたが、我々が隠れている場所にも砲弾が飛んできた」

「シマ（村）も、みんなヤラレタ。その晩大兼久の人は村に下りてきて、焼け残った豚などもみんな焼いて山に持って逃げた。家が焼けているから、豚を焼いても気づかれないだろうと思ったんだな」

「その日は、本部《もとぶ》半島の要塞砲が大きな音を立てて伊江島のほうに向かって放たれていた。部落のみんなが山に逃げた。上那小《ウィナーグヮー》は新築して三年ぐらいにしかならなかったけれど、砲弾で家が揺れたよ」

「その頃には、那覇南部からの避難民も村に多くやって来ていた。隠していた豚肉が、みんな無くなっていたこともある」

（絹江）「爆弾が落ちた時、うちの実家の富原の家も爆風で飛ばされた。ミカンの木も倒れた。富原のタンメー（おじいさん）はその家が焼けたときは、本当に可哀相だった。一代で苦労して造り上げた家だったからね」

「家が焼けるのを見ていた人たちは、本当に気の毒だった。じいっと眺めて立ち竦んでいた。

村の家がほとんど焼けた」

（絹江）「自分の力で家を造った人たちは、本当に可哀相だったね。タンメーは苦労して財産を作った。山から材木を切り出して自力で造った家だった。焼け跡を前にして、黙ってじっと立ち竦んでいたのを覚えているよ」

「国頭《くにがみ》の人も大宜味に避難していたよ」

「若い者は捕虜になったら軍作業をさせられた。うちの父は、山から下りる前にひげを剃ったんだ。それで若い者に間違われて、やがて連れていかれよったよ。当時は、年齢を偽るために若い者さえひげを生やしていた。年寄りに見せるためだよ」

（絹江）「私も、八歳と言いなさいよ、捕まったら八歳と言いなさいよと、加代子《かよこ》叔母さんに言われたよ。本当は一〇歳だったけれどね」

「イクサは二か月前に終わっていたが、山の中に避難している人は、そのことが、なかなか分からなかった。やがて日本兵がやって来て助けてくれると思っていた」

「貞三《ていぞう》先生は、米兵に捕まって捕虜になって道案内をさせられていた。米兵の質問に答えたらスパイと言われるんじゃないかいうことで、分かりません、分かりませんと答えていたらしい。日本兵に見られたら大変だと思って、みんな心配していたよ」

「大兼久の役場にも米兵が駐屯していた。あるとき、大兼久の船がみんな無くなっていた。

米軍はその船を日本兵が利用すると思ったんだろうねえ、みんな処分されてしまった、大兼久は漁村だからねえ、二〇艘ぐらいあったんだが、みんなヤラレタ」

「ある日、村の路地に四角い箱が転がっていてね、開けてみるとアメリカーの食糧が入っていた。みんなで食べたんだが、美味しかったなあ。ビスケットなんかが入っていた。米軍が駐屯したのは、役場だけでなく、役場の周りやメンパーの山にもいた。山から下りて来る時、寝袋に入って寝ている米兵を踏んづけて、びっくりして転げるようにして逃げた人もいるよ」

（絹江）「女の人たちは、捕まってアメリカーの洗濯をさせられていた」

「いろいろなことがあったなあ……」

山川東軒さんは、急に疲れたように無口になった。それだけでなく、まぶたに涙を浮かべている。前回訪ねたときには気づかなかった涙だ。今日は、なんだか気弱くなっている。前回よりも声が小さくなっているような気もする。

東軒さんの気持ちを思いやると、私はもう尋ねることが出来なくなった。聞く側よりも、当然話す側が辛いのだ。そのことに気づくと、その場を繕うように慌てて立ち上がった。もちろん、涙には気づかないフリを装った。

東軒さんは、私と同行した田場さんが立ち上がったのを見て「貞俊《さだとし》君、今はね、趣味でグラジオラスを作っているんだよ」と告げた。「手入れが難しい。なかなか赤い色が出ないのだ」

と続けて言った。私の胸に熱いものがこみ上げてきた。なぜ、グラジオラスなんだ。たまらなくなって急いでお礼を述べた。田場さんをせかすように足早に玄関を出た、
奥さんの絹江さんは、私と田場さんに、東軒さんが手入れをしているという野菜畑から、収穫した野菜を、お土産にと手渡した。ビニール袋には、かぼちゃ、赤ウリ、ピーマンがどっさりと入っていた。

私は、お礼を述べ、お土産を手に提げながらふるさとの路地を歩いた。七〇年前、東軒さんたちも、この路地を歩いたんだ。路地の傾斜や広さはいくらか変わったかもしれない。しかし、土地は大きく変わっていないだろう。この路地を、バケツを持って消火リレーに当たったんだ。この路地を、米軍の捕虜になってトラックに揺られたんだ。この路地を、子供や夫を失った母たちが駆け抜け、海に向かって、いつまでも帰らぬ夫や子供の名前を呼び続けたんだ。

私は故郷の山を見上げた。故郷の海を見た。慌てて東軒さんの証言を遮ったが、故郷のためにと思ってこの作業をスタートさせたが、本当にそうだろうか。本当に故郷のためになるだろうか。そんな疑問が湧いてきた。

また、私は、最後まで、この作業を続けることが出来ないかもしれないと思った。東軒さんの涙を盗み見て、すみおっかあの「ハメー、ナア……。ハメ、ナア……」と言う嘆きの言葉を聞いて、一気に気持ちが弱まった。すみおっかあも、言葉を詰まらせ、涙を拭っていたはず

だ。

故郷のためにと思い、良かれと思って始めたのだが、私は、悪いことをしているのではないかと思った。もしくは、私の行為はとんでもない自己満足と利己的な行為ではないかとうろたえた。何が故郷のためなんだ。すでに二人の人の心を引き裂いてしまったのではないか。いや、もっと多くだ。既に聞き取った人々も、笑顔で答えてくれたが、本当は語りたくないことなんだろう。それを私は無理強いをして語らせ、記憶を蘇らせているのではないか。封印していい記憶もあるはずだ。

私は田場さんの車に乗ると、私の行為をもう一度考えるために硬く目を閉じた。疲れたフリを装って、こちらから話しかけることをせずに無言を貫いた。封印してもいい記憶、封印すべきでない記憶。個人レベルの記憶、国家レベルの記憶、意味のある記憶、意味のない記憶。戦争の愚かさ、平和の尊さ。故郷の記憶、土地の記憶、人間の記憶……。

私は、どうしていいか分からなくなった。分からないままに取材を続けてもいいのだろうか。私は、すみおっかあからもらったお土産のてんぷらを、紙袋からつまみ出した。田場さんに一つ手渡し、私も一つ口に入れた。田場さんは、私の葛藤を見抜いているようにも思われた。明るい笑顔で、私からてんぷらを受け取った。

すみおっかあは、九七歳。私は、すみおっかあより三〇歳以上も若い。田場さんは、私よりも二〇歳ほど若い。その若さに救われると思った。それぞれの年齢に、救われると思った。今は年齢に縋るしかない。そう思って目を開いた。知らないことには、責任をもてないのだ……。開き直りの感慨だったが、それしかなかった。同時に、知ったことには責任を持たなければならない。そんな思いが反響したが、私は、まだ多くのことを知らないのだ。

私は目を開いて前方に広がる故郷の海や山を見た。土地の神様は、許してくれるはずだ。そう思って、すみおっかあのてんぷらを、ゆっくりと味わった。すみおっかあの笑顔を想像して、気持ちを奮い立たせた。

第4章 記憶の継承

『渡し番』の出版
奥島菊江さんの思い
平良森雄さんの証言

『渡し番』の出版

大宜味村《おおぎみそん》の村史編集委員会が、戦争体験の収集・記録を『新大宜味村史　戦争証言集　渡し番―語り継ぐ戦場《いくさば》の記憶』として出版した。今年二〇一五年三月のことである。戦後七〇年、思いは私と相通じるものがあるのではないか、と勝手に推測し、早速手に入れて読んだ。

私の思いは、予想どおり、ほぼ編集委員会の思いと重なった。巻末の「謝辞」と記された文章で、編集室長の島袋幸俊さんは次のように書いている。（二八七頁）

聞き取り調査を続ける中で、「本当は思い出したくない」という言葉を、ほとんどの方が口にされました。何か月も続く恐怖と飢餓の中で、大切な家族や友人知人を失い、生活の全てを戦争遂行に捧げるように強要された、暗く重たい記憶を語ってもらうことは、乾いていた瘡蓋《かさぶた》をはがし、傷口をこじ開けるような作業であり胸が痛みました。それ故に、「今、語らねば」という思いに突き動かされて、魂から血を流しながら絞り出した言葉の一つ一つを、大切に、正確に、記録として残し、次代に語り継ぐために、副題『渡し番』に証言者の思いを託しました。

私にも、島袋幸俊さんの思いは十分に伝わった。郷里大兼久《おおがねく》の遺族の方々に限定した聞き取りであるが、すでに気後れがしていた。涙を滲ませて、記憶を呼び起こして語ってくれる遺族の思いに、私の思いは、足元にも及ばない。軽々しいもののような気がした。

私は、考えあぐねていた。しかし、涙を滲ませながらも語ってくれる遺族の思いにこそ応えるために、是非とも聞き取りを続けて、私たちの現在を考え、未来を考える契機にしなければならない。ここで中断することこそが、不遜な行為だと思った。私は、くじけそうになる私の決意を奮い立たせるように聞き取りを続ける決意をした。

『大兼久誌』の中で、いずれも父を失ったことが分かった郷里の先輩、奥島菊江《おくしまきくえ》さんと、平良森雄《たいらもりお》さんを訪ねた。二人とも、『新大宜味村史　戦争証言集　渡し番──語り継ぐ戦場の記憶』にも証言を寄せている。

奥島菊江さん（八八歳）は、私が県立辺土名《へんとな》高校に勤めていた頃の同僚である。私は大学を出たばかりで、大宜味村立塩屋《しおや》中学校で一年間勤めた後、辺土名高校に転勤した。そこで働いていた郷里大兼久の先輩が奥島菊江さんだった。奥島さんは給仕係として、湯茶の接待などをしていたが、いつも笑顔で、若い教師たちから母親のように慕われていた。私は三年間、奥島さんと一緒の職場で働いたが、悲しい顔など一度も見たことがなかった。それだけに、戦争で父親を亡くしていたことも知らなかった。どうして、そのような思いを秘めたままであのように明るく振る舞うことが出来たのだろう。

私は、今回も友人の田場裕規《たばゆうき》さんを誘った。奥島さんは私たち二人を温かく迎えてくれた。

奥島菊江さんの思い

「私の父3奥島憲五郎《けんごろう》は、ニューギニアで亡くなった」

「私のお母さんはね、戦後頑張って、お父さんの分まで生きて一〇七歳で亡くなったよ」

「私は七人姉弟で私が一番上。男兄弟は一人で、那覇《なは》に出て映画館の看板を描いていた。親が甘やかして育てたから一番ヨービラー（弱い者）なんだよ」

「私は、戦前、佐賀に渡って軍需工場で働いていたんだよ」

「父の戦死の報が届いて、広島に父の遺骨が届いているからそれを受け取ってくださいという連絡があったの。それで大阪にいる伯母さんを頼って、大阪に行き、それから広島に行ったの」

「戦争が終わってすぐで、汽車は復員兵がいっぱいだった。私も窓から飛び乗った」

「広島は、原爆が落ちた後だった……。焼け野原、建物もポツン、ポツンと建っていて、ほとんど倒壊していた。どこが援護局なのかねえって、とても心細かった。後ろからどこに行くのと声を掛けられた。父の遺骨を求めて、援護局に行くと言うと、案内してくれた。歩いて行ったが本当に有難かった」

「援護局に着いて事情を話したら、沖縄の人の遺骨は長崎佐世保に送ったという。それでまた長崎まで引き返した。今考えると、一人でよくそういうことが出来たなあと思うけれど、父の遺骨を手に入れたい一心だった。私のことを父が見守ってくれていたんだと思う」

「長崎佐世保の援護局では、自分で探しなさいと言われて、暗い中、ろうそくを灯《とも》して父の遺骨を探した」

奥島菊江さん

「父は、私に手紙をくれたことがあったの。鳥羽《とば》からだった。軍隊に徴兵されて、訓練を受けていたのだと思う。イクサに勝って帰るから、あんたも頑張ってよって。お利口で頑張れよって。そういう内容の手紙だった……」

「名簿にある**1**奥島憲太郎《けんたろう》さんは、父の従兄弟だよ。村の人、みんなで葬式をしたよ。みんな三角頭巾を頭にしていたような気がする」

「父は、しつけに厳しい人だった。人と話をするときは顔見て話しなさいとかね、まだ覚えているよ」

「私の父はウミンチュー（漁師）だったのよ。だから母は、朝早く起きて、羽地《はねじ》、名護《なご》辺りまで魚を売りに行きよったよ。働き者だったよ。朝から晩まで、食べるものは魚だった。ミーチューヤー（おやつ）も魚だった」

「母も厳しい人だった。食事を作るとき、だしを多く使っても怒られた」

「私は、父が兵隊に取られたあと、ヤマトに働きに行ったと思うが、この辺はもうよく分からない。記憶は曖昧になっている。私が働きに行ったことを、母が父に知らせたんじゃないかなとも思う。だから手紙が来たんじゃないかとも思う」

「父の遺骨を持って沖縄に帰って来たのは、戦争が終わった翌年だった。大兼久は焼き尽くされて全く様子が変わっていた。気づかずに乗り過ごして饒波《ぬうは》の所で降りたんだよ。母が、待っていてくれた」

「戦後、母と私の苦労が始まった。私は長女だったからね。父は戦死していないし、下の妹たちの面倒を見なければいけなかった。私は家を出て、土建屋に四、五年間勤めたこともあるよ」

「母は、私がヤマトから帰ってきたら、戦争で山奥に逃げた話だとか、毎晩、いろんな話をしてくれたよ。子供たちがね、アメリカーを見て、怖い怖いって、泣いていたらね。頭撫でてね。ママ、ママってね、笑いながらお菓子いっぱいくれたとかね。このアメリカ兵は、子供がいたんだはずよ、優しかったよとかね」

「父の遺骨は、なかったよ。あんなに難儀して手に入れたのにね。箱の中に小さな石の欠片が入っていただけ」

9與那城蔵七《よなしろぞうしち》さんもニューギニアで亡くなった。一夫《かずお》のお父さんだよ。私の母の弟だよ」

「私はもうトーカチ（八八歳）になったよ。みんなに祝ってもらった。あまりに嬉しかったからなのか、翌日に熱発してね（笑い）」

「私の娘たちにはね、戦後、私が頑張ってこれたのはね、亡くなった父が応援してくれているからだよって、いつも話して聞かせているんだよ（涙ぐむ）」

「私たちは、ヤマトに働きに、大宜味から五名で行ったんだがね。故郷から手紙を貰ったときはね、いつも嬉しかった。でもね、手紙の差出人の名前を見てね。職場の人は大笑いだよ。私たちに届いた手紙を並べてね。沖縄にはこんな珍しい名前があるんだねって。私の母はウシなんだが、ナベ、カマドもいてね。ウシをナベに入れて、カマドで焼くんだねって、大笑いよ」

　奥島さんは、丸首のTシャツの上から、格子模様の入った長袖のシャツを着けて、やや緊張して身を竦めるように話していたが、途中から明るく冗談を言う奥島さんに戻っていた。話も縦横無尽に飛び交った。

どの部屋にも、一〇七歳まで長生きしたという、お母さんの写真がいっぱい貼り付けられていた、応接間の欄干には、辺土名高校時代の退職記念会の写真が、額に入れられて飾られていた。奥島さんの在職中にお世話になった教員仲間が、奥島さんの退職を記念してパーティを開いたのだった。喜如嘉《きじょか》にある「大宜味村農村環境改善センター」のホールを貸し切ったパーティだった。那覇や中南部から、かつての若い教師が、たくさん集まった。奥島さんの人柄を示す大賑わいのパーティだった。みんなの心に、奥島さんとの温かい思い出が刻まれていたのだろう。もちろん、その写真には若い頃の私も写っている。

田場さんが、立ち上がってその写真に見入った。親しくしている先輩教師が写っているという。その名前を奥島さんに告げると、奥島さんは感慨深そうに思い出を披露した。ひとしきり、賑やかになって、昔話に花を咲かせた。田場さんは、その先輩を誘って、再度、訪問したいと意向を述べた。奥島さんは大歓迎ですよ、と大きな声で返事をして笑顔を作った。

奥島さんには本当に笑顔が似合う。明るい話が似合う。私も含めてかつての二〇代の若い教員は、奥島さんの笑顔にどれほど励まされたことか。私たちは皆、奥島さんのことを「校長先生」と呼んでいた。奥島さんは「夜の校長だよ」「演芸校長だよ」と、笑って答えていた。「校長先生」という呼称は、次々と赴任してくる新米教師に引き継がれていった。だれが、どのように引き継いだかは分からない。しかし、それが極めて自然で、どの時期の教員も奥島さんのことを「校長先生」と呼んでいた。案外、みんな本気でそう呼んでいたのかもしれない。

私は、変わらない奥島さんの優しい人柄に、心地よい時間を過ごした。訪問の意図さえ忘れそうだった。しばらくの間、身も心も弛緩させた。かつて辺土名高校時代の給仕室で、茶を飲み弁当を食べたように、ゆったりとくつろいだ。

平良森雄さんの証言

平良森雄さんは、戦争当時一〇歳だ。父親の13平良森吉《もりきち》さん、叔父の36平良森幸《もりこう》さんを戦争で亡くしている。父親の森吉さんは昭和二〇年三月三日、最後の防衛隊で召集された。三五歳だった。本部《もとぶ》の宇土《うど》部隊に配属されて戦死する。遺骨はまだ見つかっていないという。

森雄さんは戦後間もなく母親も病気で亡くする。幼い妹や弟と一緒に、郷里の祖父母の下で困難な戦後を手を携えて生きていく。祖父母は、三男も大阪の軍需工業で亡くしており、三人の息子すべてを戦争で奪われている。それだけに、森雄さんの、戦争に反対し平和を希求する思いは強いようだ。郷里の人々の信頼も厚く、村会議員や村会議長としても長く活躍する。

私が知っている平良森雄さんは、穏やかな人だ。こんな辛い人生を歩んで来たとは思わなかった。森雄さんに電話をすると快く取材に応じてくれるとのことだった。

森雄さんは、過去の記憶を誠実に手繰り寄せるように、穏やかな口調で、一語一語、丁寧に語ってくれた。村会議員を長く務め、区長に選ばれた誠実な人柄がそうさせているのだろう。順序立てて、とても論理的に語ってくれた。

「父は、かつては大兼久の青年みんながそうであったように、ウミンチュー（漁師）であった。やがて、大工として、那覇に行き、棟梁として頑張ったようだ」

「それで、ぼくらは那覇に呼ばれて、一時期、那覇で生活したよ」

「戦争が近づいてきて那覇が危ないということで、再び大宜味に戻ったんだ」

「父は、なおも那覇に残って働いていたんだが、時々、大宜味に来て家族のことを気遣っていた。昭和二〇年の三月だったかな。父は防衛隊として召集された」

「一〇・一〇空襲の時は、最初は友軍機だと思ったよ。しかし、伊江島《いえじま》のほうで爆弾を落とすようだったから、それで敵機だと思ったんだ」

「避難小屋は、山の中におじいが造ったんだ。空襲が頻繁にあるようになっていたからな」

「父は、鍬を担いで、大宜味校の校庭に集合して、それから戦争に行ったような気がする。鉄砲じゃなくて鍬だ。それが親父を見た最後だ」

「二〇年の四月に、米軍は上陸したはずだが、すぐに名護まで押し寄せてきた。それで家族皆で、山に逃げた」

「夜になると、ヒュー、ヒューと砲弾の飛び交う音がよく聞こえたよ」

「川の近くに避難小屋を造ったので水はあったよ。太陽が出ると、服を脱いでシラミ取りをした」

「四月に逃げて、六月過ぎるまで山で生活していた」

「ある日、母が山を下りて饒波の方面に芋ほりに行くということでね、隠れてついて行ったことがある。山の中の道なき道を歩いていたんだが、途中で見失ってね。うずくまって泣いているのを、村のおじいに助けられたことがある。夜も更けていたから、ぼくの前を歩いていたおじいは大きなガマ（窪み）に落ちてね、ぼくも下りていったんだが、おじいは胸を強く打ったと言っていた。戦後、おじいは間もなく亡くなったんだが、ぼくのせいではなかったかねえって、とても責任を感じたよ」

平良森雄さん

「キンナーの山に逃げているときにね。数人のアメリカ兵が避難小屋の所にやって来てね。ぼくは弟の武則《たけのり》を抱いて逃げたんだ。武則はまだ赤ちゃんだった。アメリカ兵とぼくらの間に小川があってね。もう逃げられないと思ってね、ぼくは武則を抱いてじいっとうずくまっていたんだ。アメリカ兵はぼくらに気づかずに下の方の川ばかり眺めているわけだよ。目の前でね、表情も見えるんだよ。そして、下の川の方に下りて行った。ああ、これはもうダメだ、こっちに登ってくるなあと思って逃げようとしたけれども、身体が動かない。じっと我慢して、武則に泣くなよと抱きながら祈っていたんだ。するとアメリカ兵はこちら側に渡って来るんじゃなくて、またあちらの側に姿を現して、最後まで顔を上げずに、ぼくと武則に気づかずに去って行ったわけよ。はあ、もう生きた心地がしなかったなあ」

「避難小屋に戻って行ったら、今度は母がアメリカ兵に連れて行かれたというわけよ。あれ、もう大変になったと思っていたら、夕方になって母たちが、たくさんのお菓子を抱えて戻ってきた。ほっとしたなあ」

「山から下りて、家に帰ったときは、アメリカ兵が、家に上がりこんだんだろうねえ。薬きょうなんかがいっぱい落ちて散らかっていたよ」

「戦争が終わって三年目に母が亡くなった。父はきっと帰って来ると、母は信じていた。ぼくも山に隠れているんだと思っていた」

「父は、八重岳《やえだけ》で死んだという連絡があった。八重岳から多野岳《たのだけ》に移動したときに亡くなったということだった。父の戦友から聞いたんだが、もっとしっかりと確かめておけばよかった。戦友は死んでしまった。残念でしようがない。遺骨はまだ見つかってないからな。本部に博物館があるから、そこに行って調べてみようと思う」

「父も母も亡くして、おじい、おばあには大変苦労をかけた」

「ぼくは、那覇に出て、働きながら、定時制高校に通ったんだよ」

「高校を卒業した後は、長崎に行って二年間、無線学校に行った。アルバイトをしながら卒業して、那覇で就職した」

「無線の技術を生かして、(国頭村《くにがみそん》)奥間《おくま》にある米軍基地のＶＯＡで働いてみないかという話があった。大宜味にはおばあや、妹、弟たちがいたので、恩返ししなければいけない。面倒を見なければいけないと思って面接に行ったら合格した」

「初出勤の日に、シャーロット台風があってね。大兼久の山が崩れた。それで遅れて出勤したんだが、初日に遅れるとは何事か、と上司に怒られたよ」

「それからＶＯＡに勤め続けて、家族を持ったんだ」

「ＶＯＡは、復帰後、五年間存続したよ。組合活動にも従事して、退職金も勝ち取ることができた。それから、政治活動にも興味や関心を持つようになったんだよ。友達も出来ていたから、その世話で、那覇の企業に再就職することも出来たんだ」

平良森雄さんの証言は、丁寧に語り続けられた。二時間近くもの間、たくさんの話が聞けた。また森雄さんも、たくさんの話が出来たと満足そうな笑みを浮かべてくれた。

身近にいた先輩の話は興味深く、有難かった。大変な苦労をしてきたのだろうが、悲しみは封印されていた。父親の遺骨を捜して供養できないのが心残りでしょうがないと、何度か無念そうに語った。

悲しい体験を持つ者の優しさは、美しいと思った。故郷から得る力は、そういうもののような気がした。森雄さんの話は、人柄も含めて、確実に私に勇気を与えてくれた。悲しみの中で、どう生きるか。どんな時代にも重要なテーマだと思われるが、大きな示唆を与えられたように思った。深く感謝して、森雄さんに頭を下げた。

第5章

開封される物語

伯父たちの戦争
武志さんの話から
伯父の海軍日誌
山城得昭さんと台湾
『山川家先祖の歴史』から

伯父たちの戦争

去る大戦で、海軍へ志願した伯父の「海軍日誌」があることが分かった。伯父の遺族の法事の席でそのことを知った。私は、是非見せて欲しいと願い出た。従兄は即座に了解してくれた。

実は、伯父の死は、大兼久《おおがねく》戦没者名簿に載っていなかった。なぜなのか。このことを確かめたかった。海軍に志願したことは、私も知っていたからだ。この取材の中で、何名かに遠慮勝ちに尋ねると、伯父は海軍ではあったが、病気になり、入院して沖縄戦直前に亡くなった。それで、戦没者名簿には記載されていないはずだ、ということだった。

私は、この答えに、納得できる部分と、納得できない部分とがあった。国家権力に対する微妙な感情も入り混じって、宙ぶらりんの状態になった。やじろべえのようにバランスを取ることは難しかった。納得できない部分が、少しだけ大きかった。機会があればいつの日か、伯父の死の経緯を、遺族に尋ねてみたいと思っていた。願ってもないチャンスだった。

伯父の名前は、大城吉次郎《おおしろきちじろう》という。父の四人兄弟の二番目の兄で、明治四一年の生まれだ。父は男だけの兄弟の末っ子である。

長兄は大城吉郎《きちろう》という。戦前パラオに渡って漁業や貸し住宅業で財を成した。そのこともあって父をパラオへ呼び寄せたとも言われている。吉郎伯父は戦局が逼迫してきたので、沖縄に残してきた父、大城貞次郎《ていじろう》や母カナのことが気になって引き揚げ船に乗って沖縄へ戻ったという。一六年余の長期に渡るパラオ在住であった。今回の取材に協力してもらった山川勝《やまかわかつ》さんは長女で、富原貞子《とみはらさだこ》さんは次女に当たる。

吉郎伯父は戦争で家族を失うことはなかった。パラオを引き揚げる時期の判断も良かったのかもしれない。もちろん、家族のだれもが、たくさん傷ついた。貞子さんは戦争が戦後の運命を狂わせたと言った。息子の貞夫《さだお》さんは特攻隊を志願して予科練で訓練中に終戦を迎えた。吉郎伯父を含めて、家族の皆は、命を有して戦争を潜り抜けた。だが、このことは、ある意味で奇跡と言っていい。男二人、女四人の子宝に恵まれたが、今は四人の娘さんたちだけが存命している。二人の息子は早世した。

次兄の吉次郎伯父は、三人の男だけの息子がいる。実際には五人の息子がいたことが今回の取材で分かった。私は知らなかった。こんな身近な親族の犠牲も知らなかったことに、今さらながら忸怩たる思いがする。五人のうち、二人は戦争の最中に亡くなったという。その二人の幼子の名前も戦没者名簿にはない。戸籍上は二番目の息子と、五番目の息子が亡くなったということだ。

二番目の息子は佐世保で亡くなった。五番目の息子は、戦争中に大宜味《おおぎみ》の山中を家族で避難した後、山から下りてきてすぐに亡くなったという。戦後は、母一人、息子三人で励ましながら苦しい生活を乗り越えてきたのだ。私の父が、何かにつけて三人の甥っ子を気遣っていたことを、今になると、よく分かる。

吉次郎伯父の家族の法事は、大兼久にある門中墓から家族の骨を分骨し、新しく西原町の小高い丘に購入した墓に移すというものだった。三人の息子のうち、長兄の吉男《よしお》さんは昨年亡くなった。一年忌を迎えるに当たって、墓を購入して分骨することは、家族の間で当初から計画されていたことでもあったようだ。

私は、この法事で、沖縄《ウチナー》のしきたりの一つを学んだ。死者をまつることだから、勝手に法事と決め付けて、香典袋に寸志を包んだのだが、三〇名ばかりの近しい親族のほとんどが祝儀袋であった。いわゆる「ハカヌユーエー（墓を造ったお祝い）」であったのだ。今回が、それであったことに気づいて恐縮した。ハカヌユーエーでは、三線が奏でられ、かぎやで風節の舞が奉納されると聞いたこともある。沖縄に生まれて沖縄に育って六〇年余、このことに気づかなかった自分を恥じた。

休憩と雑談の席が用意されていた。亡くなった吉男さんや両親のことに話題が向かったとき、私は同席していた武志《たけし》さん（七七歳）から「海軍日誌」のあることを知らされた。武志さんは、亡くなった吉男さんの弟である。即座に私の意向を聞き入れてくれた。

父の三兄は貞三《ていぞう》伯父だ。戦前の師範学校を卒業して、郷里の小学校で教員をしていたところを防衛隊に召集された。命を長らえたが、何度か危機一髪の瀬戸際を体験したようだ。私の父と同じように、戦後は教育の復興へ尽力することになる。防衛隊として、九死に一生を得たが、最愛の奥さんを戦争中に不本意な形で失っている。そして授かった子どもの命も、大宜味の山の避難小屋で亡くしている。遺体を山中に埋めたというが、娘の直子《なおこ》さんの話では、遺骨はどうなったか分からないという。失った小さな命は戦没者名簿には記載されていない。

四人兄弟の末っ子である私の父は、パラオコロールで公学校の教員をする。その後、戦争が激しくなって学校はアイミリーキに移る。そこで召集される。戦争中に戸籍上の長男にあたる息子（私の兄、賢一《けんいち》）を病気で亡くする。父も、あるいはペリリュー島の戦いで命を落としていたかもしれない。上官から、泳げる者は手を上げろ、と言われて、不吉な予感を感じた父は手を上げなかったという。手を上げた同胞は、人間魚雷として戦死する。一教師で泳ぎができないと言った父は、とっさの判断で生き延びる。非国民の判断だ。しかし、その判断が、私の命に引き継がれ、二人の弟の命に引き継がれる。父はパラオのジャングルで病に臥し、猿のように痩せこけてベッドに横たわっているときに終戦を迎えるのだ。病が命を救ったのかもしれない。

父の四人の兄弟の戦争体験を漠然と思い浮かべてみるだけでも気が滅入る。だれもが大きな悲劇を被り、その悲劇の中から四人の家族の戦後が始まったのだ。その事実に愕然となる。生き長らえた命が、家族の一歩として戦後の私たちの歩みに繋がる。私が知らないことは、まだまだたくさんあるのだろう。

父たちの戦争と、戦後を生きる思いが、少しではあるが、輪郭を持って立ち現れてきた。しかし、戦後七〇年、父の四人の兄弟は、すべてもうこの世にはいない。共に生きた母たちも、この世にいない。肉親たちは、自らの戦争体験を語ることなく、この世を去ったのだ。

武志さんの話から

武志さんのところには、貞三伯父の長女の直子さんと二人で行くことにした。法事の席上で、直子さんも「海軍日誌」に興味を示された。それだけでなく、従兄弟が集まってユンタク（おしゃべり）をする機会を直子さんは欲しがっていた。私の兄が三年前に死亡し、その翌年には直子さんの弟の貞行《さだゆき》くんが死亡した。昨年は吉男さんが死亡した。この三年の間に、毎年のように六〇代を過ぎた従兄弟が亡くなっている。一抹の寂しさを禁じえないのだろう。

武志さんから、急遽ユンタクの場所を変更したいという連絡があった。「海軍日誌」を持って直子さんの家を訪ねたいという。直子さんは快諾した。むしろそのほうがいいと満足そうに返事をした。直子さんは茶菓子を用意して待っていてくれた。武志さんは、やや緊張した表情を浮かべて話し始めたが、次第に相好を崩して笑みを浮かべながら話し続けた。

「親父は台湾にもいた。兄は軍艦にも乗せてもらったはずだが、軍艦の名前は、分からない」

「母は、戦後は苦労したはずだ。ぼくには五人兄弟がいたんだよ。僕と兄の間に一人、一番下に一人だ。ぼくは昭和一三年の生まれだが、亡くなった弟は昭和一七年生まれ。皓次《こうじ》という名前だ。戦争が終わって、山から下りてきて、すぐに亡くなった」

「親父は、塩屋《しおや》の吉田《よしだ》先生（那覇《なは》で開業したお医者さん）とは、とても親しくしていたようだよ。佐世保での付き合いだ」

大城武志さん

「佐世保には長く住んでいたよ。兄弟はみんな佐世保で生まれた」

「親父は病気になって、沖縄の病院で亡くなった。親父が病気になったので、家族みんなで佐世保を引き揚げて沖縄に移ってきたんだ」

「これが父の日誌だ。アメリカー（米兵）が一時期持っていて、それを返されたと聞いている」

　そうして示された日誌は、直筆でびっしり

と書き記されていた。セピア色に変色した日誌一冊と、布張りの表面が捲れた日誌一冊で、合計二冊だった。

表紙がなくなり、変色した日誌は昭和九年一月一日から、その年の一二月三一日までの一年間を一日も欠かすことなく書き続けられていた。海軍兵士として勤務した日々を毎日書き綴っていた。日誌は、昭和九年版の『当用日誌』に記されているように思われた。

布が捲《めく》れた日誌は、手帳として使っていたのではないか。「勤務摘録」という文字が見える。この日誌には家族のことを備忘録のように書いているが、わずかな頁の使用で余白が多かった。

「ぼくは最後まで読んでいないよ。兄貴が持っていたものを、兄貴が亡くなったので、遺品の中から手に入れたんだ」

「ぼくはあんまり親父のことは覚えていないんだ。母も、親父のことは一切言わなかったしねえ。吉男兄が、元気だったら聞けたかもしれないなあ。親父は海軍だったから、家にいるよりも海の上が多かったんじゃないかなあ」

「当時の大兼久の若者たちは、海軍と予科練に憧れたと聞いているよ」

（直子）「貞夫なんかも、予科練に行ったけれど、終戦で飛行機は飛ばなかった。それで助かった。貞夫の同級生は、ヤンバルで護郷隊や防衛隊に召集されて、多くの人が亡くなっている。人の運って、本当に分からないねえ」

「大宜味の学校の運動場で、村の人たちが竹槍で訓練をしていたのを、ぼくは覚えているよ」

「大宜味の海の沖で輸送船がヤラレタ。木造船の輸送船だった。ドラム缶がいっぱい流れ着いた。それも覚えている」

「大兼久の人は、ウミンチュー（漁師）だから、南洋では人間魚雷でたくさん死んだはずよ」

（直子）「四人の兄弟は、本当に仲が良かったんだねえ。それにしても日誌の文字はキレイだねえ。武志、あんたはこれぐらい書けないでしょう（笑い）」

直子さんが軽口を叩いて笑みを浮かべている。

吉次郎伯父の記した「勤務摘録」の冒頭には、新年の決意が記されている。この日誌（手帳）は、何年に記されたものかは分からないが、海軍から支給されたものであろう。冒頭に「艦船職員服務規程綱領抜録」が付されている。次に「勤務摘録目次」として、「海軍制定度量衡並ニ其他計量単位（抜録）」などが示されている。「備忘録」には家族の誕生日が記されている。戦後、息子の吉男さんが、その欄に追加して書き込んだ痕跡がある。吉男さんは父の形見として、何年かは使用していたのかもしれない。今は、亡くなった二人の筆跡の文字が、仲良く並んでいる。吉男さんの思いを想像すると辛くなる。

吉次郎伯父の新年の誓いを記した頁には次のように記されている。文学的な詩才と高潔な精神が発露されている。

御用始

今日から新しい活動に入るのである。

初めの一歩は、道の半に當ると云ふから何事も出様が大切である。同じ貨幣は何時でも同じ価値を有するが如く、若しも吾人が昨年も一昨年も吾人と同一であるならば、吾人の受取るべき運命も同一なるべき筈である。新しき吾人を作り成さぬかぎり新しき運命を獲得することは出来ない。同一の吾人が同一の状態を繰り返すと云ふことであるならば、時計の「ゼンマイ」のように、だんだん緩んで活力は少なくなり、終りに幸福を得べき予想さえなく能はざるに至るものである。

昨年の末の嗟嘆を再び繰り返すまいと努めるものは、先ず自己革新を行わねばならぬ。自ら新しくせんとする人少なくなれば、国は危境に入る。

現在に満足すると云ふことは、進歩の杜絶と云ふ事を意味する。本年は奮って自己を新たにし、自己を能ふ限り善美のものにしよう。

伯父の海軍日誌

もう一つの吉次郎伯父の日誌は、昭和九年の元旦からその年の暮れの一二月三一日まで、毎日綴られている。毎日の仕事のことを、念入りに記入している。一海軍兵士の業務日誌だ。

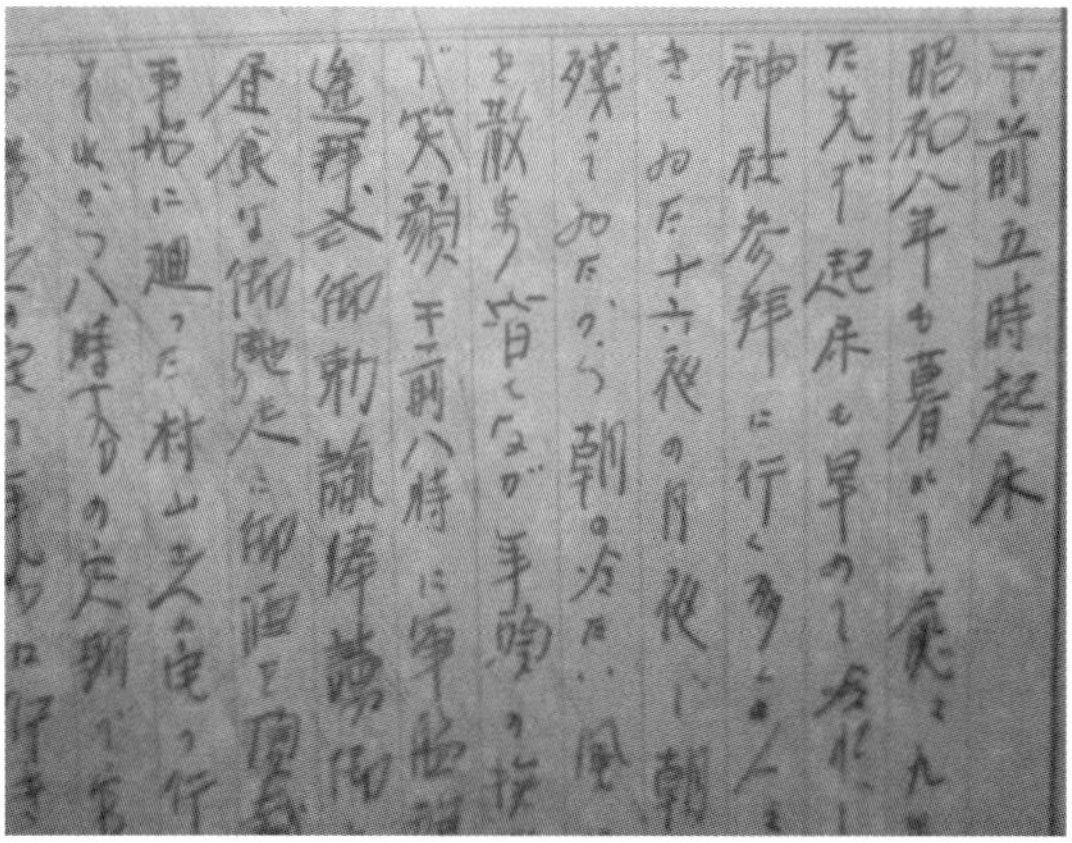
大城吉次郎さんの海軍日誌

台湾の馬公《まこう》で勤務した一年間の日誌である。馬公をインターネットで調べてみると、旧日本海軍の支配した重要な軍港の一つであった。日誌には、起床、就寝とその日のことが繰り返し几帳面に記されている。三六五日、淡々と日々が綴られる。そして前年の昭和八年に生まれて、一歳になったばかりの吉男さんのことがよく出てくる。「吉男と遊ぶ」「吉男を抱いて散歩に出る」等と頻繁に記されている。日誌は直筆であるだけに肉声のような錯覚をさえ覚える。軍人としての律儀さと、子煩悩で家族思いの父親の側面が具体的に感得される。

しかし、乗船した戦艦の名前は、やはり最後まで出てこない。意図的に名前を伏せたのだとも思われるが、よく分からない。日誌の記された一年の間に、伯父の乗った戦艦は、約一か月間の航海をする。伯父は機関士の一員として任務に就いていたようだ。六月四日に馬公を出て、七月三日に帰って来る。基隆《キールン》に寄り那覇港に寄る。那覇港では私の父などと面会して佐世保に行く。戦艦はその航海以外にも、出入港を繰り返し、機雷敷設や射撃などの訓練を行っている。伯父は「艇に帰る」と記載しているだけで、戦艦の名前は、最後の頁まで発見できなかった。

乗船した船は大きな戦艦であっただろうことは予測できる。馬公出港の際は、「駆逐艦太刀風に護衛されて港を出た」と記載されている。六月四日に馬公を出て基隆に寄り、六月九日には那覇港に入港している。船足も速かったのではないか。その間、駆逐艦太刀風はずっと傍らを航海していたようだ。馬公を出港する六月四日の日誌は次のように記されている。

午前五時起床。今日は愈々出港して佐世保に廻航する日だ。朝も早くから起きて準備をする。吉男も早くから起きて戯れている。暫くの別れをして、五時五十分頃家を出て帰隊する。隊内神社参拝をなす。午前七時五分に隊内神社を参拝して〇〇廻航祈願式があって、(〇〇字解読できず)八時、出港登舷禮式で見送られる。駆逐艦太刀風に護衛されて凪ぎな天候に恵まれて懐かしい馬公を後にして行く。航海直も三直配置で割合に楽であった。晩になって若干の動揺をしている。午後の十一時から二時の当直であった。

吉次郎伯父の日誌は、貴重な歴史資料だと思われるが、日誌の最初の頁と最後の頁に当たる元日と、大晦日の記述を紹介しよう。

◇昭和九年一月一日

午前五時起床。昭和八年も暮れて、愈々九年度の新春を迎えた。先ず起床を早めて冷水で身を清めて隊内神社参拝に行く。多くの人々も早くから参拝に来ていた。十六夜の月夜で、朝はまだ美しい月が残っていたから、朝の冷たい風に吹かれ乍ら、隊内を散歩、皆んなが年頭の挨拶、お目出度う、お目出度う、で笑顔。午前八時に軍艦旗揚方、九時十五分に遥拝式、御勅諭奉読御写真奉拝があった。昼食は御馳走・御酒を頂戴して外出、あっちこっち年始に廻った。村山さんの家に行って御馳走になり、それから八時十分の定期で官舎へ行く。吉田さんの宅、平野さんの宅へ年始に行き十時三十分頃、皆んなで自動車で帰る。就寝十一時頃。

◇昭和九年十二月三十一日

起床後洗顔をなす。愈々二〇日間の休暇も終えて今日は帰隊せねばならなかった。昭和九年度の最終日も、長閑な静かな好天気に恵まれた。

六時四十五分頃、家を出て帰隊して、隊内神社参拝。朝食後は機関科総員集合して幸機長から昭和十年度の教育方針に就いてお話しがあった。終わって越年準備、屋内整頓。夕刻拝頃までにすっかり越年準備をすまして、入浴、各自の身の周り、平箱と心の整頓をして新しい昭和十年度を迎えんとしている。晩は新聞等を読んで十時頃、就寝した。


伯父が、いつ頃病に倒れ、陸上で闘病生活をスタートさせたかは分からない。昭和一〇年、あるいは昭和一一年の日誌があったかもしれない。しかし、それはもうだれにも分からない。武志さんは父親が死亡した日も分からないと言った。

日誌のところどころに、脚が痛むとか、頭痛がすると記した箇所がある。病気の予兆であったかもしれない。しかし、このことの真偽も、もうだれも分からない。

山城得昭さんと台湾

山城得昭《やましろとくしょう》さん（八〇歳）は、教育界における郷里の大先輩である。私は、かつて山城得昭さんが管理職として務めていた県立高校で、一教諭としてお世話になったことがある。多くの薫陶や激励を受けた。教育者としても、人間としても尊敬しており、感謝の意を述べるために、教育界に務める二人の弟と共にご自宅を訪問したこともある。

山城得昭さんは昭和一〇年の生まれだ。去る大戦では叔父さんを亡くしている。また奥さんの八重子《やえこ》さんは、お父さんを亡くしている。終戦を台湾で迎える。終戦時は一〇歳。当然のことのように、郷里大兼久の人々は、沖縄の地のみならず、パラオをはじめ外地での戦争体験もあるのだ。

山城得昭さん

山城さんには「大兼久戦没者名簿」にある近しい親族のお二人のことと併せて、台湾での戦争体験をお話しして貰いたくて、意向を述べると快く引き受けてくれた。

久し振りにお会いした山城得昭さんは、やはり、少しお年を召されたように思われた。そんな私の疑念に、笑って答えられた。「脳梗塞で昨年倒れてね、入院をしたんだよ。ぼくも、もう八〇歳になるんだよ」と。このことを知らなかったことを詫びたが、すぐに山城得昭さんは言葉を継いだ。「みんなに内緒で入院したんだ」と。私のような者にもいまだ気を遣ってくれるのかと思うと、恐縮した。かつての上司であった山城得昭さんの人柄に改めて感じ入った。

山城得昭さんとは、新都心サンエー内の一階喫茶店で会った。幾つかの資料を持参し、メモやコピーなどを用意しておられた。コーヒーを飲みながら、当時と同じように、笑顔を浮かべ、優しい口調で話し出した。

「**37**山城得栄《とくえい》は、叔父さんで私の父の弟だ、大正七年の生まれだ。昭和一九年、八月一六日に戦死した、戦死した場所は、名簿には南方と書かれているが、ビルマだ。今のミャンマーだな。叔父さんは、大宜味小学校高等科を卒業して台湾へ渡る。大兼久の人もたくさん台湾に渡っていた。先輩に招かれて台湾に渡ったようだ。台湾の岩澤鉄工所に就職するが、そこで徴兵されて入隊する。入隊するときに沖縄に帰って来て、両親にあいさつをする。ぼくは叔父さんの記憶はほとんどないのだが、その日のことは、おぼろげながら記憶にも残っている。入れ替わるようにして親戚の得蔵《とくぞう》さんが、また台湾に渡る」

「私は昭和一六年八月に台湾に渡った。両親、家族一緒だ。昭和一七年四月に台湾の嘉義《かぎ》郡水上《みずがみ》省南靖《なんせい》にある南靖国民学校に入学した。父得幸《とくこう》は、明治製糖株式会社の経営する南靖の下《しも》半天《はんてん》農場の労務係として働いた。家もウージ畑（サトウキビ畑）の中にあった。姉の竹子《たけこ》は嘉義の女学校に通っていた。農場は、南靖の町から二、三キロ離れていた」

「昭和一九年一〇月だったと思う。米軍機が嘉義飛行場と、明治製糖南靖工場を爆撃するのを見た。ぼくは三年生、弟の功《いさお》は一年生だった。その日は学校が休みで、二人で釣りに行った。そうすると、飛行機が飛んできた。最初は友軍機だと思っていたんだが。どうも様子がおかしい。米軍のグラマンだった。低空でぼくらの頭上に飛んできた。慌ててウージ畑に隠れたが、操縦士の表情が見えるほどに近かった。慌てて引き返して、防空壕に行った。防空壕には、家族が避難していた。しばらくしたら嘉義飛行場と製糖工場が爆撃された。それが見えたよ。ぼくの戦争体験は、それだけだよ」

「台湾で大兼久の人が犠牲になったのは、周りにはあまりいなかったように思うな」

「得栄叔父は、長崎の大村で訓練を受けてミャンマーに出征するのだが、そこで空襲を受けて戦死した。実は、その時の上官が、得栄叔父のことを伝えるために大宜味村の村役場に問い合わせて来たのだ。昭和五二年ごろだ。叔父さんが三三年忌を迎える年で、線香もあげたい。そのこともあって遺族を探したかったようだ。私が対応した」

「上官の名前は、本山《もとやま》さん。本山さんから私宛に届いた手紙がある。それがこれだ。（手紙を取り出して、広げる」

私もその手紙に見入った。手紙には、次のように記されていた。

(前半部割愛)叔父得栄さんはお便りのとおりの真面目な方で、内地(大村)勤務中も銃工兵として勤務。戦地でも同じ勤務でしたので、直接第一線で戦闘と云ふことはありませんでしたのに、運悪く敵の爆撃の為め、駐屯地第一の防空壕でしたが、出入り口と空気抜きの両方に爆弾が命中し、内地よりの補充員と駐屯地の兵隊の懸命の救出作業も其の甲斐なく、亡くなりました。

「本山さんは長崎、大村の人だ。沖縄には、この手紙にあるように昭和五二年の一〇月二二日に訪ねて来た。私が迎えて、私の家に泊まってもらった。親父は、もう亡くなっていたからねえ。いろいろと話をしてもらったよ。翌日、また私が送った。何年間か年賀状のやり取りも続いた」

「私の家族が台湾を引き揚げたのは、昭和二一年一〇月だ。なかなか引き揚げの船が出なかった。大兼久には、おじいとおばあと、姉の和子《かずこ》が残っていた。沖縄玉砕と聞いていたので、大変心配した。大嶺《おおみね》のマツおばさんも一緒だったが、沖縄に向かって線香を焚いた。引き揚げ船は久場崎《くばさき》に着いた。そこで大兼久の出身者と出会って、家族が無事であることを伝えてくれた。嬉しかった。安心した。翌日、トラックで大兼久まで運ばれた」

「引き揚げは、ぼくらがもっとも遅いほうだった。戦争が終わっても、一年ぐらい台湾にいたかな。引き揚げ船を待っているぼくら子どもたちのために、台湾での学校がスタートしていた。しかし、ほとんど授業はなくて、遊んでいた」

「引き揚げ船は、基隆から出た。大宜味の小学校に再入学したが、あんたのお父さんは、その時、小学校の先生をしていた」

30前田元栄《まえだげんえい》さんは、私の嫁の八重子のお父さんだ。大正二年の生まれだ。あんたのお父さんは大正三年生まれのはずだから一つ上かな。あんたのお父さんと同じように、家族でパラオに渡った。昭和二〇年三月二三日、ラバウルで戦死したと聞いている。八重子は、お父さんの死を聞いて、パラオからお母さんと一緒に引き揚げてきたわけだ。弟の孝《たかし》はパラオで亡くなったはずだ。お姉さんは引き揚げて来て大兼久で亡くなった」

「実は、私が台湾で学んだ台湾南靖小学校の同窓会があってね。平成三年に第三〇回大会が沖縄でもたれたんだ。同窓会員は百名ぐらい、いたかな。全国各地にね。錚々たるメンバーがいるよ。ぼくは同窓会があるというのは知らなかったんだが、誘われてその三〇回大会に参加したよ。全国各地から参加者がいて、とても賑やかだった。これがその時の記念写真だ（記念誌を広げて見せる）。もちろん沖縄からもたくさん参加したよ。八重山《やえやま》からも、糸満《いとまん》からもね」

「平成一八年に、再び沖縄大会を持った。私はもう退職していたから、押し付けられて私が幹事として開催準備をした。その時は、もう残っている県内の同窓生は一三人だった。しばらくして、先輩から、同窓会の解散の連絡があった」

山城得昭さんは、あれこれと記憶を呼び起こしながら、丁寧に話してくれた。聞き飽きることはなかったが、二時間近くにも及ぶ時間が経過したので闘病生活後の身体のことが気になった。案の定、遠出の運転などは控えているという。私は深く頭を下げて、お礼を述べた。

山城得昭さんは、「ぼくは多くのことを知らないよ」と謙遜し、戦争の体験を控えめに語った。しかし、戦争に翻弄された人々の日々が鮮明に浮かび上がってきた。様々な人間模様が織り成されていた。過酷な物語があり、笑いの日々もあったようだ。

腰掛を引いて立ち上がった山城得昭さんは、心なしか腰を折って立っているように見受けられた。私は、傍らに立って一緒に歩いた。一瞬、手を差し伸べようかと思ったが、止めた。山城得昭さんは少し身体を揺すりながら歩き出した。私の恩師とも呼ぶべき郷里の大先輩の姿を見つめた。その存在の気配を、私はいとおしむように抱きしめた。そして私も老いるのだという強烈な認識を持った。

私は山城得昭さんの歩みに合わせて、傍らを一歩一歩、ゆっくりと歩いた。スポーツ万能の一〇歳の少年の、戦争体験後の七〇年めの歩みだった。

『山川家先祖の歴史』から

山城得昭さんとの面談中、私は一冊の私家版の冊子を頂いた。何かの参考になるだろうということで手渡された。白表紙であったが、『山川家先祖の歴史―大宜味村大兼久に生きた人々―』（二〇一一年、山川稔・編）というタイトル文字が刻まれていた。編者の山川稔《やまかわみのる》さんは、筑波大学の教授で、親族の系譜を調査しており、この一冊の冊子にまとめられたということだった。Ａ４判縦置き横書きの一四〇頁の冊子で、学術書の趣を有していた。

その場で、ぱらぱらと頁を捲ると、山城得昭さんも、山川家一族であることが分かった。『大兼久誌』の中に刻まれていた馴染み深い名前も散見された。去る大戦での山川家一族の犠牲者の名前があり、その中の何名かについては、親族の皆さんが、冊子の中で思い出を語っていた。是非借り受けたいと申し出ると、複数冊あるので、プレゼントするということだった。

お礼を述べて自宅に戻り、すぐに頁を捲った。貴重な書物であることがすぐに理解できた。山川一族は優秀な人材を多く輩出しており、同時に、多くの人材を去る大戦で失ったことが分かった。この冊子から、山川一族の犠牲者一覧と、犠牲者について記載された箇所を紹介したい。

犠牲者一覧は、「字大兼久戦没者氏名と屋号」と、もちろん重なった。次のような方々である。（『山川家先祖の歴史』一四〇頁）。

◇山川家親族の犠牲者

番号	氏名	屋号	所属	備考
2	山川　元正	マッサーグヮー	軍属	フィリピン―日本
47	山川元三郎	マッサーグヮー	現役兵	沖縄―南部
56	山川　裕子	マッサーグヮー	女子挺身隊	召集
72	山川　好造	マッサーグヮー	三中鉄血勤王隊	
69	山川　文三	羽地山川（上之屋）	軍尉大尉	マリアナ群島
70	山川健次郎	羽地山川（上之屋）	現役兵	北支
71	山川文八郎	羽地山川（上之屋）	現役兵	沖縄首里
	比嘉憲太郎	ヒジャーグヮー	現役	北満州で戦死
12	山川松次郎	マッサー	召集	南洋
20	山川　桃福	上那小	軍属	南洋―ラバウル
22	山川　茂雄	桃喜屋	召集	南洋ペリリュー島
39	山川　茂喜	桃喜屋	召集	南洋
3	奥島憲五郎	憲五郎屋	軍属	ニューギニア
8	山川元太郎	東り新門	軍属	フィリピン

13	平良　森吉	新地小	防衛隊	沖縄―本部半島
36	平良　森幸	新地小	現役兵	ブーゲンビル
42	山城　昇	東り	現役	沖縄―運玉森
48	前田　光雄	親太郎屋	現役	沖縄―南部
49	奥島　武雄	上那	現役兵	沖縄―大山
57	前田牛太郎	入前田		

注1　番号は筆者が「字大兼久戦没者氏名と屋号」に付した番号をそのまま付記した（本書31頁）。番号のない比嘉憲太郎は「字大兼久戦没者氏名と屋号」に記載されていなかったが、**1**奥島憲太郎と同一人物である（本書252頁参照）。

注2　屋号は、一部変更されていたが、そのまま転載した。

注3　記載順序は、『山川家先祖の歴史』そのままである。

◇犠牲者に関する記載箇所

『山川家先祖の歴史―大宜味村大兼久に生きた人々―』には、山川家の系譜や、先祖にまつわるエピソード、そして大兼久の歴史など、興味深い記事が多く掲載されていた。また、戦争で犠牲になった人々への遺族の思いや鎮魂の思いも記されていた。その中から**56**山川裕子《ひろこ》さんと**72**山川好造さんの姉弟に関する部分を紹介する。犠牲者の具体的な姿を浮かび上がらせることは、私の本書の目的とも重なるからだ。

◇姉裕子、兄好造への追憶（二九～三一頁／執筆者・山川常弘、山川元亮、山川元之）

（※一部省略して、戦争にまつわる部分を中心に筆者がまとめた。）

山川裕子は大正一五年名護町城《ぐすく》で誕生した。三高女を卒業後、代用教員として東村の小学校に赴任した。その後、名護町役場で臨時職員として働いたが、戦争が始まり名護町東江にあった宇土部隊の兵站部事務所へ移る。その後、兵站部本部のある本部《もとぶ》へ移動するが、戦局の悪化により解散命令が下り、一旦、城《ぐすく》の実家へ戻るもすでに家族は疎開しており合流できなかった。大宜味村大兼久の父の故郷へ行くことを試みるが実現不可能な状況に追い込まれ、職場の同僚と一緒に再び軍と行動を共にし、南部へ移動した。糸満で死去。裕子は一八歳で結納を交わし結婚の予定であったが、戦争という運命に翻弄されついにその夢は打ち砕かれる結果となった。（山川常弘）

（父は）名護病院の食堂の責任者に任命されていた。父は休みの日に、病院の救急車を借り、姉裕子の戦友だった二人（本部町出身女性）と共に、彼女の遺骨を探しに南部へ向かった。激しい地上戦が展開された南部糸満の米須部落海岸の小高い丘にあった避難壕は、入り口の形は崩れていたが戦友の証言の場所が確認でき、白骨化した遺骨を見つけることができた。終戦直後の混乱した時で、入れ物の準備も間に合わず、とりあえず一斗缶に入れて救急車に乗せ、名護の家族の墓地へ戻ってきたのである。（山川元亮）

山川好造は七人兄弟の三番目、二男として名護町城で誕生した。（中略）三中在学中に羽地で死亡した。彼の死去については以下の事実があった。

第二次世界大戦が終わりに近づいた頃、山中に避難していた人々は荒れ果てた畑や市街地に繰り出し、食糧の確保に必死であった。母と兄好造と私の三人は、避難先の周りの人々と一緒に焼け残った製糖会社の倉庫から少しばかり残っていた黒糖を袋に詰めて持ち帰ったりしていた。（中略）。昭和二〇年五月の出来事である。伊佐川部落の広場に一台のGMC（軍用トラック）が止まり、米兵が二、三人乗っていた。トラックからお菓子や食料品（レーション）等をばらまいていた。周囲にいた避難民はそれを求めて群がっていた。私たち三人もいつの間にかその輪の中にいた。その時、トラックから降りてきた米兵の一人が小型の爆弾を暴発させてしまった。大音響と共に、一帯は地獄と化した。その米兵も右足をやられもがいていた。二〇数人が巻き込まれていた。少しの怪我で済んだ人や無傷の人が数人はいたと思う。奇跡的に母と私は無傷だったが、好造は運悪くその暴発で致命的な傷を負い倒れてしまった。私は大きな声で「コウちゃん、コウちゃん」と叫んだが返事はなかった。母の狼狽振りは表現のしようの無いほどであった。負傷者は米軍の車で近くの野戦病院へ運ばれた。病院といっても焼け残った学校を改造したお粗末なものであった。病院で死亡が確認され、近くの空き地に埋葬された。目印に墓標を立てた。戦争が終わってから遺骨は収集され家族の墓へ移された。（山川元之）

第6章

不戦の誓い・平和への願い

ガマフヤー現場の体験

再び大城さんと前田さんと

コロールの手書き地図から

宮城妙子さんの体験

ガマフヤー現場の体験

大学に勤めていた頃、学生たちと一緒に、沖縄戦遺骨収集ボランティア「ガマフヤー」代表、具志堅隆松《ぐしけんたかまつ》さんにお願いして、戦没者の遺骨収集現場に同行させてもらったことがある。私は教育学部の教員なので、所属する学生たちも、多くが教員を目指している。そんな彼らに、遺骨収集現場を見てもらい、戦争について、平和について考える手がかりにして貰いたかった。またそれ以上に、無償の行為を三〇年以上も続けている具志堅さんの存在を知ってもらいたかった。場所は、西原《にしはら》の幸地平《こうちびら》で、大学から近かった。

具志堅さんとは、あるシンポジウムで一緒に登壇した小さな縁であった。意向を告げると喜んで了解してくれた。私は同僚と、学生代表者との三人で事前にその場所を案内してもらった。雨が降った後で、ぬかるんだ茂みの中を、樹々の枝を掻き分け、地上に剥きだしの樹の根につまずきながら進んだ。すぐにショッキングな光景が出現した。白い頭蓋骨が野ざらしにされていたのである。言葉が出なかった。踏ん張った足元には、身体の一部である骨の欠片が、斜面を流されてきたかのように散逸していた。私も同僚も学生も、無口になって、現場を立ち去った。なんとも例えようのない悲しみと憤りだった。

当日は、その場所を含めて、三箇所の現場を案内してくれることになった。学生たちは二〇名余が参加した。彼らも数日前の私たちと同じように、具志堅さんの後を追って、丘陵地の藪の中を下りて行った。そして、すぐに歩みを止められた。

先頭の具志堅さんから注意があった。道なき道を進んでいたが、斜面を歩くので、樹の枝を掴みながら、数名ずつで交互に下りてきて欲しいということだった。私はすぐに合点した。学生たちは、樹の下にうずくまり、数名ずつ下りて行って、順番を待った。戻ってきた学生たちは、だれもが言葉を失っていた。

頭蓋骨は小さいので、具志堅さんの話では、少年兵ではなかったか、と思われるという。その少年兵には両親や兄弟もいたことであろう。この場所で、銃を構え侵攻して来る米兵を狙い撃ったのだろうか。反撃の砲弾を無数に浴びることを承知しながら、引き金を引いたのだろうか。一人だったのか。仲間は近くにいたのか。どれほどの恐怖にとらわれただろうか。銃口の先に未来はあったのか。

一瞬にして命を奪われ、死体と化す。そして七〇年近く、人知れず、藪の中で風雨に曝されて腐敗し、朽ちていく。やがて白い頭蓋骨も、脆く土色に変色して消滅するのだろう。人間として生きた存在の証明もなく、存在さえも忘れ去られていく。それが戦争での死者たちなのだ。

具志堅さんは、次のように語ってくれた。「ただ、野ざらしにされた遺骨を、私は家族の元へ返してあげたいだけなのだ」と……。

再び大城さんと前田さんと

再び、大城信子《おおしろのぶこ》さんと前田裕子《まえだひろこ》さんとに会って話が聞きたいと思った。借りていた貴重な本や資料をお返しするためでもある。

私の親しくしている友人で元沖縄タイムス記者の神谷厚輝《かみやこうき》さんからは、「インタビューでは、時間の都合さえつけられれば、何度も訪問したほうがいいよ。本音を聞けるほど親しくもなれるし、聞き漏らしたことを尋ねることも出来る。また、相手も話し漏らしたことに気づくはずで、その機会を待っているはずだから」と、アドバイスを受けていた。

大城さんと前田さんからは、何度でも会っていいよと、前回のインタビューの際にも言われていたので、意を強くして、電話をした。二人とも喜んで機会を作ってくれた。前回と同じ場所で会うことにした。前回に写した写真を手土産に、私は二人に会った。そして聞き漏らしていた幾つかのこと、確認したい幾つかのことを尋ねた。特に大城信子さんからは、在学していた三高女の学生と教員が大宜味村《おおぎみそん》に避難することになった経緯などを聞きたかった。また前田裕子さんからは、家族のことなどをもっと聞きたかった。パラオでは、お母さんを亡くしていたはずだ。二人は私の希望する全てのことに快く応じてくれた。

「戦没者名簿にね、照屋《ティーラ》、照屋小《ティーラグヮー》、とあるでしょう。この人たちは一門だよ。その一門の人々は、ディキヤーだった（頭がよかった）よ」

「**46**金城輝好《きんじょうてるよし》さんも大変ディキヤーだった。青年学校で繰り上げ卒業して、八重岳《やえだけ》の部隊に配属されたという。そこで戦死した。大兼久《おおがねく》の少年たちの憧れの人だったらしいよ」

「六月二九日に、宇土《うど》部隊の乗っている富山丸が徳之島《とくのしま》沖で撃沈された。この船には、四五〇〇人の兵隊たちが乗っていた。生き残った兵隊さんたちは五〇〇人。宇土部隊は北部防衛の任務があった。そこで残りの四〇〇〇人を補充するために、北部の人たちは、根こそぎ動員されたということだよ」

「護郷隊は遊撃隊で、徴兵適齢前の一〇代の少年たちが中心になっていたはずよ。防衛隊には四六歳以上の人たちもいたんじゃないかね。兵力不足を補うための徴集だったと言われているからね。だから、森雄《もりお》さんのお父さん、**13**平良森吉《たいらもりきち》さんなんかも防衛隊として徴集されたんだ。最後の頃の動員で、鍬持って大兼久から戦場に向かったという話だよ。訓練も受けずに、すぐに戦場に駆り出されたはずよ」

「防衛隊の人々は、鉄砲も支給されなかったらしいからね」

「三高女は三月の二四日に解散命令が下った。その日に学校は空襲を受けて焼けたのよ。そこで、ここに居るとみんな危ないといって、ヤンバル（北部）に避難したわけよ。引率の先生方は一〇名、生徒は三〇名。大宜味の謝名城《じゃなぐしく》の山に逃げた」

「三月二四日、夜中の一二時に出発した。朝の五時に大宜味に着く計画を立てた。明るいと飛行機にヤラレルからね。校長、教頭は、天皇、皇后のご真影を掲げ、生徒は二台の大八車を引いて暗い道を三〇キロ先の謝名城へ向かった」

「謝名城の部落に着いて、金城さんという方の家にお世話になった。それから間もなく四月九日の夕刻、弁当配達の生徒二人がハブに咬まれた。一本の血清で二人は命を取り留めたが、足は大きく腫れ上がった」

「米軍の侵攻は早く、間もなく山奥へ避難した。ハブに咬まれた二人は先生方が背負って登ったり、友達がモッコで担いだりした。三か月経ってやっと歩けるようになった」

「食糧も壕に隠していたのだが、すぐに盗られた。避難していた人々も、もう食糧もなかったし、ちゃんとした避難小屋も造れなかったから、しかたなかったかもねえ……」

「それからは、ずっと飢餓に喘いだ。バッタ、蛙、鼠、蘇鉄、木の芽など食べられるものは何でも食べた。また、ダニ、ブヨ、シラミにも悩まされた。みんな極度の栄養失調で衰弱した。さらにマラリアに罹り高熱を出して苦しむ生徒も出た。それで、家族や知人、友人を訪ねていくようにと言われ解散した。避難してから、およそ三か月後の六月二〇日だった」

「名護《なご》からの生徒八人は、六月の末に家族と再会、金武《きん》の四人は八月末、本部《もとぶ》、今帰仁《なきじん》、伊《い》江《え》の三人は秋頃、恩納村《おんなそん》の一人は一二月に家族と再会した。東村《ひがしそん》の一人、国頭村《くにがみそん》の三人、大宜味村の一〇人は、それより早く家族に合流することができた。三〇人全員が無事に家族と再会することができたことはとても嬉しいことだった」

「パラオでは、私の叔父さん**4**平良鍋一《なべいち》さんが亡くなった。私の父と一緒に、軍の食糧を調達にということで、サバニに乗って魚を捕りに出掛けた、ダイナマイト漁をするということだったが、投げる前に爆発した。父は助かったが、叔父さんは亡くなった」

「**38**大城仲吉《ちゅうきち》は父の兄弟よ。養子に行って平良から大城になったんだよ。仲吉おじさんは、アンガウルで亡くなった。仲吉の息子の貞治《さだはる》は名簿にはないけれど、一の谷のジャングルで栄養失調で亡くなった。二歳だった」

「大兼久からも本土の軍需工場などで働きに行く人がいてね。長崎の造船所にも行った人がいるんだよ。原爆の日に、船底で仕事をしていて、大きな音がしたので甲板に上がって行ったら、死体がいっぱい転がっていたということだよ」

「長崎造船所に行ったのは我那覇《がなは》の五郎《ごろう》ニイさんたちだ。戦後、間もなく病気で亡くなったんだが、そのとき放射能を浴びたんじゃないかねって思うよ」

「長崎に行ったのは**46**輝好さんの同期生が多かったはずよ」

「輝好さんのお母さんは、旦那さんの**5**金城新太郎《しんたろう》さんも亡くした。おばあの**76**金城ウシさんも亡くした。親も、子どもも、夫も亡くしたんだ。戦後は泣いて暮らしていたよ。ワンナー（私の）輝好よ、と言ってね。気が触れているんじゃないかって、みんなに思われていたよ」

「お父さんを戦争で亡くした大兼久の子どもたちも海に向かって叫んでいたってよ。お父さんよーって。戦争から帰って来ないよっーて、泣いていたってよ」

「饒波《ぬうは》の川は大きくてね。船が、川の途中まで入っていったってよ。木炭なんかを運搬する貿易港だったらしい。だから饒波はフウヤー（裕福な家）が、多くあるんだよ」

「私は饒波から、大兼久に嫁に来たの。父は大工をしていた。男の兄弟は若くして死んだ。長女と次女は南洋に渡っていたので、私も南洋に行く決心をした」

前田裕子さんは、私にコロールの地図を渡してくれた。記憶を頼りにして書いた手書きの地図だが、私は感激した。その地図の説明をお願いした。裕子さんは、記憶を丁寧に紐解いて説明してくれた。

「覚えている範囲で書いたものだけどね。賑やかだったよ、コロールは。映画館もあった。芝居小屋も、料亭もあった。大兼久の人たちは仲良しでね。一緒に住んでいた。ここが大兼久部落だね（地図を指差して示す）」

「戦争が始まってから、公学校は、コロールから本島のアイミリーキに移ったんだよ」

「大兼久の人たちは、みんなあんたのお父さんを頼りにして、アイミリーキに移って行ったの」

私は、前田裕子さんが書いてくれたコロールの地図に見入った。前田さんが通った女学校もある。前田さんは、そこで動員され、看護師としての訓練を受け野戦病院へ派遣されたはずだ。

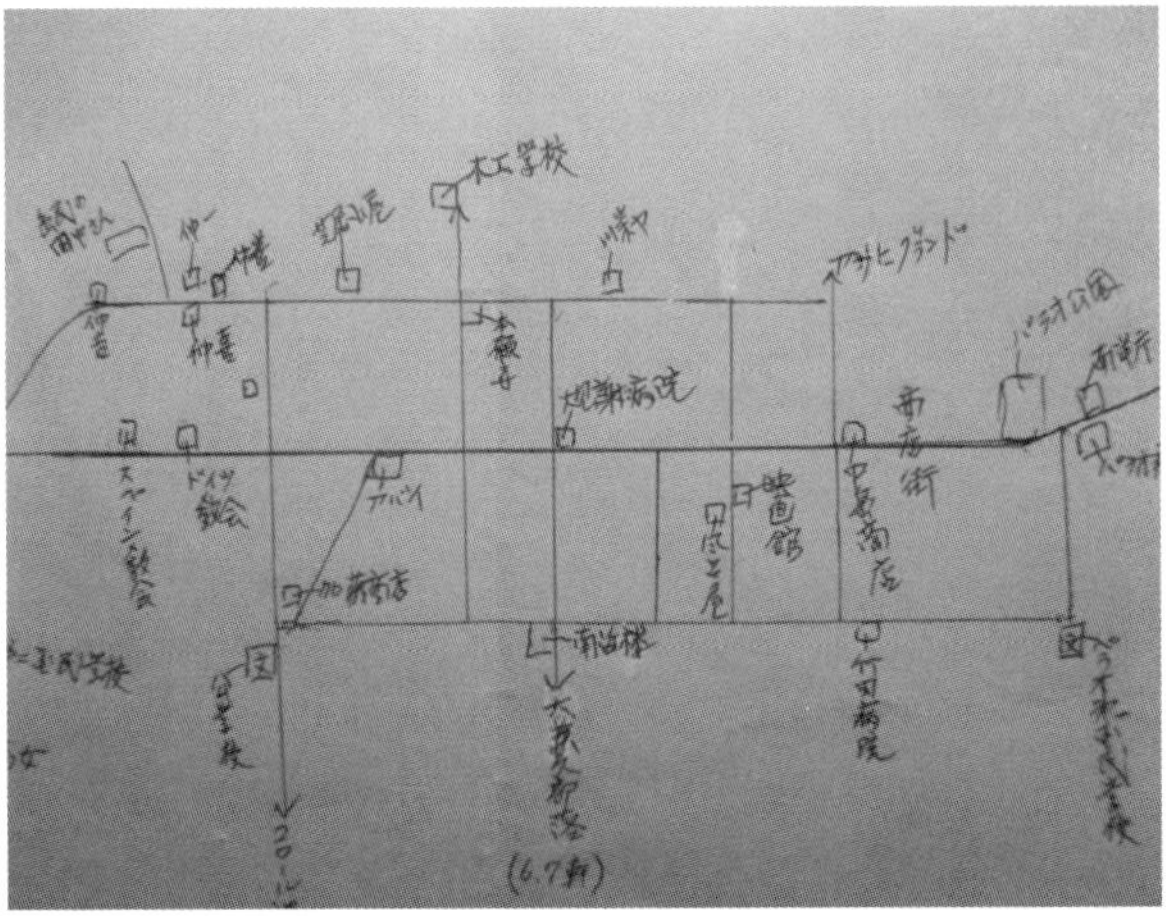

コロールの手書き地図

「私は、当時ガスパンに住んでいた。ガスパンはジャングルの中にあって和久井《わくい》部隊が駐屯していた。野戦病院があり、そこで働いた」

「終戦のことは、和久井部隊の隊長から聞いた」

「沖縄に引き揚げて来るときは、埋葬して半年ほどしか経っていない母の遺体を掘り起こして、火葬して……、遺骨を持ち帰った」

前田さんの言葉が、一瞬途切れて小さくなる。私はたじろいだ。遺体を掘り出す場面を想像すると、悲しみが溢れそうになり嗚咽がこぼれそうになった。私は自らの想像力に必死に耐えた。

たぶん、前田さんも大城さんも、何かに耐えながら、私に語ってくれているはずだ。私以上にたくさんのことに耐えているはずだ。私は覚悟を決めて、目を開き、前田さんが指先でなぞる地図を見て話を聞き続けた。

今回も話は尽きなかったが、私は頃合いを見て御礼を述べ立ち上がった。

「護郷隊」のことについては『大宜味村史　通史編』にも触れられていたが、今回も話題になったので、再度整理しておく必要を感じた。名護市史編集室に勤めている川満彰《かわみつあきら》さんが証言や資料などを集めているということを仄聞していた。幸いにも川満さんとは「沖縄愛楽園交流会館設立企画運営委員会」の一員として数年前から一緒に仕事をしていた。その縁に甘えて問い合わせると、早速『語り継ぐ戦争　第3集―市民の戦時・戦後体験記録』（二〇一二年発行、名護市史叢書・17）を送ってくれた。川満さんは、その中で「やんばるの少年兵『護郷隊』～陸軍中野学校と沖縄戦～」と題して多くの資料を引用しながら、まとめられていた。その冒頭の部分（五～六頁）を紹介する。

1944年10月25日、沖縄本島北部（以下やんばる）において16才から18才の少年たちが召集された。沖縄県立師範学校・中学校および高等女学校の生徒たちより半年も早い召集である。その名を秘匿名「護郷隊」（以下「　」を省く）という。集合場所は名護国民学校、召集された地域は、北は国頭3村から南は金武町、恩納村（南恩納以北）とやんばる全域に拡がる。

召集された少年たちは昼夜問わずの厳しい教育・訓練を強いられた。その指導者となった分隊長らは少年と同郷の在郷軍人や翼賛壮年団員らである。彼らはその少年たちを戦地でむやみに死なせたくなかったのか、彼らの非人道的とも言える殴る蹴るの教育・訓練は、元護郷隊員らにとって戦後しばらくまで禍根を残す。

護郷隊は、1944年10月下旬から翌年（1945年）3月まで数次に分けて召集された。その理由は、第32軍の配置変更命令で護郷隊配置地域が何度か変更され、その度にその土地の少年たちを招集したことによる。その数、およそ1000人にのぼる。一方、大本営は召集を容易にするため、これまで成年男子満19才以上の召集年齢を満17才以上に引き下げた（同年11月1日付)。やんばるでは、これを機に当時青年学校に通っていた17才に満たない少年たちも「志願兵」というかたちで護郷隊へ入隊したのである。

本論に登場してくる元護郷隊員は、15、16才で召集された少年たちも多い。彼らの多くは2次・3次で召集されており、召集方法については後述するが、彼ら自身「召集」なのか「志願」なのかわからないと述べる。

1945年4月1日、読谷村から北谷村にかけた海岸線から米軍上陸は始まった。護郷隊員らは配置されたやんばるの山々で戦闘を開始。しかし、彼らの戦闘は橋の爆破や米軍キャンプ地等を夜な夜な強襲するというその場しのぎの遊撃戦でしかなく、米軍の圧倒的な兵員・物量に成すすべもなく解散へと追い込まれていった。護郷隊の戦死者は162人におよぶ。

なぜ、やんばるの少年たちは召集されたのか、それは大本営直轄の陸軍中野学校が深く関与していた。

大本営は、サイパン島での敗戦（1944年7月）をきっかけに、さらなる米軍の北上に備えパプア・ニューギニア、フィリピンへ陸軍中野学校出身者を軸とした第1遊撃隊、第2遊撃隊を配置した。そしてさらに北上してくることを予測し、沖縄島へ第3遊撃隊、第4遊撃隊を配置したのである。彼らはその名を秘匿し、且つ「故郷は自らの手で護る」という戦意高揚を図るため、第3遊撃隊を「第1護郷隊」、第4遊撃隊を「第2護郷隊」と命名したのである。（以下略）

コロールの手書き地図から

私は裕子さんから頂いたコロールの地図を富原貞子《とみはらさだこ》さんに見せようと思った。そのことを裕子さんに話すと、喜んで了解してくれた。二人は一緒にパラオの戦地を生き延びた間柄ということで、時々、訪ね合って茶を飲んだり励まし合ったりしているという。思い出話はいつも尽きないという。

富原貞子さんに電話をいれて意向を告げ訪問した。富原さんは、今回も得意な手料理を作って待っていてくれた。ウムクジテンプラー（でんぷんの天婦羅）と、手製のゼリーをご馳走になった。娘の幸恵《さちえ》さんもケーキを作って待っていてくれた。親族とはいえ、度々の訪問に、いつもの温かいもてなしをしてくれることに感謝した。そして、この取材を通して改めて感じたことだが、やはり血縁関係のある親族の存在は有難く、また心強かった。

貞子さんは、鮮やかな黄金色の生地に黒い唐草模様をあしらったワンピースを着けていた。いつものように上品な雰囲気を醸し出していた。とても九二歳とは思えないほどのはっきりした口調で話し始めた。

「この地図を見ると、いろいろと思い出すね。おじい（実父の吉郎《きちろう》）の家は南海楼のすぐ近くにあった。宴会などがあるとね、ビール瓶なんかが飛んできたよ。兵隊たちだけでなく、漁師たちもよく飲んでいたね」

「大兼久部落には、一〇軒ほど家があったよ。コロールには全体で一七、八軒の家があったんじゃないかな」

「あんたのお父さんの家は、官舎だったから、公学校の近くにあった」

「そうそう、仲喜屋《チユウキヤ》からパラオホテルは近かった。私はこの家からパラオホテルに通った。パラオホテルで軍の仕事をしたんだよ。その後、拓殖部長の家にお世話になった。それからアラバケツにある女子寮に移ったんだよ」

「終戦後はね、大兼久の人たちは台湾農場から資材を貰ってね、みんなで仮小屋を作ってね。引き揚げ船を待っていたよ」

「南洋庁は、もうちょっと離れていたかな。映画館もあったし、芝居小屋もあった。映画館は若葉館という名前でね。私はそこで踊ったこともあるよ」

「ここは六丁目、ここは五丁目。パラオの公学校は、この辺りだね。南洋神社は、そう、ここだね。教会もあったな」

「この地図を書いてくれた裕子のお母さんはね、パラオで亡くなったんだよ。可哀相にね。戦争中は食べるものが無かったからね。木の実を見たらね、サーターテンプラーみたいだね貞子って、私に言っていたよ。いろいろあったねえ」

「仲喜屋の近くに仲吉屋《チユウキチヤ》もあるけれど、仲吉屋の子供もパラオで亡くなったよ。可愛い子供だったよ。仲善屋《チユウゼンヤ》も近くにあったはずだけど……、うん、あるね。仲善屋の文ネエさんは、引き揚げて来て亡くなったよ」

「南洋庁には沖縄の人が二人しか務めていなかったけれど、私と夏チャンと二人だけだった。山川夏子《やまかわなつこ》ね。でも夏子のお父さんは怖かったよ。しつけに厳しかった」

「ウチのおじい（吉郎）はね、六、七人も若い人を使っていたよ」

「私はね、パラオで四回ぐらい命拾いをしたよ。アメリカは物資が豊富だなと思ったけれど、一回目はね、私一人をめがけて、アメリカの飛行機が低空してきたんだよ。私はたこつぼにすぐに飛び込んだけれど、機銃掃射された。この様子を見ていた人は、もうダメだと思ったらしい。アメリカの飛行機が去った後に、すぐ私のタコツボにやって来たけれど、私は弾に当たっていなかった。生きていたんだねって、びっくりしていた。薬きょうがいっぱい落ちていた」

「二回目はね、山から下りて来たときに機銃掃射された。飛行機が来て、慌てて、家に隠れたんだけど、柱や壁などは機銃の跡がいっぱいだった。そのときも私は死ななかった」

「三回目は役所の防空壕に入っている時だ。友達の長嶋《ながしま》さんと二人でね、寮に使いに出されたのよ。するとね、すぐに私たちの近くに爆弾が落ちてね、吹っ飛ばされたよ。頭の髪の毛がばさばさになった。戻って来た私たち二人を見てね、役所の人たちはびっくりさ。よく生きていたなあってね」

「私はアメーバー赤痢にも罹ってね。動けなかったときもあったよ。這って逃げたよ」

「私はね、最後まで南洋庁の人たちと一緒に行動したの。戦争が終わったときはね。上司からよく頑張ったねって、ねぎらわれたよ。涙が出よったさ」

「見てごらん、これはね、南洋の慰霊祭に行ったときに、お友達のシモンから貰った鼈甲《べっこう》細工だよ。容れ物、バンド、ネックレス、櫛から簪《かんざし》から……。女の人がね、嫁に行く時に身に付けるものだよ。こんな高価な大事なものをシモンは私に上げたんだよ」

「私のお友達がパラオに行く時にね、シモンに上げてねといってね、Tシャツなんかいっぱい持たしたんだが、シモンはもう亡くなっていた。家族に上げてきたといっていた」

「私は南洋庁に勤めていたから、お友達もヤマトンチュが多かった。でもね。おばあによく叱られた。ヤマトンチュとアッケーナランドウ（大和の人と一緒に歩いてはダメだよ）といってね」

「アイライ、瑞穂村《みずほむら》、アイミリーキ、ガスパル、ガラスマオ、大和村《やまと》、清水村、朝日村、マルキョク、オギワル……、こんな村があったよ。懐かしいねえ」

富原貞子さんは、地図を見ながら、次々と思い出を紡いでいった。南洋の地、コロールは、貞子さんにとって、青春そのもの、いや人生そのものであったようにも思われた。

話は、いつまでも尽きなかった。私はまた来る約束をして退席した。いつものように、手土産をいっぱい貰った。なんだか、運命の歯車が少し狂えば、私も、パラオのコロールで生まれていたかもしれないという気がした。時間が少し早く回転すれば、きっとそうなっていたはずだ。実際、私の兄は、パラオで生まれている。

私が、なぜ、そこで生まれずに、戦後に沖縄で生まれたのか。時間も空間も、人間の力の及ばない遠い彼方にあるものだと思っていた。しかし、時間も空間も、ひょっとしたら人間が左右できるものなのかもしれない。案外と身近に掌握できるものかもしれない。貞子さんの家を離れるとき、そんな大それた考えが浮かんできた。そんな不遜な感慨を私は慌てて追いやった。

宮城妙子さんの体験

『大兼久誌』に掲載された「字大兼久戦没者氏名と屋号」を見ると、ニューギニアで戦死した方が二名いる。一名は、**3**奥島憲五郎《おくしまけんごろう》さんで、もう一名は**9**與那城蔵七《よなしろぞうしち》さんだ。奥島憲五郎さんの長女の奥島菊江《きくえ》さんからは、先日お父さんの遺骨を手にするまでの苦労話などを聞かせてもらった。與那城蔵七さんの遺族からは、まだ一度も話を聞いていなかった。是非訪ねてみたいと思った。

與那城蔵七さん家族は、戦前大阪に住まわれていたようで、戦後郷里大兼久に引き揚げてきた。それだから、村人からは大阪屋《オオサカヤ》という屋号で呼ばれていた。実は與那城蔵七さんの奥さんの千代《ちよ》さんと私の父は従姉弟の関係にある。千代さんは、父を弟のように可愛がっていたようで、私もまた、千代さんに親切にされた思い出がある。

　與那城蔵七さんの次女の宮城妙子《みやぎたえこ》さん（七八歳）と、妙子さんの息子の宮城達也《たつや》くんが、現在大兼久の隣村、大宜味で暮らしている。息子の達也くんは、津波《つは》小学校の校長さんだ。私も仕事の関係上、また親戚ということもあって、達也くんとは懇意にしてもらっている。その達也くんにも同席して貰って、祖父にあたる與那城蔵七さんのことを妙子さんに語ってもらいたかった。達也くんを通してお願いすると、妙子さんは遠慮なさっている様子であった。達也くんにとっても、母親の戦争体験を聞くいい機会になると思って、やや強引に依頼した。二人は私の意向を汲み取り、了解してくれた。三月まで大学の同僚だった辻雄二《つじゆうじ》先生にも同席してもらった。辻さんは、仕事で何度も大宜味に足を運んでいた。達也くんとも親しく、妙子さんとも面識があった。

　面会すると、妙子さんは、やはり遠慮していた。「自分の体験や戦争の記憶など何の役にも立たないはずだ」と、謙遜していた。妙子さんの頑なな態度に、最初は少し戸惑ったが、すぐに杞憂であることが分かった。やがて笑みを浮かべながら、すべてを了解してくれた。

　妙子さんは封印していた記憶をゆっくりと解いて話し始めた。あるいはこれまでに、一度だって戦争体験を語ったことがなかったかもしれない。そんな気もした。私は父と千代さんとの関係から話をしてもらった。

「うちの母は、あんたのお父さんとは従姉弟同士。母はとても面倒見がよかった。あんたのお父さんは弟みたいに可愛がっていたよ」

「あんたのお父さんが、退職して病院に入院しているときも、母は何度も見舞いに足を運んだはずよ。あんたのお母さんも優しかったから、とても可愛がっていた」

宮城妙子さんと息子の達也さん

「昭和一二年、私は大阪の東淀川区で生まれた。戦後大兼久に帰って来たんだが、戦死した父は長男ではないから、故郷には屋敷も屋号もなかった。だから大阪屋と呼ばれるようになった。私たち姉弟は、みんな大阪で生まれた」

「父は、大阪で兵隊に徴集されて、戦死したのはニューギニアです」

「父は、ニューギニアに配属されたけれど、一時、親戚に会うことが許されて、パラオに渡ったことがあると、親戚のおばさんから聞いたことがある。パラオにいる親戚のみんなに会いに行ったんだって。みんなは、豚をつぶして大歓迎してくれたって。その後、父は、またニューギニアに戻ったんだけれど、それっきりで、もう会うことが出来なかった。その時が最後だった。ニューギニアに行くときにパラオに立寄ったのか、その辺は、もうはっきりしない。だけど、パラオで親戚のみんなに大歓迎されたということは間違いないよ」

「父の遺骨はどうなったんだったか……。もう思い出せない。たしか、父の遺骨はなかったはず」

「父は、鉄工所に勤めるために大阪に行ったみたいよ。母と一緒になって大阪に渡ったんじゃないかな」

「父には可愛がられたよ。たんすの取っ手に紐をつけて、縄跳びをさせられたことを覚えている」

（達也）「お母さんはスポーツが上手だった。親子リレーでは、いつもお母さんが最後に追い抜いたよ（笑い）」

「戦争が終わってしばらくしてから、沖縄に帰って来た。名古屋の収容所で、頭からＤＤＴを撒かれて船に乗った。帰って来たら、村の人に迎えられた」

（達也）「おばあと、房子伯母さんと、お母さんと、一夫《かずお》叔父さんの四人で帰って来たんだな」

「妹の和子《かずこ》は先に帰っていたからね。私たちが帰って来たのを樹の陰に隠れて見ていたよ」

「結婚するときに婚姻届を出そうとしたら、本籍は大阪にあるというので、強制送還されそうになったよ。罰金も払って、婚姻届を出した。ウチの旦那は、沖縄に本籍のない日本人の私と結婚したことになるわけさ（笑い）」

「大阪に渡ったときに、父は本籍を移していたんでしょうねえ。そういう覚悟だったはず。大阪には沖縄の人がたくさんいたからね」

「ウチのいとこたちは今も大阪にいるよ。一人は羽地《はねじ》の人と結婚したけれど、東江《あがりえ》という姓だった。でも当時は沖縄の人に対する差別があったからね、沖縄の人ってバレないようにトウエって読ましていたね。あの人たちは大正区に住んでいた。今は沖縄の人と友達だと言われると羨ましがられる時代になったけれどね」

（達也）「千代おばあは、いろいろと辛いことがあったはずだけど、すごく明るくて、大好きなおばあちゃんだった」

「本当に明るい人だった……」

「沖縄に帰って来てからも大変だった。住む所がないし、自給自足の生活だったからね。土地もないからね。ウクヤーの英輔《えいすけ》のおうちの後ろの小さな部屋に、家族全員身を竦めて生活していた。それからしばらくして永盛おじさんの家を貸してもらって住むことができた」

「親が魚を売って商いして、生活を支えて……。学校も行かしてもらえなかった。私たちが、学校行きたいと言うと、親戚のおばさんがね、学校行くといって親を哀れさせるのかって、叱りよったよ。女の子は学校に行かなくていい。親の手伝いをしなさいって。学校行きたいって泣きついたけれど行かせてもらえなかった。高校は今では義務教育みたいになっているけれど、そのころは学費も出せなかった。羨ましかった。苦しかった。ウチの母なんかは、休むひまもなかったはずよ。そんな生活をしてきた」

「だからね、今は自分の使えるお金があるだけで、金持ちなったような気がするよ」

（達也）「本当にお母さんは無駄遣いしないからな。一緒に買い物なんかに行くのが嫌だった。少しでも安くということで、売る人と交渉しよった」

「売る人は、少しでも高く売ろうとしているから、そのままの値段で買うことはないよと、悦《えつ》先生から教えてもらったんだよ。宮里《みやざと》悦先生は県の婦連会長を務めた人だよ。悦先生は亡くなったけれど、先輩たちが亡くなっていくのは寂しいね」

（達也）「千代おばあは、誰から魚を分けて貰っていたのかな？」

「あれ、大兼久はみんなウミンチュー（漁師）だからね。魚はいっぱいあったさ。シークヮーサーの時期になると、シークヮーサーを売りに行きよった。今は出荷場もあって便利になったけれどね」

「父は八名兄弟、女四名、男四名だった。兄弟の中で戦争で亡くなったのは父だけ。おじさんたちは、みんな体格ががっちりしていたけれど、父だけはスリムだったって。大阪から大宜味に帰って来たときには、ヌウガ、アンシチュライキガヤル、マーヌターヤガ（あのカッコイイ男はどこのだれだ？）って、みんなが振り返るぐらいハンサムだったってよ（笑い）」

「戦争中、大阪にいるときは、私たちも疎開させられたよ。桜井《さくらい》という所だった。大阪で小学校にも入学したと思うけれど、そんな記憶もすっぽり抜け落ちているよ。桜井という所も、どこにあったか分からない。でも、疎開したということは記憶に残っているよ」

「なんか、頭巾を被って疎開したと思うけれど、あんまりはっきりしないの。こんなだから、役に立たないはずだと思って、取材のお願いを断ろうと思ったんだ。でも、達也がウクイムニー（怒ったような物言い方）するから、思わずハイって言ってしまったさ」

「達也はね、小学校に入学したとき、外に遊びに行かなかった。勉強大好きな子だったよ」

（達也）「お母さんは、子供を誉めて伸ばすタイプだからなあ（笑い）」

「いや、これだけは、はっきりしているよ。あんまり面倒を見ることは出来なかったけれど、自分で学費も稼いで大学にも行き、旅費も稼いでアメリカにも旅行で行った。感心するよ。何もして上げられなかったから、今になったら非常に心が痛い」

（達也）「ぼくも親孝行できなかったけれど、卒業式の時に親を呼んだよね。新宿の沖縄料理屋で食事をした。そこで卒業祝いをしたな」

「自分は何も学問をしていないのに、息子は学問をして校長にもなってくれた。お父さん（夫）が協力もしてくれたんだけど、今は幸せだと思うさ」

「大阪の伯母さんが元気なときに、父が伯母さんに送った手紙を持ってきたことがあったよ。自分は戦地に行くけれど残した妻子を……（言葉に詰まり、涙ぐむ）」

「父は、小さい子供たちを残していくのが気がかりだったんでしょうね。伯母さんはウチの母にその手紙を見せてくれた。千代や子供のことをよろしく頼むって、何度も書いてあった……」

「その手紙は長いこと置いていたんだがね。千代は苦労すると思うけれど、お姉さんでよろしく頼むってね、何度も書いてあったって……（再び涙ぐむ）」

「父は、そういう教育をされていたんだねって、その時はとても悔しかったよ。戦争に行くときに、もう死を覚悟していたのかねって。達筆な手紙だった。四人の子供のことは、とても気がかりだったんだろうねえ」

妙子さんは、父親のことを語るときは言葉が詰まった。父の記憶を手繰り寄せる時に万感の思いがあるのだろう。あるいは、父親の死後、母親と共に歩んだ苦労が思い出されるのかもしれない。あるいは、自分の歩んできた人生のことが脳裏を駆け巡ったのかもしれない。

私も聞くことが辛くなった。途切れがちの言葉だったが、妙子さんの辛さが、とてもよく理解できた。私も涙を堪えた。

「貞俊《さだとし》さんところの貞次郎《ていじろう》おじいの七三歳のお祝い（古希祝い）はね、南上門《フェーウイゾー》の家でやったのよ。覚えている？　あのころは、トシビー祝い（生年祝い）も家でやるのが普通だったからね。家に舞台を作ったんだよ。あの頃はね、七三歳のお祝いといったら、今の百歳のお祝いみたいなものだったからね。あんたのところの芳子《よしこ》姉さんとか、私の姉さんとか、舞台でかぎやで風節を踊っていたよ。大きな屋敷だったよ」

「今日はね、私で役に立つかねって思ったけれど、役に立ったかね。役に立ったら嬉しいさ。有り難うねえ」

妙子さんは、それから、なんだか、すっきりしたような笑顔で、息子の達也のことなどを冷やかした。声を上げて笑ってくれた。

私の方こそ、感謝の思いでいっぱいだった。戦死した父親のことを話すとき、涙ぐんで言葉に詰まったときは、いたたまれなかった。妙子さんや千代さんの苦労、戦地に行って無念の死を余儀なくされた父親の思いを想像すると、私も辛かった。でも、最後は、明るい話題で終わってよかった。妙子さんは、私の思いを見抜いていたのかもしれない。私をも慰めたのだ。

妙子さんは、「私は戦争のことは覚えてないよ」と何度も繰り返した。なんだか意図的に、父親を奪った辛い戦争の記憶を消去したがっているようにも思われた。語らないことによって、記憶は闇に葬られ、消去されていくようにも思われた。戦後の体験を語るときも、語りたくない記憶だとか、思い出したくない出来事があるのかもしれない。それらの辛い思い出を、意図的に消去して、頑張ってきたのではないかと思われた。

私は、妙子さんが消去しようとしている記憶の中から、無理に扉をこじ開けて話をして貰おうとしているようにも思われた。それゆえにか、妙子さんが言葉を紡ぎだそうとするとき、なかなかその時間まで待てなかった。私も妙子さんの気持ちに同化してしまい、つい涙ぐんでしまった。沈黙の時間に耐えられず、急いで私が言葉を継いでしまった。話さなくてもいいんだよと、話題を変えたいとさえ思った。そうしなければ、悲しみにつぶされてしまいそうだった。もちろん私以上に妙子さんがだ。

たぶん、私は聞き取りや、フィールドワーカーとしては失格だろう。もちろん、ズブの素人だということは承知している。妙子さんの話を聞きながら、どこで聞き取りをやめるか。そんなことも脳裏を巡った。重なっていく悲しい記憶の風景に、早く終えてしまいたいとさえ思った。そうしなければ、聞き取った事実の重さに、私自身がバランスを崩してしまいそうな予感さえした。

かつて、私はそんな予感がすると、いつも逃げ出した。逃げることによって、大げさに言えば生きるバランスを保ってきた。学生時代の政治の季節を通過してきた団塊の世代が身に付けた処世術の一つである。考え過ぎてはいけない。集中し過ぎてはいけない。思考の容器には限りがある。容れすぎると気が触れてしまう。そんな気がしていた。今回も逃げ出したいと思った。

しかし、今回は逃げるわけにはいかないのだ。一人だけの作業ではない。すでに相手と関わってしまった。関わることによって退路は閉ざされてしまった。もう始まっているのだ。逃げたい思いを、どう手懐けるか。これが私の課題になる。妙子さんを前に、私は動揺してしまったが、今は続けるしかないのだ。フィールドワーカーとしては失格かもしれない。しかし、私は私のスタイルで、相手に寄り添いながら聞き続ける、問い続けるしかないのだ。この作業は私の挑戦にもなるのだと、揺らぐ思いに蓋をした。小さく深呼吸をして、息を整えた。

妙子さんは、大きな赤瓜や新鮮な活魚を、私と辻さんの手土産にと用意してくれていた。私はそんな気持ちが、例えようもなく嬉しかった。改めて感謝の言葉を述べた。なんだか、勇気を貰ったような気分にもなった。

少し弱気になった私の心を見抜いたのか、帰りの自動車の中で、辻さんから励まされた。辻さんは民俗学が専門でフィールドワークには慣れている。「大城さんのやり方でいいんだ。大城さんにしか聞き取れないことがたくさんあるはずだ」と……。

消滅していく記憶、蘇る記憶、修正される記憶、忘れ去られる記憶……、様々なことを話し合った。心強かった。いつしか私は辻さんの言葉を遮るほど饒舌になっていた。

周りに目をやる。先ほどまでの雨は降り止んでいた。やんばるの山は、一際鮮やかに樹々を揺らしている。土地の精霊が励ましている。私を応援してくれているように思われた。

第7章 我が家の戦争

祖父の戦争

『大兼久誌《おおがねく》』には祖父の記載が二行ある。「第八章人物　第五節忘れ得ぬ人々」の項目である。次のように記載されている。（二四四頁）

大城貞次郎（南上門）

大兼久最初の徴兵、日露戦争で乃木軍に参加、旅順攻撃にも参加した。鰹船の船長。

祖父は大柄の人であった。海の男であったからであろうか。子供の私には、幾分腰が曲がっていたとはいえ、大男に見えた。

父は一九五九年からの五年間、国頭村《くにがみそん》の陸の孤島と呼ばれる楚洲《そす》小中学校へ学校長として赴任した。この在任中の運動会に、祖父は何度か見学に来た。バスも、自動車も通らない険しい山道を、老人の祖父はどのようにしてやって来たのだろうか。歩くにしてはあまりにも過酷な道のりだ。父は四人兄弟の末子で、当時、四〇代の半ば、祖父は七〇代に差し掛かっていたのではないだろうか。黒っぽい絣模様の着物を着て、帯で結び、運動場正面のテントの中で笑顔を浮かべて、私たちのかけっこや遊戯を眺めていた。

祖父のことで、父が話していたエピソードがある。那覇の映画館で「明治天皇と日露大戦争」という映画を見たときの話である。乃木将軍が苦戦を強いられながらも二〇三高地を占拠する場面を見て、こう言ったというのだ。「実際の戦争は、あんなもんじゃない。もっと激しいよ」と。

幼い私たち（二人の弟も含めて）は、祖父を招いた夕食の後、祖父に戦争の話をしてくれとねだったことがある。どういう経緯であったかは覚えていないが、楚洲に来て、運動会を見学しての晩だった思う。話の内容も忘れてしまったが、祖父は食台の箸立てから箸を一本引き抜いて、銃に見立てて引き金を引く構えをしながら話をしてくれたのだ。食台の上で首を横に折り曲げていた祖父の姿の記憶だ。小学校の三年生の頃の私には、祖父が笑っていたのか、強張った表情をしていたのかは分からない。大きな指先に鉄砲に見たてられた箸が乗っていたことは、鮮明に覚えている。頭の部分は赤く、先端は黄色く塗られた箸だった。

それにしてもと思う。祖父は、あの激戦の中国大陸に渡って、旅順二〇三高地の攻防で九死に一生を得て帰って来たのだ。あの時、戦死していたら、父は生まれていなかっただろう。当然、私もこの世に生まれてはいない。あるいは、父は既に生まれていたのだろうか。生まれていたにしろ、祖父を失った父の人生は随分と変わったものになったかもしれない。與那城蔵七《よなしろぞうしち》さんを失った娘の妙子《たえこ》さんのようにだ。また、母との結婚がなければ、やはり私はこの世に存在しなかったのだ。一人の人間の命には、たくさんの奇跡が繋がれたものだと改めて思う。

それにしてもと再び思う。この二行を『大兼久誌』に見つけたとき、私の家系は、戦争遂行者の尖兵となった一族なのだろうかと。同時によくも生き延びて来たものだと、不思議な罪悪感に襲われた。健康な身体を持っていたが故に、祖父は「大兼久最初の徴兵」となったのだろうが、脳裏に、インプットされて取り込まれた事実は、容易に消し去れなかった。想像力が様々な物語を作り上げた。祖父の軍服姿は凛々しい。

法事に親族の家を訪ねると、祖父と同じように仏壇に軍服姿の遺影がある。父も、伯父たちも、そうであったが、親族の中からも多くの人々が従軍した。その中には、戦死した者もいる。そして従兄たちの中からは、予科練へ入隊し、特攻を希望する者もいたのだ。

両親の戦争

私の亡くなった兄は、昭和一九年の出生だから、戦争の只中に生まれたことになる。私より五歳上の兄だが、三年ほど前に病に倒れ逝去した。兄の出生地はパラオだ。終戦後、沖縄へ帰還する船の中で一歳の誕生日を迎えたという。「カンダバー（芋の葉っぱ）を食べたい」と言うのが兄の口癖だったという。兄は飢餓の中で生まれ、飢餓の中で育ったのだ。

父は戦後、昭和二一年に引き揚げるが、およそ六年間、南洋のパラオで家族とともに過ごしたことになる。農業技師として赴任した後、コロールの公学校で教師を務めた。コロールでは、戦争の最中、その地で生まれた二歳になる息子を亡くしている。息子は父の一字を貰って賢一《けんいち》と名付けられた。私にとって、見ることの出来なかった兄だ。賢一兄は公学校に勤める父の真似をして、儀式用の軍刀を下げて家の中を歩き回り、「兵隊さんは強いぞ、お国のために勤めます」とよく歌をうたっていたという。お腹を壊して、十分な手当ても出来ないままに現地コロールで亡くなった。

両親は、郷里大兼久で結婚して家庭を作り、戦前の金武《きん》尋常小学校で教鞭を執った後、パラオに渡る。戦後、郷里に引き揚げてくるが、父も母も、パラオのことについて、多くは語らなかった。また戦争のことについても同じである。また、聞き手になる私たちはあまりに幼く、戦争の体験を語ってくれと望んだこともなかった。両親もまた、戦争の記憶を幼い私たちが継承するには、まだ無理だと思ったのかもしれない。

長姉の芳子《よしこ》姉からはパラオのことをよく聞いた。当時一〇歳だった芳子姉にとっては、忘れられない幼い頃の思い出なのだろう。

父は、昭和五三年、定年退職直前の健康診断で右坐骨に腫瘍があることが分かった。退職後、三年間ほど入退院を繰り返した後、六三歳で亡くなった。生前に、再びパラオに行くことは叶わなかった。私たちも、そのことに思いをやることはなかった。

母は父の死後、二〇年余も頑張って生きてくれた。母にとっては、父の生前の栄誉を守るための二〇年余であったと思う。父のために生き続ける一途な思いは、私たちに対しても容赦はしなかった。八六歳で亡くなった。

母は、晩年に認知症を患い、徘徊した。その母を連れて、六人の子ども全員で、パラオを訪れた。今から十数年も前のことである。

芳子姉の記憶を頼りに、戦前の居住地や学校跡を訪ねたが、戦後のパラオの時間は止まっているようだった。人々は三角屋根の下でのんびりと生活していた。競争社会という概念とは無縁のように思われた。小さな島国の故であろうか。日本の戦後の時代に見られるような高度経済成長化の時代は抜け落ちているように思われた。高層ビルはなく、車も少なく、信号機は一箇所設置されているだけだった。人の混雑する場所もなかった。

徴兵された父は、この地のジャングルの中で病に倒れ、野戦病院で終戦を迎えたのだ。玉砕の島ペリリュー島は、目と鼻の先にある。

父の出征中、母と二人の姉、そして生まれたばかりの兄は、アイミリーキと呼ばれる海辺の村に身を隠していたという。この地で、母が銃弾を浴び、あるいは病に倒れていたら、当然私たちは生まれていなかった。実際、郷里大兼久からパラオに来て、ペリリュー島の戦いで命を落とした人が大勢いる。ジャングルで餓死した母親が実際にいるのだ。人間の命のリレーは、戦争を挟むと、かくも残酷で気まぐれなのかと思う。わずかな運命の糸の巡り具合で生死が左右される。

父母と共に戦後を生きた私の時間の中でも、忘れられない出来事はたくさんある。父と母は、私たちに人生の何かを教えてくれた。生きるに大切なものを教えてくれた。脳裏に焼きつく美しい風景を何度も見せてくれた。二人は、とても仲良しで、言い争っている姿を一度も見たことはなかった。私たちの前だから見せなかったわけではない。私たちのだれもが、父と母を尊敬して育った。こんな家族を作れればいいと思った。

父の死は、病が発見されてからの母の必死の看護もむなしく怒涛のように訪れた。父が逝った時には、母は気が狂うのではないかと心配した。二〇一五年の現在、父の死から三〇年余、母の死からも一〇年余が経過した。今でも、父や母が、笑いながら田舎の古びた住宅の縁側で談笑している姿を思い出すと涙が滲んでくる。

父は、教育者として学校の子供たちへたくさんの愛情を注いでいた。母もまた父に従って、赴任地の村人へたくさんの愛情を注いでいた。もちろん、当然のように、私たち子供にも、たくさんの愛情を注いでくれた。

父や母にまつわる記憶は、私が紡ぐことの出来る貴重な物語だ。それも、ノンフィクションの物語である。かけがえのない絶対無二の人生の物語だ。戦争で奪われなかった物語である。

例えばその一つには次のような物語がある。父の学校長としての最初の赴任地でのことだ。私のすぐ下の弟がハブに頭を噛まれて命を落としそうになったことがある。私たちも心配したが、父と母はもっと心配しただろう。弟の頭は、あっという間に膨れて肩まで腫れあがり、目は膨れた顔の中に埋没して小さく糸を引いた。そんな姿のままで、弟は数週間もの間、生死の境を彷徨ったのだ。その数週間の間に、私は初めて母の泣き声を聞いた。

弟がハブに噛まれて何日目の晩であったかは定かでない。私は不思議な気配に目が覚めた。家族の皆が、蚊帳の中に寝ていた時代だ。母と父が、蚊帳の中で向かい合っていた。母は声を上げて父を罵り、涙をこぼしながら父の胸を、握った拳で激しく叩いていた。暗闇の中での父と母の姿に、一瞬私は怯え、強く瞼を閉じた。見てはいけない光景だと思った。瞼を閉じると、私は一気に眠りに誘われていた。子供だったのだろう。その後の顚末は途切れているのだが、母はこう言って父の胸を叩いていた。「あんたは、私の息子を二人とも死なせるのか」「私をこんな辺鄙な所まで連れてきて、またも子供を奪うのか」と……。

私は、小学校の四年生か、五年生であったように思う。一人目の息子とは、南洋パラオの地で亡くした賢一兄のことであり、二人目の息子とは、今、目前で生死を彷徨っている弟のことだ。このことはすぐに理解できた。こんな所とは、遠い南洋の地であり、同時に陸の孤島と呼ばれている赴任地、楚洲村のことだった。

弟は、幸いにして、命を取り留めた。楚洲村の両隣村からやって来た医介輔にも、命が危ないと宣告されていたが、弟は命を取り戻したのだ。弟は、一年もすると再び元気を取り戻し、元の腕白振りを遺憾なく発揮し始めた。三つ違いの腕白な弟に、私も手を焼いた。家の手伝いはしないし、水汲みや、ランプ掃除もしない。逃げ回ってばかりいて、隣近所の同年輩の友人たちを子分のように、従え引っ張りまわしていた。

これは、戦争で命を奪われなかった父を持った私たち家族の、たくさんの物語の一つである。もちろん、両親にとっては、賢一兄をパラオで失ったという事実は、繰り返し繰り返し押し寄せてくる哀しみの一つであっただろう。戦後は終わらないのだ。パラオのこともまた、父や母にとっては、忘れがたい記憶の一つだっただろう。

父が亡くなった三年忌に、弔問者への香典返しにと、父の遺稿集を出版した。病と格闘している病室で書いてもらった原稿を私が整理した。父に巣食っていた癌細胞は、死の数週間前には、父の肉体のあちらこちらに転移して腕が上がらずに筆を持つことも出来なくなっていた。鎮痛剤で頭が朦朧として幻覚を見るようにもなっていた。

そんな闘病生活の中で、パラオの地での日々は、走馬灯のように父の記憶に蘇ったのだろう。若き日の夢を追い、幼いわが子を失った痛苦の思いを抱きながら、パラオの地を去る場面は次のように記されている。

この日パラオは稀に見る好天気だった。見上げる大空には雲ひとつない快晴、椰子の葉が微風を受けてそよいでいる。海岸の紅樹林（マングローブ林）の緑は美しい。アイライの山、アルミズ港の水、全てが静かになにごともなかったかのように悠久に続くコロールの自然の美しさを讃えていた。私たちは今思い出の多いパラオ諸島、コロール島を離れようとしている。島を守るために屍をさらしても悔いないと誓った身で、いま去れば何時また来ることができるか。こうして過去の数々の思い出が走馬灯のように私の脳裏を去来して万感胸に溢れる。

在留日本人、特に沖縄人最後の引き揚げだというので、現地民も早くから波止場に集まって別れを惜しんだ。この人たちの中には、公学校で教えた子供たちの顔も多数見えた。引き揚げていく沖縄人の間には、現地人の妻や最愛の子まで残さなければならない者もいる。最後まで沖縄帰還を拒否し、現地人妻と子供に見守られて生涯を閉じた者、生きて相会する時をも知らずに南北に遠く離れて行く人々、ああさらばコロールの島よ、パラオの椰子林よ、今この目にうつるすべてのものよ。私は振り返り振り返り心を込めて彼等島人の上に幸多かれと祈った。輸送船はアルミズの埠頭を離れた。島民の間から、いつの間にか蛍の光の歌声が聞こえてきた。声は次第に大きくなり、しかもその声は涙声に変わっていった。

引き揚げ船は、静かに環礁の外へ出た。コロール公学校で教えた子供たちの顔と名前が次々に浮かんでいつまでも忘れられない。テーク、オムテロウ、サムエル。


父は、どのような思いで、六三歳の生涯を閉じたのだろうか。たぶん、ここには戦後四〇年余を経た距離から描いた父の感慨もあるだろう。しかし、私はこの父の感慨に寄り添う試みから、始めなければならない。このことが、父の年齢を超えた私の作業だと思う。

親族の死者たち

私たちの家族は、戦後の物語を紡ぐことが出来た。父は、パラオの地での思い出を秘めながら、辺境の地であれ、家族の時間を共有することの大切さを知っていたのかもしれない。幼い私たちは、五年ごとに任務地を代える父の仕事に、皆が渡り鳥の親子のように従って移動した。悲しい物語も、寂しい物語も、記憶の中では、いつの間にか、懐かしい彩を添えられる。

しかし、戦争で、父親や兄弟たち、あるいは家族の誰かを失った人々は、唯一の物語を中断され、開花する花が茎から手折られるように、物語は奪われてしまったのだ。あるいは最愛の人を排除して、涙を堪えて新しい物語を作らねばならなかったのだ。

私はこの取材を通して、私の親族にも、こんなにも多くの戦争の犠牲者がいることに気づいて驚いた。いや、気づいていたはずだが、戦死した人々が存在感を持って私に語りかけることはなかったように思う。透明だった人々が、やっと存在感を持って立ち上がってきたと言っていい。花咲く前に手折られた花を、私は思い描くことが出来なかったのだ。私の怠慢であった。

父は四人だけの男兄弟だ。長兄の吉郎《きちろう》伯父は、これまで述べてきたように、戦前にパラオに渡り一六年余の渡南生活を送る。大兼久から先陣を切ってパラオに渡り、最も長い滞南生活をした人々の中の一人である。それだけに大きな勇気と決断を必要とされたはずだ。

吉郎伯父は二男四女の子どもを授かった。長男の貞夫《さだお》さんは特攻隊を志願し、危うく命を落とすところであった。長姉の山川勝《やまかわかつ》さんは、大宜味《おおぎみ》の山中で秋田県出身の兵士と出会い、世話をして感謝された。戦後、親しい交流が続く。次女の貞子《さだこ》さんは、本人の言葉を借りれば、戦争によって人生が狂った、四度目の死の危険をパラオでかい潜ったという。吉郎伯父はパラオが戦場になる直前に、郷里大兼久に残してきた父親貞次郎《ていじろう》と母カナのことが気になって沖縄へ帰る。沖縄も戦場になる危険が迫っていたからだ。引き揚げる判断が少しでも遅れていたら、パラオでの戦争に巻き込まれていたかもしれない。あるいは引き揚げ船は、米軍の潜水艦に撃沈されていたかもしれない。僥倖を得て、戦後を生きる。

次兄の吉次郎《きちじろう》伯父は、海軍に志願。病気に倒れて死亡する。五人の息子を授かったが、二人は戦中に病で失う。戦後は残された母親と三人の兄弟で、苦労を重ね手を携えて母子だけの家庭を生きていく。父親は戦死者名簿にはないが、私には、戦死者の一人として数えることが自然のように思われる。

三兄は貞三《ていぞう》伯父だ。故郷大兼久に住み、国頭尋常高等小学校を経て大宜味の小学校で教員をしている時に、根こそぎ動員と呼ばれる防衛隊に召集される。金武方面に配属になるが、戦中に郷里に生還する。しかし、奥さんの弘子《ひろこ》さんを病で失う。生まれたばかりの女の子も避難中の山奥で死亡する。長女の直子《なおこ》さんは、母の病を背負って戦後を生きて来た。

四番目は私の父貞賢《ていけん》だ。吉郎伯父の呼び寄せもあってパラオに渡り、現地で兵士として召集される。病に倒れ、野戦病院で猿のように痩せこけて終戦を迎える。トラックで生まれた二歳の息子賢一を、コロールで失う。戦場での父も、何度目かの生死の境を、わずかな振り子の戯れで、生の側に選ばれて生還する。私たちの家族の故郷大兼久でのスタートは、まさにゼロからのスタートだった。家もなく土地もない。開墾した土地を幼い娘と耕しながら父は一家を支えていく。母もまた子育てに励みながら、朝早く起き

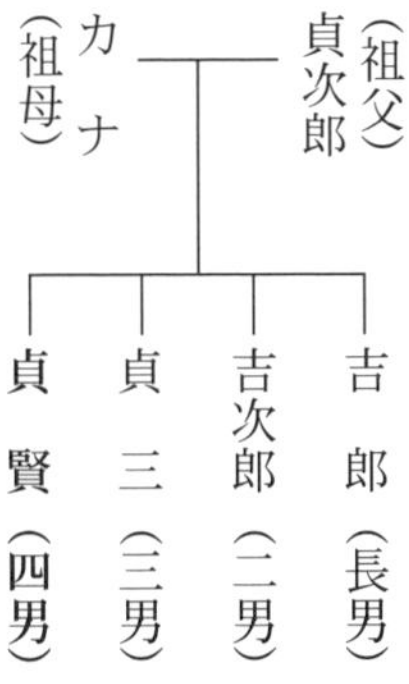

父・貞賢の兄弟

て臼を挽き豆腐を売って生計を支える。父は、貞三伯父と一緒に、再び教育界に身を投じる。父と併せて四人の兄弟家族は、それぞれの場所で、精一杯、新しい物語を作っていく。

母喜久江《きくえ》の姉弟は八人だ。三人の男兄弟に、五人の女姉妹で、母は四番目に当たる三女である。首里士族の末裔であるというのが母たちの誇りである。しかし当然のように、戦争では個人の事情や身分に容赦はしない。

長男の神太郎《かみたろう》伯父と二男の盛忠《せいちゅう》叔父は海軍に出征。神太郎伯父は、除隊後、再度の召集であったようだが、乗船した輸送船が台湾沖で魚雷攻撃を受けて沈没、筏にすがって漂流しているところを味方の船に救い上げられたという。まさに奇遇とも思われる僥倖を得る。三男の盛助《せいすけ》叔父は空軍で戦争を体験する。しかし病を得て闘病生活の最中に終戦を迎える。三人とも奇跡とも思えるような運命の細い糸に導かれて戦争を潜り抜けて生還する。

長女の富《とみ》伯母は、戦前に長く福岡の戸畑の地で生活し、終戦後五人の子供と共に引き揚げて来る。大兼久の隣村の饒波《ぬうは》で生活の拠点を設け、戦後も男の子を一人授かるが、夫は間もなく病で倒れ、逝去する。富伯母家族の苦難の歴史が、戦後すぐに始まっていく。

次女の梅《うめ》伯母のご主人は戦死する。陸軍に配属され、戦死場所は南洋ということだけで詳細は不明だ。フィリピンで最後の姿を見たという戦友の話もあるが、遺骨のない戦死者の一人である。梅伯母は、病で右脚が不自由になった。その右脚を引きずり、機織などをしながら、一人の息子と二人の娘を女手一つで育て上げていく。

三女は、私の母喜久江で、四女はトヨ。トヨは富伯母の世話を受けながら戸畑で嫁いだ。五女は加代子《かよこ》で、幼くして本家の母親を亡くしたので、私の両親を頼りに生活する。戦前は父の勤務地である金武尋常小学校に入学し、私たち家族の一員として過ごす。戦後、文教学校を卒業して教員として定年まで頑張って三人の息子を育てる。

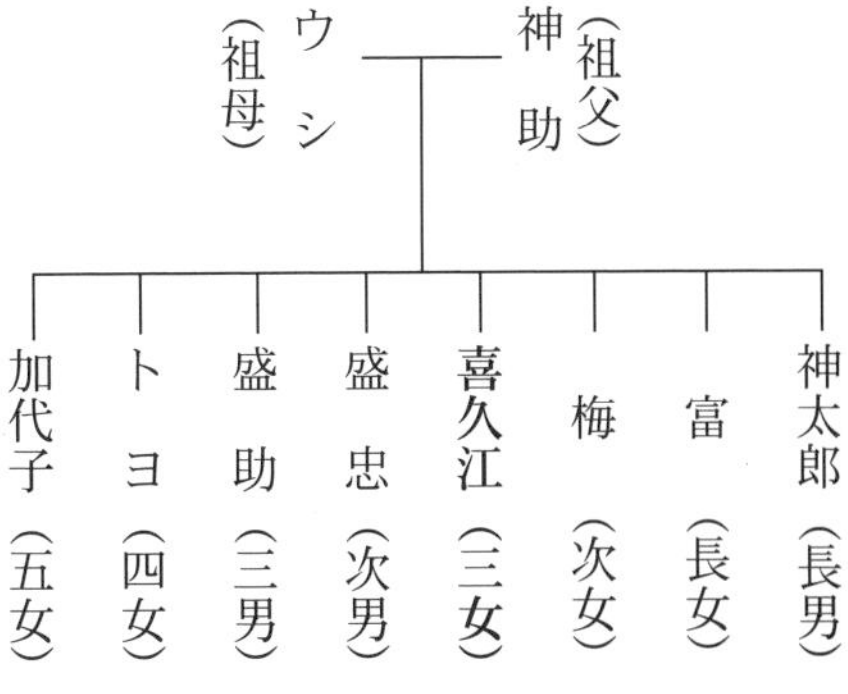

母・喜久江の兄弟姉妹

父親の兄弟四人は、夫婦ともに全員逝去した。母親の八人姉弟も、下の二人の叔母以外は、連れ合いを含めて全員があの世の人となった。歳月は容赦はしない。人間は老いてゆく。そして戦争体験者も当然のことだが、父たちのように、次々と私たちの目前から去っていくのだ……。

二人の姉の感慨

私には二人の姉がいる。私の家族の戦争体験を語れるのは、今では二人の姉だけだ。父も母も死んだ。パラオで生まれた兄も死んだ。私と二人の弟は戦後生まれである。

長姉は渡久地《とぐち》芳子（七九歳）、次姉は仲地美智子《なかちみちこ》（七六歳）。二人とも県内の大学を卒業した後、教職に就いたが、途中、長姉は嫁に行って教師を辞め転職する。次姉は最後まで教職を全うして退職した。

戦前、父がパラオに渡るとき、二人はまだ幼い。長姉が昭和一〇年生まれ、次姉は昭和一四年生まれだ。パラオで空襲があった昭和一九年頃は、九歳と五歳だ。

私が、パラオでの戦争体験を語って欲しいというと、長姉は懐かしそうな顔をしたが、次姉は、何も覚えていないと真面目な顔で答えた。しかし、長姉が話し出すと、次姉も相槌を打ち、記憶を紡ぎ始めた。語ることによって記憶は蘇ってくるのかもしれない。途切れ途切れに聞いた家族の戦争体験を、私はつなぎ合わせていった。私の家族も、あの戦争の只中にいたのだ。

「お父さんはね、昭和一五年ごろにパラオに渡った」

「私は、お父さんが野戦病院に入院しているとき、食糧を持って見舞いに行った。そのときに食糧をみんな憲兵に取り上げられた。このことは記憶にある。それしか覚えていない」

「私が泣いたから、美智子も泣いた」

「野戦病院には裕子《ひろこ》ネエさん（前田《まえだ》裕子さん）がいた。コロールの女学校を卒業して、野戦病院の看護師になっていた。その時、お父さんは脚気で入院していたはず。だから、直接、戦闘にはあまり参加していないんじゃないかね」

「憲兵の前で泣いているときに裕子ネエさんが来て、私の親戚だと言って助けてくれた」

「アイミリーキからジャングルにある野戦病院までは七キロほどの道だけど、二人だけで歩いて行ったんだよ。手をつないでね。リュックに食糧を入れてね（少し涙ぐむ）」

左が美智子姉、右が芳子姉

「飛行機が来ると、樹の影に隠れたり、木の枝を頭に乗せたりした」

「美智子が隠れるといって道端の穴に入ったけれど、小さいから穴から出ることが出来なくてね。押し上げて穴から出たこともあったよ」

「貞子《さだこ》ネエさん（富原《とみはら》貞子さん）が、道順や方法を教えてくれてね。野戦病院に着いたら、お父さんに会いに来たと言ったら会わせないから、裕子ネエさんに会いに来たと言うんだよとかね」

「お父さんを見舞いに行くというと、島民がいっぱい食糧を持ってきてくれてね。シャコガイとか、バナナとかね。リュックに詰めてくれたよ。お父さんの公学校での教え子たちがね」

「お父さんの周りには、たくさんの兵隊たちが病気で寝ていて、私たちの持ってきた食糧を見て、お父さんの周りに集まって来よったね」

「お父さんは、それをまた分けてあげるんだよ」

「お母さんは、貞義《さだよし》が生まれたばかりで、全然動けない」

「お父さんは、みるみるうちに栄養失調になって痩せ細って、お腹だけがぱんぱんに膨れていた。そんな状態で終戦を迎えたの。帰ってきたら配給の缶詰なんかみんな食べよった。貞義も食べたかったはずだけど、貞義の分まで一人で食べよった」

「お父さんが兵隊に行く前に、家の近くに爆弾が落ちて、家の後ろの庭に造っていた賢一の墓も吹っ飛ばされた。散らばった賢一の遺骨を、島民と一緒になって拾い集めた。その時、お父さんは足を怪我した。大きな傷が残っていたよ。美智子、覚えている？」

「爆弾が落ちて大騒ぎになったのは、私も覚えている」

「アイミリーキに避難するときは、賢一の遺骨は、砕いて瓶に入れて、私が首から提げていた。肌身から離すなよ、とお父さんに言われてね。ジャングルの中でも、ずっと下げていた。戦後、大兼久にも持ち帰ったよ」

「ジャングルの中で生き延びた小さい子供は、ほとんどいなかった。生き延びたのは貞義と

(平良）仲善《ちゅうぜん》おじさんのところの子供だけ。ハツおばさんの子供も亡くなった。多くの子供が亡くなった。お年寄りでは、裕子ネエさんのお母さんが亡くなった。みんなで穴を掘って埋葬した。娘の静子《しずこ》さんは、そこから離れようとしないでね。裕子ネエさんの妹だよ」

「お父さんは、南洋庁の拓殖課勤務で、最初の赴任地はトラック島だった。そこで賢一が生まれた。昭和一六年かな。だからその前の昭和一五年ぐらいに沖縄を離れてパラオに渡って来たんだ」

「雨が多いところなので、賢一のオシメを火を焚いて乾かそうとしたけれど、火事になって大騒ぎになったこともあるよ（笑い）」

「トラックからサイパンに渡って、そこからコロールに移った。コロールに行くときは、お父さんと美智子が先に行った。私とお母さんと賢一は、しばらく残って、後から船に乗ってコロールに渡った。お父さんが、一家全滅を避けたんだと思う」

「私はトラックで幼稚園を出て、サイパンでも幼稚園を出た。サイパンではリヤカーに轢かれた。まだ傷が残っているよ」

「美智子は、コロールでは、従姉妹の順子《じゅんこ》たちと遊んで、お父さんの公学校にもよくついていっていたらしい。私たちがサイパンからパラオに渡って行ったときは、お母さんに向かって、おばさんて言いよった。おばさん、おばさん、どこから来たんですか、この飴、美味しいですねって。お母さんは、美智子のために美味しい飴を作って持っていったんだよ。お母さんは料理が上手だったからね」

「パラオで、賢一も大きくなっていった」

「美智子は、自分のことを、ミットー、ミットーって言っていた。ミットーはね、って」

「賢一は、大きな物差しを、よく引きずっていたよね」

「あれは物差しではないよ。お父さんが、儀式の時には正装をしてね、帯剣をして出かけよった。その帯剣をよく引きずっていたのよ。賢一は一六年、美智子は一四年生まれだよね。賢一も二歳ぐらいになっていたかな」

「物差しではなかったんだね。長いものだったから、ずっと物差しだと思っていた。私は、よく賢一に追いかけられたよ」

「賢一はね、急にお腹を壊して亡くなったの」

「お母さんは、辛そうだったね」

「パラオから大兼久に引き揚げて来てからも苦労したよ。お父さんは四男だったからね、耕す畑もなかった。私は、お父さんとキンナーの山に開墾に行ったよ。貞三伯父さんから桃原《とうばる》(国頭村)の田んぼを借りて、小作人のようなこともした」

「私は、クァームヤー(子守)だよ。友達と遊びたいのにね。友達からは、またクァームヤーねえって言われたよ。いつも弟をおんぶしていたからね。おんぶしていたのは、貞俊《さだとし》、あんただよ」

「お父さんは、みんなのためによく働いていたね」

「パラオのジャングルでは、仲盛屋《チュウセイヤ》も、仲蔵屋《チュウゾウヤ》も、仲善屋《チュウゼンヤ》も一緒だったから、パラオのことは、その家のネエさんたちにも聞いてみるといいねえ。アイミリーキには、大兼久の人たちみんなが力を合わせて、一緒に家を造って避難していたからね」

「アイミリーキで落ち着いた頃に、まずお父さんから徴集されたんだ。マングロープの生えたアイミリーキの波止場から船で出て行った。私は追いかけて、お父さん必ず帰って来てよって、泣きながら手を振った。美智子も大きな声を出していたよ。お父ちゃん、行かないでって

……」

「お父さんは、若い頃、肋膜《ろくまく》にも罹《かか》ったよね」

「お父さんは百日草が好きでね、どこにでも百日草を植えていた。出征する朝、百日草の種を蒔いてね、この花が咲く頃にはお父さんは帰ってくるよ、と言って出掛けたよ。早く帰って来てもらいたくて、毎日水をかけた」

「どんどん戦争がひどくなって、ジャングルに避難するようになったの」

「コロールの官舎は周りに仏双華の花を植えて生垣にしていたよ」

「戦争が終わって、引き揚げ船で貞義は満一歳を迎えたのよね」

「私たち二人は、引き揚げ船で南洋ダンスをよく踊ったよ。踊っていると煙草は飛んでくるし、チョコレートも飛んできた。おひねりだった。戦争に負けて、みんな気持ちが沈んでいるのに、私たち二人が明るくしてくれるといって、引き揚げ船のみんなが喜んでくれたの。だから何度も踊った」

「パラオにいるときは、よくアバイ（集会所）に行って、現地の人の踊りを見ていたからね。真似をしたんだよ。エプロイ、エプロイって腰を振って踊るんだよ。お父さんも喜んでいたね」

「パラオにはね、映画館もあったよ。私は『釣鐘草《つりがねそう》』という映画を見たのを覚えている。お父さんとお母さんを亡くした姉弟の物語でね、お姉さんが上の学校に進学するけれど、時々、弟の元に会いに来るのね。弟はお姉さんを迎えるために波止場でいつも待っているけれど、亡くなるのよね。歌もあったよ。（歌いだす）『釣鐘草の咲く丘に、寂しく今日も日が暮れて、ほろほろほろと、鳴く声は、親なし鳥の母恋し……』（後半は、姉二人で声を合わせて歌う）」

「コロール波止場にはね、プールがあってね、ここで私たち二人は、お父さんに取って投げられたの。泳ぎの練習させられたの。輸送船が沈没したら、少しでも泳げる方が、助かる確率は高くなるだろうといってね。私たちも必死だった」

「おかげで、戦後、私たち二人は水泳の選手になったんだよ。高校生の時に実業団対抗の水泳競技があってね、引き抜かれて補強選手にされた。新聞記事にもなったよ」

「高校に社会科の宮城《みやぎ》先生っていたけれど、戦争の話をよくしてくれる先生だった。自分は小さかったから弾が掠めて助かったとかね。後ろの人がヤラレタとかね。宮城竹秀《たけひで》先生という名前だったと思う。貞賢も自分も運がよかったとか言ってね、お父さんの話もしていたよ」

「お父さんは退職して病気になった時、パラオに行きたい、行きたいと言っていたよ。私たちは、まだ半人前だったから、お父さんの思いを叶えることができなかったねえ」

「おばあちゃん（母のこと）も呆けてしまった後に、みんなでパラオに連れて行ったけれど、その前に連れて行ければ、よかったねえ」

「パラオへみんなで行ったのは、平成十一年ごろだったかねえ」

「そういえば、空港からホテル行きのマイクロバスに乗った時、お母さんは何度も誰かが乗っている、子供が座っているって、言っていたね」

「そうだった、思い出した。賢一がバスに乗っていたんだ、パラオで死んだ賢一が迎えに来たんだって。私たちには見えないけれど、お母さんには見えるんだねえって、みんなで話したねえ」

「……」

「お母さんは、呆けてしまって、パラオに来ていることを分からなかったのに、不思議だった」

「南洋神社で線香を上げようとしたら、急にスコールがやって来て、線香が消されたこともあったね。不思議な出来事だった」

「お母さんは、ずっと誰かが来ている、子供が見えるって、言っていたね」

「賢一は、私たちが訪ねたあの官舎で亡くなったんだよ」

「なんだか、いろいろあったねえ」

「今の日本は、また戦争を始めそうで、なんだか怖いねえ」

「戦後は、お父さんは、また教育界に復帰したけれど、学校の子供たちのことをよく面倒見ていたよ。多くの子供たちが親を亡くしていたからねえ。そんな思いもあったかもねえ」

「それで、私たち二人は、親を亡くした人のところへ、お嫁にやったのかねえ」

「えっ。そう言えば……、そうだねえ」

最後は、泣き笑いになった。二人の姉の話は尽きなかった。全く覚えていないといった美智子姉も、芳子姉の話に何度もうなずき、割り込んだ。

「釣鐘草」という歌を二人で歌ったときは驚いた。七〇年ぶりに歌うというのだ。そういうことはないだろうとも思うが、私は二人の姿を見て、思わず胸が熱くなった。二人の姉たちも、今は亡くなった両親や賢一兄のことを思い出したのだろう。時には、目に涙を溜めながら話した。時には大声で笑いながら話した。貞義兄も亡くなったが、家族の戦争を二人の弟にも聞かせたかった。

「また、昔話をしようねえ」。そう言って話を打ち切った。三人一緒に外に出た。二人の姉は年を取っていた。駐車した私の車まで歩く速度も遅く、足腰も衰えていた。さらに美智子姉は痩せてもいた。「戦災孤児みたいだよ」という私の悪い冗談に、立ち止まって脚を擦って、「病院通いが続いているさ」と笑って言った。

芳子姉は、事情があって東京での暮らしが続いていたが、久し振りの姉妹の対面であった。二人に戦争体験を語ってもらったが、本当によかったと思った。

ブーゲンビリアで縁取った美智子姉の嫁ぎ先である仲地家のアーチ型の門を潜って道路に出た。仲地家の舅はフィリピンで戦死していた。

二人の姉を横目で見ながら、大きく深呼吸をして青空を見上げた。二人の姉にも幼いながら、確実に戦争体験があったのだ。あの世では、生活を共にした父や母、そして二人の兄が待っている。私は賢一兄とは初対面になる。なんだか、みんなが両手を広げて、私たちを待ってくれているような気がする。死は怖いことはない。あの世での、再びの家族団欒の光景を想像することは、楽しいことだった。二人の姉も、なんだか、支えあうようにして歩いていた。肩を抱き合って涙ぐんでいるようにも見えた。私たちはあの世で、父と母に迎えられる。仲良くしなけりゃ、父や母に怒られる……。私は笑顔で二人の姉を見つめていた。

第8章 ルシビ（友人）と共に

二人のルシビと
平良キクさんの話
大城神信さんの話
遺族の高齢化

二人のルシビと

不思議なことだった。気がついたら、一緒に取材を始めることに決まっていた。ルシビというのは、あるいはこんな柔らかい関係を指すのかもしれない。互いに何の衒いもなく、何の構えもない。必要なときは、形式ばったあいさつがなくても協力してくれる。そうでないときは、温かく無言のままで応援してくれる。私には有難い協力者だった。

ルシビとは、友人のことを意味する私たちの郷里のシマクトゥバである。いや、友人という言葉では括れないもっと大きな意味を持っているような気もする。親友、竹馬の友、幼馴染、刎頸《ふんけい》の友、クビチリドゥシ、それでも足りないが、そんな多彩な意味をもつ温かい言葉だ。そんなルシビ二人が、私の取材を手伝ってくれるという。願ってもない協力者だった。二人の名前は與那城盛次《よなしろもりじ》くんと、大宜見朝一《おおぎみともかず》くん。互いに大兼久《おおがねく》で生まれ、大兼久で育ったルシビだ。

実は、正直なところ、私は大兼久のことについては不案内なことが多かった。小学校の二年生まで大兼久に住み、郷里の大宜味《おおぎみ》小学校で学んだ。しかし、三年生に進級する四月に、国頭《くにがみ》村《そん》の楚洲《そす》小学校へ転校した。父の学校長としての最初の赴任地の学校だ。それ故に郷里との関係は、途中に長い空白の期間があったのだ。

大学卒業後、郷里大宜味村立塩屋《しおや》中学校で採用になり、その後、地元にある辺土名《へんとな》高等学校で三年間の教員生活を送った。教員生活をスタートさせたのが村内の学校であったが故に、私は大兼久にある伯父の家に下宿をした。その四年間に、疎遠になっていたルシビと旧交を温めた。

與那城盛次くん（左）と大宜見朝一くん

多くのルシビは、郷里を出て那覇近郊に職を求めていたが、数名のルシビが郷里に残っていた。その数名の多くは村役場に仕事を得ていた。当時は私もルシビも二〇代だ。彼らが親睦を兼ねて続けているというムエー（模合）に参加し、酒を酌み交わした。あっという間に互いの距離は縮まった。四年間は、実に楽しかった。馬鹿なこともいっぱいやった。例えば鰻の蒲焼を満足するまで食べたいと誰かが言うと、それが実現した。養鰻場から鰻を買ってきて、ルシビの家の庭で炭で焼いて食べた。不慣れで灰がついて多くは焦げてしまったが、たらふく食べた。それこそ苦い思い出である。そんなことが楽しくて愉快だった。

郷里での四年間はあっという間に過ぎた。私たちは団塊の世代で、戦後のベビーブームの時代に生まれた。激しい競争社会の試練を受けたが、ルシビの前だと互いに笑顔がはじけ、言葉がはじけた。私は、大学時代に受けた学生運動の洗礼や痕跡を、ルシビといると、忘れるほどに心が和んだ。

郷里大兼久では、村行事にも積極的に参加しようと心がけた。村の先輩たちは、みんな大歓迎をしてくれた。父も母も、大兼久の出身だし、姉や兄たちも大兼久で学んでいた。私は小学校三年から大兼久を離れていたが、両親の名前や屋号を告げると、肩を抱き寄せるように歓迎してくれた。みんな優しかった。村のアブシバーレー行事のハーリー（爬竜船）競漕には漕ぎ手として参加した。作戦会議といって何度か酒の座で先輩たちと酒を酌み交わした。とても有難かった。私も下の二人の弟も、父の転勤の度に学校を変わり、根無し草のような生活を送ったが、弟たちはどの地を故郷と呼んでいるのだろうか。二人の弟に比べたら、私は大兼久を郷里として感ずることが出来る。その分、幸せだと思う。

在職中、互いに旧交を温めたルシビは、私が郷里を離れた後も、何かと声を掛けてくれた。村行事や、ルシビの集まりにも声を掛けてくれた。那覇近郊在住のルシビも、郷里大兼久に仕事をしているルシビも、集まるとみんな少年や少女に戻った。四九歳の生年祝いには、そろいの背広を誂えた。還暦の祝いには、舞台に立つために皆で琉球舞踊を習い、揃いの着物を作った。真っ赤なポロシャツを揃え、村行事に参加した。短パンも同じデザインのものをサイズを測って注文した。半分は遊びで、半分は本気で楽しんだ。もちろん私も「ワーケールシビ（我々友達）」として参加した。

　そんな悪童のルシビだが、信頼の置ける二人のルシビが與那城盛次くんと大宜見朝一くんだ。私と同じように二人とも、すでに定年退職をしていた。私からお願いをして誘ったようにも思う。私が、郷里の先輩たちへ聞き取りをしている噂を聞いて、彼らが協力を申し出たようにも思う。どちらが先かは分からない。郷里の大宜味小学校の一三三年の幕を閉じる運動会に揃って参加した日に、誰からともなく言い出して、一緒に取材する予定を組み込んだのだ。

「ワーケールシビ」の三人は、同級生であるというだけでなく、不思議な縁があった。三人の父親が私たちと同じく、揃って同級生であったことだ。父親は三人ともあの世に旅立ったが、ルシビ同士で旅行を楽しんだり、同期会の宴席を楽しんでいる様子は、何度も見聞した。さらに不思議なことは、私たち三人の父親は、ともにパラオに渡り、戦前戦中をパラオで過ごしていたことだ。異国の地で、同郷の仲間として手を携えて過酷な時代を生き延びてきたのだろう。そんなことを考えると、感慨深かった。あの世で、父親たちも私たち三人の行為を喜んでくれているような気がした。

　二人に、私の取材意図を話し、『大兼久誌』に掲載された戦争犠牲者の遺族の中から取材の相手を選びたいと相談した。戦後七〇年、多くの遺族が既に亡くなっていた。無念の思いを禁じえなかったが、早速、数人の先輩に目星をつけ、三人一緒の取材を計画した。先輩たちに意向を告げると、誰もが快く応じてくれた。

平良キクさんの話

三人での最初の聞き取りは、平良《たいら》キクさん（八四歳）から始めた。平良キクさんは、三人で訪問することを告げると、喜んで承諾してくれた。

取材当日、自宅を訪問した私たちに、すぐに玄関から顔を出した。大兼久公民館の事務所で取材を受ける準備をして、待ちかねていたようだ。手提げカバンには、コーヒーや駄菓子などを入れて、「さあ」と足早に公民館へ案内してくれた。快活な足どりは、私たち以上に早かった。

平良キクさんは穏やかな表情で私たちをねぎらい、笑みを浮かべながら話してくれた。感謝するべきなのは私たちなのに、終始、私たち三人をいたわる言葉を口にした。三人の両親のことも、思い出す度に、懐かしそうに話してくれた。記憶は鮮明だった。戦争当時は一四歳だ。

「ウチのおじいはね、饒波《ぬうは》で亡くなった。大兼久誌の名簿にはないね。金城有太《きんじょうゆうた》という名前だよ。名簿に追加するといいね。金城有太、ナーカ小《グヮー》、民間人、と書いてね。おじいは八〇歳を過ぎていたからね。山の中での避難生活に耐えられなかったんだろうねえ。栄養失調も老衰もあったと思う。もう戦争は終わっていたんだがねえ」

「ヤンバルにも戦争が、やって来るのは分かったよ。学校でも訓練があったからねえ。防空壕も掘っていて、隠れる訓練もしたよ。青年会なんか竹槍訓練もしていたからねえ」

「アメリカーはヒージャーミー（山羊の目）をしているから、夜は見えないからといってね、槍で突けると考えたんじゃないかね。人間じゃないとも教えられたよ」

「空から飛行機が飛んで来るとね、偵察機だったんじゃないかね。逃げろ逃げろって言って、逃げたよ」

「那覇南部から避難民が来るとね。荷物を荷車に載せて喜如嘉《きじょか》に運んで行くんだ。その手伝いもしたよ。ワンナー（私たち）は四年生だったが、組作って頑張ったよ。手伝うのは当然だと思っていたよ」

「押川《おしかわ》の山からは大きな竹を運び出したこともあるよ。青い大きな竹をね。後から聞いたんだけど、この竹を伊江島《いえじま》に持って行って模型の飛行機を作っていたというよ」

「空襲警報もあったよ。飛行機を見て万歳、万歳をしていたら、敵だと言われてびっくりしたよ。伊江島に爆弾を落としていた。煙が上がるのが見えたよ。大兼久の人たちも伊江島に行っていたから、この空襲を見てお母さんは泣いていたよ。お父さんが伊江島に行っていたからね。心配したんだ。無事に帰って来たときは、本当に喜んだよ」

平良キクさん

「私たちは、山の中のタンガマ（炭焼き小屋）に隠れていたんだよ。ナーカとナーカ小は一緒に避難小屋を作って住んでいた。防空壕で火を焚いたら煙に巻かれてブチクンなった（気を失った）こともあったよ。今では笑い話だけどね（笑い）」

「山に入るときは、あるったけの道具を運んで行ったよ。豚も殺して、肉を持って行ったよ。塩漬けにしてね。おじいは、年寄りだから、インナーだけイケー（あんなたちだけ行きなさい）と言って、家に残っていたわけよ。そしたら空襲の弾が耳の側をかすってね。びっくりしたみたいでね。ワヌンソーティイケー（私も山の中に連れって行ってくれ）っていうわけさ。ここにいたら危ないよって。おじいも連れてみんなで山の中に入ったよ。いよいよ戦争が始まるんだな。沖縄は犠牲になるのかなあって思ったよ」

「山には半年ぐらいいたかね。山からは八月ごろに下りてきたよ」

「山の中で避難するところは水のあるところ。その側に小屋を造ったんだ。みんなで助け合って小屋を造ったよ。その山の中で亡くなった人もいたな。堅一《けんいち》（金細工屋《カンゼークヤ》）のお母さんは、心臓麻痺だったかね。子どもにおっぱいを飲ましながら、そこで亡くなった」

「うちのお父さんが心臓マッサージもしたんだけど、だめだった。山の中に埋めたよ。お母さんが亡くなった後は、子供たちは親戚に預けられた。みんな小さかったからね。お父さんは兵隊に行っていた。お父さんが生きて戻ってきたときは、子供たちはみんな、お父さん、お父さんって抱きついていたよ。お母さんを亡くして寂しくしていたんだろうねえ。お父さんの戦地は外地だったが、どこだったかは分からない。沖縄玉砕って聞いて帰ってきたら、子供たちが生きていた。泣いて抱きしめたが、お母は亡くなっていた、というわけよ……」

「山でお産をする人もいたよ。平良仲蔵《たいらちゅうぞう》先生の奥さんが産婆さんだったからね、何名か取り上げたはずよ」

「大兼久には避難小屋が二つほどあってね、那覇《なは》南部から逃げて来た人などはそこで避難していたよ。でも食糧がないからね。芋と交換してと言ってね、砂糖を出す人もいた。着物と交換して頂戴という人たちもいたよ。大変な時代だったが、だれかが生きていればいいねって考えていたと思うよ。大兼久に避難してきた人たちは、まだいいほうだったんじゃないかねえ」

「山川荘には日本の兵隊がいたからね。そこに爆弾を落とすつもりじゃなかったかね。外れて近くに爆弾が落ちたこともあったよ。爆弾の落ちた家は、吹っ飛んでいた。大きな穴が空いていた。あの頃のことを思い出すとね……」

73 富原《とみはら》美代子《みよこ》

「山で死んだのは、堅一のお母さんと、ワンナー（私たちの）おじい、そしてさん。美代子さんは、ハブに噛まれて死んだんだよ。女学校の一年生だったはずよ」

「饒波には長くはいなかったけれど、山から下りてくる人たちの収容所みたいなのがあったよ。アメリカ兵たちが大きな鍋にスープみたいなのを作って食べさせよったよ。毒が入っているかもしれないって最初はだれも食べなかったけれど、アメリカーが目の前で食べて見せるわけよ。ダイジョーブって。こわごわ食べたよ。あとはパカナイパカナイ（どんどん）食べたよ。ヤーハドゥアイトゥ（ひもじいからね）。チョコレートも、最初は毒が入っていると思って食べなかったけれど美味しかったね。指をVサインみたいにして、ピース、ピースってみんな笑っていた。アメリカ兵も私たちも、ピースピースって笑ったよ。そんなふうにしたら、お菓子もたくさんもらえたからね。缶詰も貰ったよ。ポークなんかもあったよ。見たこともない食べ物がいっぱいあった。コンビーフもあった。肉を砕いたものかねえて言い合って食べたよ。アメリカーは私たち民間人には優しかったよ」

「饒波にしばらくいてから、各部落に帰ってもいいってことになったんだよ。大兼久に帰るとね、ほとんど原っぱになっていた。家は焼かれてしまっていた。残っている家もいくつかあった。残っている家に住んで、それからみんなで茅を刈りに行って少しずつ建て直していったんだよ」

「我那覇屋《ガナハヤー》のおじい、**58**我那覇宗久《がなはそうきゅう》さんと**57**前田牛太郎《まえだうしたろう》さんは鉄砲でヤラレタね。我那覇宗久さんは饒波で。前田牛太郎さんは大兼久で、山から下りて来たところをヤラレタ」

「ヒマギーっていってからね、屋敷内に植えていた木があってね、これから油を採ったんだがね。これを供出させられたよ。ヒマギーって名前を今も覚えているよ。燃料にしたんだろうねえ。木炭なども供出させられたよ。ヒマギーはもう見えないね。薪も供出させられたよ。食べ物も供出させられた。自分なんかも食べるものはないけれど、芋なんかも供出させられたよ。死んだらお国のために働けないから、生きている間に、頑張ろうってね」

「どこどこで敵の船を沈没させたよって言うのをよく聞いたけれど、あれも嘘だったんだよね」

「大兼久にも沈没船から流れてきたものがあった。毛布とかドラム缶とか。日本の輸送船が沈没させられたんだはずよ。宜名真《ぎなま》沖でね。それから流れてきたんだはずよ。ドラム缶は沢山あったよ。ウミンチューが一箇所に集めて、アダンの葉で隠していたんだけれど、空襲でヤラレタよ。アメリカーは分かっていたはずよ」

「浜にね、垣花《かきのはな》って書かれた木の箱が流れ着いたこともあるよ。ウチの人が探して役場に持って行ったけれど、疎開船がヤラレテ流れ着いたものだったんじゃないかね。やっぱり疎開船に乗らなくてよかったと思っている。対馬丸がヤラレタさね。大兼久の人は対馬丸に乗らなかったよ。お母さんたちがね、死ヌバアヤマンジュルヤル（死ぬときはみんな一緒だよ）って、乗せなかったの。ナーハイバイヤ、ナランドー（別々は、ダメだよ）って、お母さんたちが行かさなかった。大兼久からは、誰一人として行ってないはずだよ」

「大兼久は畑もない。海しかない。だからみんなウミンチューになったんだ。もしくは勉強させてね。教育者にしようとしたんだ。ウチのお父さん（有太郎《ゆうたろう》）も南洋に行って、兄貴のために学資を送ってきたんだよ。中国に近い海南島というところにも行ったはずだよ」

「**15**金城祥次郎《しょうじろう》さんは祥一郎《しょういちろう》先生のお父さん。祥一郎先生は、まだお腹の中にいたんじゃないかね。防衛隊じゃない、兵隊で招集されたはずよ。部落の人みんなが並んで、旗持って送り出したんだよ。とても背が高くてハンサムだった。津波《つは》の学校に勤めているときに結婚したはずよ。奥さんは津波の人だよ。お腹の大きい奥さんと別れていく場面を見て、私たちはもらい泣きしたよ」

「アメリカの軍艦は、ずらーっと海に並んでいた。真っ黒くしていたよ。島を囲んでいたんだろうねえ。ウチの兄貴なんか山に登って見ていて、友軍の飛行機が、特攻隊だろうねえ、撃ち落されるのなんか見えよったって」

「ウチの娘が、アメリカーと結婚したけれど、このアメリカムーク（婿）は、ダイビングが好きでね、赤橋、あれ塩屋の赤い橋さ、その沖に潜ったみたいだけどね。日本軍の飛行機の残骸があったっていう話を聞いたことがあるよ。新聞にも載ったはずよ。船の残骸もあったっていうよ」

「アメリカーの兵隊もたくさん死んだはずよね。糸満《いとまん》摩文仁《まぶに》の平和の礎《いしじ》には、戦死した大兼久の人の名前がみんな書かれているはずよ。私も行ったことがある。おじいの名前も書かれていたさ。おじい、おじいってね、ハメ（ああ）……（涙ぐむ）。マーガ（孫）のキクが来たよって、お祈りしたよ。朝一、あんたのおじさんの名前なんかも刻まれていたよ。**21**大宜見朝健《ちょうけん》はあんたのおじさんだよね。私は何回も行っているよ。ヤンバルのシークヮーサー持っていったり、田嘉里《たかさと》のマルタの酒、持って行ってウサギタリ（供養したり）しているよ」

「この前、大宜味村も、二十何年かぶりに慰霊祭をやったよ。なんで中断したのかは分からないけれどね。大兼久は、毎年やっているよ。字で慰霊塔をもっているのは、大兼久だけじゃないかねえ。先輩たちは偉いよね。みんなで浜から砂を運んだりしてね、奉仕作業をして造ったんだよ。ザルに砂とかジャリ（砂利）を入れて運んだんだよ。まだ若かったから、そんなことも出来たんだはずね（笑い）。難儀も厭わないさあ。慰霊塔を造らないといけないといってね。みんな一生懸命、協力したんだよ。部落中のみんなで造ったんだよ。お家を造るときもそうさねえ。みんなで協力して造るんだよ。ユイマールといってね。みんなで茅なんか刈って来たんだよ」

「戦後は、山から下りてきてからマラリアに罹って死ぬ人もいたよ。キニーネという薬も出ていたんだがねえ。貞三《ていぞう》先生の奥さんの84大城弘子《おおしろひろこ》もマラリアだったんじゃないかねえ。娘の直子《なおこ》がよく世話を看ていたよ。お母さん、お母さん……っていってね。弘子は歌も上手だったから、よく歌をうたっていたよ。兵隊さんの歌をね。裏座にいたはずよ。ワッターヤードナリ（私の家の隣）だったからねえ。よく歌が聞こえよったよ。少し頭がオカシクなっていたはず。（実家がある）鏡地《かがんじ》に行く行くって、言っていた。何回か行ったんじゃないかね」

「大兼久の人は、南洋にもたくさん行ったはずよ。二〇〇名ほどは、いたんじゃないかねえ。そこで戦争に引っ張られて亡くなった人も、たくさんいるはずよ。パラオとかテニアンとか、ペリリューとか、いっぱいいるはずよ。一六年、一七年と長くいた人もいるはずよ。何か募集があって行ったということも聞いたことがある。漁業なんかで成功して、親兄弟を呼び寄せたとかね」

「兼久フクターと言われるぐらい、大兼久は貧しかったからね。キン（着物）を作ろうと思ってもお金が無いから、つぎはぎだらけの着物を着るしかないさ。それをフクターと言ったんだよ。大兼久は隣の大宜味からの分かれだから土地も無いわけさ。村の人は協力して頑張る以外にはなかったんだよ」

「ウチのお父は、民間療法の心得があったからかねえ。何かと村の人の役に立てて喜ばれていたよ。海南島で習ったんじゃないかね。ウフオジイも、何かこんなことを知っていたみたい。そのことを歌った歌も作られているよ『腹《ワタ》ヌ、ヤディヤディ、頭《チブル》ヌ、ヤディ、ナーカ小《グワ》ヌプスメーガドゥ、ノウシビチャン、イチンイチマディン、ワシテーナランサ（お腹の痛いとき、頭の痛いとき、ナーカ小ぬおじいが治してくれたよ。いつまでも忘れてはいけないよ）』、ってね（笑い）。なんかツボが分かっていたんじゃないかね。頭が痛いとき、お腹が痛いときなんか、蓬《よもぎ》のヤーチュー（灸）をして治していたみたいだよ（笑い）」

「そう言えばね、辺土名高校の前に、死んだ兵隊が流れてきたことがあったよ。みんなで引き揚げてね、饒波の入り口、あの橋の近くに埋めていたんだがね。それから遺骨を兼久のガンヤー（龕屋）に入れたんだ。戦後遺族が来てね。遺骨を持って帰ったよ。名前が書いてあったから遺族が分かったんだね。どこの県の人だったかねえ。鹿児島だったかねえ。盛次、あんたのお父さんが区長をしている時だったはずよ。こんなこともあったよ」

キクさんの話は、二時間近くに及んだ。次から次へと話が膨らんでいった。そして大きな声を上げて何度も笑った。若々しい笑顔だった。八四歳という年齢を感じさせなかった。声にも艶があり、同年齢のイナグルシビ（女友達）と話しているようだった。

キクさんの話を聞いて、郷里大兼久の戦争の実態を、より具体的に描くことが出来るような気がした。郷里の先輩の話は、私たち後輩に語り聞かせるような情熱を感じた。戦争の話も尽きなかったが、村の背後の山が崩れて村人が亡くなったときの話も熱心にしてくれた。一九五〇年代の終わりごろでシャーロット台風による被害だった。この話にも私たちは聞き入った。しかし、最後にはキクさんの体調を気遣って、私たちの方から立ち上がった。

キクさんは、笑顔を浮かべて、再び私たちに礼を述べた。私たちの方こそ、お礼を述べるべきなのにと、また苦笑した。明るい笑顔には、キクさんの人柄がにじみ出ていた。この笑顔で、戦後をたくましく生き抜いてきたんだと思った。たくさんの辛さが、この笑顔の奥には秘められているのだろうと思った。キクさんへ深々と感謝をして手を振って別れた。感謝の思いは、取材に答えてくれた感謝と同時に、戦後をたくましく生き抜いて来たことに繫がる感謝のような気がしていた。

大城神信さんの話

大城神信《かみのぶ》さん（八六歳）とは、午後二時の約束だった。神信さんは、兄さんの**31**大城神盛《かみもり》さんを海軍で喪っていた。村人の話では、当時海軍は憧れの軍人であったという。神信さんもどっしりとした体格の持ち主で、兄さんの神盛さんも、凛々しい軍服姿が似合っただろうと思われた。

神信さんは、私たち三人を待ってくれていた。きれいに片付いた客間に通されたが、家の中はどこか寂しい。静かで人の気配が感じられなかった。午前中に面談したキクさんの明るい話しぶりが、まだ余韻として残っていただけに、ひとしお寂しく感じられた。

あいさつを交わす中で、その理由はすぐに分かった。やはり、もう長いこと一人暮らしだという。神信さんは、戦後、安和《あわ》の砕石工場に勤めた一時期を除いて、那覇での生活を長く続けていたという。ところが、晩年になって奥さんが体調を崩された。奥さんも大兼久の方だ。是非、郷里大兼久の地で静養をしたいという奥さんの願いを聞き入れて、郷里の土地に住宅を新築して移ってきた。奥さんの念願を叶えてあげたのも束の間、病は癒えることなく間もなく奥さんは亡くなったという。

四人の子どものうち、長男の勝《まさる》さんは琉球大学美術科を卒業した。画家志望で、個展を開くなど将来を嘱望された若手画家であったが、勉学の途中、亡くなったという。実兄の戦死から数えて、神信さんを襲った幾つ目の不幸になるのだろうか。このことを払拭するような端正な口調と姿勢で話してくれたが、寂しさの気配は消せないのかもしれない。いつも一人で自宅に座り、瞑想し、過ぎ去った歳月を思い出しているのだろうか。あるいは、私たち三人もまた、迎えなければならない老境の時間や歳月なのだろうか。

神信さんは寡黙な人であった。もてなしの出来ないことを盛んに詫びた。こちらが恐縮した。裏の台所へ立って、お茶を淹れてくれた。次男と二人の娘が、時々神信さんの健康を窺いながら訪ねてくるのだと言った。

やがて躊躇《ためら》いがちに、私たちに話してくれた。背筋を伸ばし体を揺らすこともなく、凛として静かに話してくれた。話し続ける時間が増えるのと比例して、言葉も増え、饒舌になった。そのことは私たちを大いに嬉しがらせた。

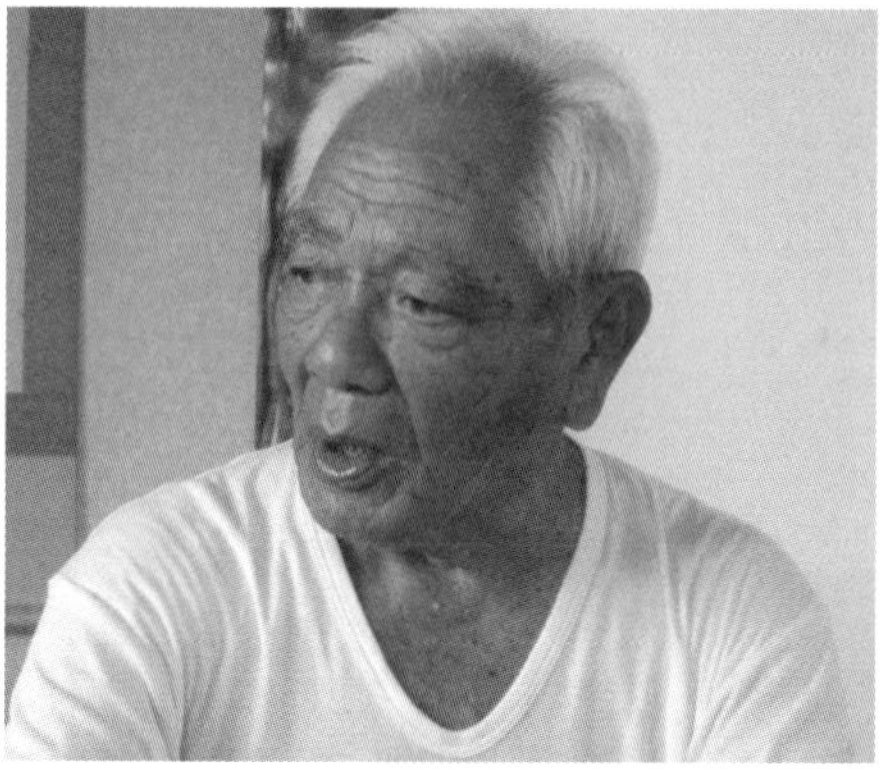

大城神信さん

「兄は、『大鷹』という軍艦に乗っていたようだが、詳しいことは知らない。ほとんど見たこともなかった。兄は海軍だったからな。始終、船に乗っていた。ぼくは小学校の三年生か、四年生だった」

「兄の遺骨はなかったよ。箱だけが届いた。神盛兄は次男だが、三男兄さんの話によると靖国神社に祀られているということだ」

「戦争では山に逃げたんだが、もう記憶が薄れて分からんよ。当時、長男は亡くなっていて、次男の神盛は海軍、三男は台湾、父は南洋に出稼ぎに行っていて、ぼくと五男の五郎《ごろう》と妹、そして女親とおばあとで、山を逃げ回ったんだ。最初は、ダキンクブに逃げた。母の兄弟のオジイがやって来て、インナーベー、ウイシヤ、ウッカーサン（あんたたち女、子供だけでは、危ないよ）といって、一緒に逃げた。あちこち、転々と山を逃げ回った。キンナーの山にも行った。アメリカーが銃を構えて登って来たから、アリヒャー（それ来たぞ）と言ってね、さらに山の奥にヒンギタよ（逃げたよ）。最後は饒波に下りた。饒波にしばらくいてから、シマ（大兼久）に戻って来たんだ」

「山には、食糧がないからな。鏡地に下りて芋など掘って食べていたよ。鏡地にはアメリカーの兵隊もいてね。照明弾などもバンナイ（勇ましく）、上がりよったんだけどね。畑で掘った芋を持って喜如嘉の山から登って逃げたよ。夜は芋掘りに行って、昼は山に隠れていたな」

「シマ（大兼久）に下りていく人もいたけれどね、アメリカーの兵隊がいるといってね。なかなか下りては行かなかった。入り前田《イリメーダ》のおじい、**51**前田牛太郎さんが兼久でヤラレタ。悲しくてね……、ナマカラドゥヤタンムン（今からだったのにね）と言って、みんな泣いていたよ。おじいは、浜に行って、その後、家を見に行ったんだが、そのときに、アメリカーにヤラレタと言われていたよ。アメリカーは、あっちこっちの家に隠れていたからな」

「空襲は、学校から始まった、大兼久から始まったんだ。戦争が近づいて来るのが分かったよ」

「年寄りたちはね、アメリカーを見るとね、インナー、ワカサルムンカラ（あんたたち若い者から）、ヘークヒンギレー（早く逃げなさい）と、言っていたよ」

「もっといろいろなことがあったけれど、こんなことぐらいしか思い出せないよ。山の中ではアメリカ兵は見たけれど、日本兵は見たことが、なかったなあ」

「当時、大兼久にはたくさんの人がいたんじゃないかな。ワーケー兼久ンチュや（私たち兼久の人は）、みんなウミンチュー（漁師）だからね。兼久には船もたくさんあったんじゃないかな。辺戸《へど》岬《みさき》を廻ってね、遠く国頭の奥《おく》（地名）まで行くこともあったよ。若い人は、ムンタカー（料理人）だ。漁法はね、石にアダン葉を括りつけてね、珊瑚に打ち付けて音を立てながら、魚を網に追い込みよったよ」

「ウミンチューをしての記憶の一つにね、座津武《ざつん》トンネルのあるところだがね、そこでヒートゥ（いるか）を捕って、帰ったことがあるよ」

「東り門《アガリゾー》の**52**（與那城）光雄《みつお》さんは、護郷隊に引っ張られていったな。ぼくもあと一つ二つ歳を取っていたら、護郷隊に引っ張られていただろうなあ。人の生死というのは分からないよなあ」

「ウチのおばあ（大城ウシ）は八〇歳、余っていたからな、山に登って行くのは大変だった。おばあは戦後、山から下りてきたけれど、すぐに亡くなった」

「兼久は、家もだいぶ焼けたよ」

「山の中では食糧がないからな。カタツムリも食べたよ。ユガイテな（煮沸してな）」

神信さんは、魚を捕る漁の話をするときには、楽しそうに饒舌になった。私が、かつて開邦高校に勤めていたことも知っていて、その当時の自分の生活のことなども思い出しながら、楽しそうに話した。嬉しかった。戦後の生活の変遷についても、苦しい生活であったようだが、冗談を交えながら懐かしそうに話した。国場組《こくばぐみ》で働いていたことや琉球石油で勤めたことなども楽しそうに話した。

郷里に来てから、付き合いとして始めたゲートボールの話になると、話は止まらなかった。しかし、戦争の話になると寡黙になった。尋ねることには、すぐに答えてくれたが、尋ねないと「戦争のことはもう分からないよ」とつぶやいた。あるいは私がそのような印象を持ったのかもしれない。

「一人では、寂しいけれど、子どもたちが回って来るからな」

「ゲートボールは宝だよ。もう八〇歳も過ぎると新聞も読まないよ。ゲートボール場でみんなから聞く情報で十分だよ」

「子供たちには、年寄りだからといって、車も取り上げられたさ」

「この壁の絵は、長男の絵だよ。長男は大学卒業後、神奈川県に住んでいて川崎で個展などもしたんだが、死んでしまった。長男の絵は、まだ裏座にいっぱいあるよ。タイムス展に入選したこともある。捨てることもできなくてね。置いてあるんだ」

家族のことになると、また懐かしそうに話し出した。なんだかホッとした。その日の午後四時から、大兼久のお年寄りたちが集まって、ゲートボールの練習があると聞いていた。神信さんもそのことを言い、それが唯一の楽しみになっていると言った。私たちは、そのことを知っていたので、時間を見計らってお礼を述べ、席を立った。

退出する前に、仏間のある部屋に掲げてある数点の絵画を、近寄って見上げた。デザインや色使いを重視した前衛的な作品で、妙にぬくもりのある温かい絵だった。そこに掲げてあるだけで存在を主張するインパクトがあった。亡くなった息子の勝さんや奥さんのことを含めて、家族のことを話す神信さんの口調は淡々としていて、寂しさを感じさせなかった。むしろ明るかった。このことに、神信さんの心中を勝手に想像した。戦争を体験した一人の男の凛とした生き様だ。私たちはお礼を述べて、仏壇に香を焚いて合掌し、退席した。

遺族の高齢化

大城神信さんの聞き取りは辛かった。たぶん、一人暮らしの生活を余儀なくされている現状に、私の思いが行き過ぎたのかも知れない。同情するべきではないし、同情なんか簡単に出来るものではないのだ。だが、寂しい空間での聞き取りは、心が折れそうであった。強いて快活な声音と大きな声で自分を奮い立たせて尋ねたが、ルシビと三人一緒だったから、最後まで取材を続けることができたのかもしれない。

神信さんの現状をつくった要因は、やはりその一つに戦争の影響を上げることができると思う。兄の神盛さんが生きていたら、事情は変わっていたはずだ。祖母が、避難した山での労苦が重なって、下山した直後に亡くなっていなければ事態は変わっていたはずだ。あるいは長男兄さんの病は、戦争直前でなければ、十分な治療を受けて、治っていたかもしれない。人間の命には、多様な偶然や必然の糸が、無数な模様を織り成しているのだと、つくづく感じ入ってしまう。

郷里の遺族の聞き取りに、ルシビの応援を得たのは、やはり私にとっては有難かった。今日の取材にも、二人の存在は心の折れそうな私を支えてくれたが、理由はそれだけではなかった。私だけの聞き取りには限界があった。聞き取りテープを書き起こして整理している途中に、ふと何かが足りない。そんな気がした。その理由はすぐに分かった。

私の取材は、親族や家族など、身近な存在の人々の聞き取りに偏重していることに気がついたのだ。これでは「大兼久の戦争犠牲者たち」の聞き取りにはならない。「わが親族の戦争犠牲者たち」とタイトルを改変しなければいけない。そんな気がしたのだ。

それはそれで、また意義のあることだとは思う。私の身近にもこんなに多くの戦争犠牲者がいたことは驚愕に値する。このことだけで、もう一冊の本が作れるような気がする。しかし、考えてみると、このことは至極当然なことなのだ。沖縄は地上戦になった場所だから、戦後七〇年、七〇歳以上の人は、ほとんどが戦争体験者になるはずだ。親族を通じて改めて知ったその事実は、重たい衝撃だった。

だが、この本に少しでも普遍的な色彩を添えるとすれば、もっと多くの人々の話を聞かなければならない。取材相手を増やすことによって、当初の目的も達成されるのだと思った。そのためにはルシビの力が必要だった。私は、小学校三年生の時に郷里を離れ、教職に就いた二四歳からの四年間を郷里で過ごしたに過ぎない。ただ父と母の故郷であり、兄や姉たちが育った故郷であるだけに、私も大いに歓迎された。私の中にも故郷という意識が、草木が伸びるように枝葉を伸ばし強固に根を張っていったのである。

これまで訪ねた人たちは、すべてが親族というわけではなかったが、胸襟を開いて私に協力してくれた。七〇歳以上の人々は、私の父を知っており、私の母を知っていた。また、郷里で学んだ姉や兄たちを知っていた。父や母の名前を告げると、皆が懐かしそうに、父や母のことまで話してくれた。

ただし、遺族の高齢化が進んでいた。私には、郷里の人々のことではあったが、所在の知らない遺族も多かった。また、親しくあいさつを交わしたことのない遺族も何名かいた。その情報を、二人のルシビは補ってくれたのだ。

二人のルシビは、私の意向を受けてすぐに行動を開始してくれた。取材の対象者を選び進言してくれた。また所在を教えてくれた。あとは、私が電話をし、意向を伝え、取材日を設定し、事前に資料等を送付するだけだった。

ただ、懸念していたとおり、対象者のすべてを取材することは出来なかった。取材を固辞する方もいた。また、取材に応じると快く返事をしてくれたものの、取材日までの間に体調を崩して入院を余儀なくされる方もいた。さらに、選び出した遺族の中には、高齢ゆえに施設に入院して認知症も進み取材が困難だという人もいた。あるいは入院して遺漏をしていて、聞き取りは不可能だという方もいた。歳月は容赦なく体験者の肉体と精神に入り込み、戦後七〇年の歳月を刻んでいた。私は、それぞれの事情を重視し、無理な取材は避けたいと二人のルシビに伝えた。

郷里で、平良キクさんの聞き取りを済ませ、大城神信さんの聞き取りを始めるまでの間に、数時間のゆとりがあった。その時間に、郷里の近くの辺土名に美味しい魚汁が食べられる食堂があるということで、出掛けることにした。郷里で暮らしているルシビの一人、金城良一《りょういち》くんの進言だった。

金城くんの案内で、四人一緒に辺土名の食堂を目指したが、定例の休業日だった。金城くんをビを冷やかしながら、引き返して辺土名入り口の「道の駅」で蕎麦を食べた。私と金城くんはビールを飲んだ。ルシビはルシビそれぞれの方法で、私を応援していることが感じられて嬉しかった。

大城神信さんの取材を終え、郷里を去る前に、村はずれに建立されている北霊之塔《ほくれいのとう》を参拝した。刻銘者の人数を確認するためである。デジカメのシャッターを押して名前を写し撮った。この北霊之塔には、私たちルシビと同じように、親しい仲間たちと銃を持ち戦場に赴いた郷里の先輩たちが刻銘されているのだ。このことを、ひしひしと実感した。

金城良一くんを含め、私たち四人も、あの時代に生まれていたら、だれかは確実に戦死していただろう。そして、私たちの命を受け継ぐ次の世代の命は確実に絶たれていたのだ。

北霊之塔は、村の墓地の中でも高台にある。潮風が頬に当たる。村の先輩たちが魚を追いかけて駆け回った広大な海が見渡せる。

「我々が、橋渡しの役を担わなければいけないんだよな。先輩たちと次代のつなぎ役にならなければいけないいんだよな」

朝一くんが、感慨深げにつぶやいた。突然のことで、一瞬何を言っているのか分からなかったが、朝一くんの言葉を理解したときは、有難かった。心が折れそうになっても、今は強い味方がいる。最後までやり遂げねばならぬという、あらたな意欲も湧いてきた。北霊之塔に眠る先輩たちへ合掌し、次は那覇近郊在住の先輩たちを訪ねる約束をして黙礼をした。

第9章 体験者の持つ命への優しさ

金城昭七さんの自分史から
奥島憲次郎さんの話
「平和の礎」へ
金城善昌さんの話

金城昭七さんの自分史から

那覇《なは》近郊在住者の一人、金城昭七《きんじょうしょうしち》さん（八四歳）は、郷里の先輩でもあるが、私にとっては教育者としての先輩でもある。私が教育の場に身を置くようになってから、様々な機会に薫陶を受けた。かつて大宜味《おおぎみ》小中学校校区の卒業生で、教職に携わっている有志でつくる「教友会」という組織があった。私も仲間に加わらせてもらったが、会食の席などに参加すると、新米教師の私は、多くの先輩教師から激励された。すでに他界していた父も教師であったが故に、父の志を継いで教員になったかに見える私を激励してくれたものだと思う。

大宜味村には、「人材をもって資源となす」という村是がある。わが郷里大兼久《おおがねく》は、貧しい村であっただけに、特に子弟の教育に熱心であった。過疎化の波を受け、近年は教職に就く後輩たちも少なくなったが、団塊の世代である私たちにとっては、教職は魅力的な仕事の一つであった。

金城昭七さんは、琉球大学教育学部を卒業している。学生時代は苦労しながらアルバイトと勉学を両立させたようで、その真面目さが大学当局の目に留まり、四年次に進級したときには、教育学部推薦で「クーン先生記念奨学資金」を給与されている。奨学資金給与伝達には安《あ》里源秀《さとげんしゅう》学長が行い、地元新聞にも取り上げられたようだ。優秀で堅実な学生時代を過ごしたのだろう。

金城昭七さんの教員生活は、一九五八年四月、母校辺土名《へんとな》高校を皮切りにスタートする。誠実な人柄は、雪だるま式に周りの信頼を勝ち得ていったと思われる。教員生活在職三七年の間に、学校現場だけでなく教育行政にも携わり、学校長としても美里《みさと》高校、真和志《まわし》高校、首里《しゅり》高校の校長を歴任されている。校長在職期間中には県高等学校体育連盟会長の重責も担われている。

金城昭七さん

金城昭七さんは、名前が示すとおり、昭和七年の生まれである。沖縄戦当時は、一三、四歳の少年として、家族と共に山中での避難生活を余儀なくされる。私たちとの約束の時間の二時間前にルシビの與那城盛次《よなしろもりじ》くんの携帯へ連絡が入った。自宅玄関前の駐車場を空けて待っているからとのこと。細やかな配慮に恐縮した。

私たち三人が到着すると、待ちかねていたように室内に案内してくれた。訪問の意図は事前に伝えており、取材依頼の文書も送っていた。このこともあってか、丁寧に関係資料をコピーして待っていてくれた。戦争体験だけでなく、郷里のことなど様々なことを話してくれた。私たちもまた、そのようにお願いしたからだ。戦争体験のみならず、郷里の後輩である私たち三人へのメッセージを賜りたいとも思ったからだ。そんな私たちの希望を快く引く受けてくれた。しまいには、私たちが相槌を打つ間がないほど意欲的に話してくれた。どれもこれも興味深かった。

金城昭七さんには自分史の出版があった。『故郷の香り―わが半生折折の記』（一九九五年、コロニー印刷）である。教師生活を退職してから、自らの人生を振り返ったものだが、三編に分けて構成されている。その中の「第一編　山原にはぐくまれて」の五項に、「私の中の戦争」がある。三七頁から五一頁までで、時間軸に沿った記述は貴重な証言になっている。大兼久の人々の山中での避難生活などが鮮やかに浮かんでくる。ここでは様々な教唆を受けたインタビューではなく、自分史から引用して抄録転載し、郷里の戦争の実態を紹介したい。

（前略）アメリカ人は、フィーザー（山羊）目玉で、夜は物を見ることができない。犬畜生でアメリカ人に捕らわれたら何をするか分からない、鬼畜米英と教えられた。

この鬼畜米空軍機が一九四四年（昭和十九）十月十日、快晴の朝、丁度登校前であったが、空高く飛来してきた。当初は、友軍機の演習だと大人は話していた。しかし、間もなく役場のサイレンが鳴り響き、敵機の空襲だ、早く山へ避難するようにと通告が出された。

　私の家族四人（祖母・父母と私）と、前仲門《メーナカゾー》の家族十人（祖母、ウファンマー夫婦、和姉親子・芳信・哲二、ミエ姉親子・礼子・征夫と芳）の計十四人が一緒になって川登《ハーヌブィ》の山小屋に避難した。ミツ姉さんが病死して間もないときであったので、ウファンマーはその位牌を抱きしめての避難であった。（中略）

　米軍空襲は、戦線が沖縄方面に迫っていることを示し、県民を恐怖の中に追いやった。各家庭では、避難小屋や防空壕づくりが急速に進められた。わが家でも、川登の他に、中山の松林に仲《ナー》カ小《グワー》と隣り合わせに避難小屋を作った。（中略）

　学校では、時々、校庭に構えてある防空壕への避難訓練も行われた。この様な戦況下、卒業式を明日に控えていた三月二十二日、米空軍の大空襲があり、以後毎日繰り返された。メンパーから見ていると、本部半島、伊江島方面も空襲を受け黒煙が立ち昇っていた。

　いよいよ沖縄に米軍は上陸するだろうと大人たちは心配していた。四月に入ったある日、米軍が沖縄に上陸し、名護まで攻めてきており、大宜味方面に向かっているので危険だから急いで奥山へ避難するよう指示が出た。

　私たち親子は中山の避難小屋にいたので、そこから食糧品など持てるだけの荷物を背負い、奥山にあるキンナー・カイコンへと夜道を歩いて行った。その夕刻、米軍は既に塩屋から饒波入口までトラック等で攻め入り、波原《バハラ》に陣地を構え、大砲を打ち上げ威嚇攻撃を始めた。私たちが歩く夜道の頭上をビュー、ビューと大砲が飛び、恐怖の中での奥山避難である。祖母は前仲門の家族と一緒に川登の避難小屋にいたので前仲門の家族と行動を共にしていた。その日の深夜カイコンで合流することができた。

大兼久区民は、その夜の未明、カイコンから更に北東の山奥に進み、林道から踏み分け道に入り、川沿いに奥地に進み、椎の木の茂るチビグンムイに辿り着いた。その川沿い一帯に避難小屋が造られ、避難生活に入った。私たち家族四人と前仲門の家族十人計十四人の大世帯が一つ屋根の小屋で生活を共にした。

戦争の恐怖の中、雨風をしのげる程度の小屋で十四人が寝泊りした。問題は毎日の食糧である。奥山に食糧となる物はない。里やその近くの農耕地まで行かないとイモなど食糧はとれない。しかし、里は米軍が占領しているので危険である。また、昼間は、米軍の飛行機・グライダーが飛び周っており、陸上でも機関銃等をもった米軍が集団で里や、避難民が住むウローの近くの山狩りをしているとの情報である。その為、昼間は避難小屋近くから離れることは危険であった。食糧を取り集めるには夜間しかできない。私たち十四人の食糧は、父母と前仲門オジィー、和姉、芳姉の五人と、時々ミエ姉も加わって補給し

た。（中略）

この様に里や農耕地から命がけで求めてくる食糧の他に、私たち子供も一緒になって避難小屋周辺の原野に自生しているツワブキの茎や雑草、木の実など食べられると思われるものは何でも採集した。また川に住むエビ、カニ、貝、沼のカエル等の小動物も食糧の足しにとった。

一度、父と一緒に、日が傾きかけた頃、ツワブキの茎をとる為、避難小屋を離れ、林道近くまで出かけた。そこで見慣れぬ服に銃をもった米兵が三人歩いていた。その姿を見て父と二人はびっくり、身を潜め、すぐ引き返した。米軍を見たのはそれが最初であった。その時から昼間、避難小屋周辺を離れないようにした。

この様な貧困な食生活のうえに、更に人々を悩ませたのは、キンザーミ（着物に巣くって人の血を吸うシラミ）である。夜、寝る前にはいなかったシラミが、朝起きて着物を調べてみると縫い目にいくつも巣くっている。毎朝それをとりつぶすのに一苦労であった。山隠りの暇つぶしにはなったが、どこから発生したのか、人々に不吉な予感を与えた。

前仲門オジーは、時々一人で川登の避難小屋に行っていた。息子の芳雄兄が、沖縄現地召集され、伊江島の守りについていた。伊江島には日本軍の飛行場がある為、激戦地になっている。前仲門オジーはその事が心配で、伊江島等遠望のきく避難小屋にいたかも知れない。芳信が四歳、哲二は二歳である。父親の顔も十分覚えていないであろう。妻であり母親である和姉は夫の戦線における安否を気遣いながらも家族の食糧集めもしなければならない。他人が計り知れない苦悩を秘めていたと思われる。

三カ月も山隠りをしていると、食糧不足、栄養の偏り、湿気、気候条件の厳しい生活環境で、人々の健康にも大きく影響した。前仲門のオバーがカッケ症状で足がはれ、体調を悪くし、仲カ小の祖母も身体の不調を訴え始めていた。山隠り生活も限界にきていたと思う。

そのような山隠り生活をしていた七月、米軍の勧告、誘導もあったのか、私たちはチビグンムイの避難小屋から饒波に下ろされた。（中略）

山から下りて初めて、日本軍の敗戦を知らされた。神国日本が負けるはずはない。神風が吹き、敵軍を撃退してくれると大人は話していたが台風銀座沖縄もこの年は台風の襲来はなく、唯、米軍の「鉄の暴風」が吹き荒れ、幾多の尊い人命が奪われ、国土が破壊され、日本軍は負けたのである。

山から下り、家族四人、しばらくの間饒波の棚原屋にお世話になった。鬼畜米英と言っていた米軍が食糧を恵んでくれた。主食のコメをはじめ、これまで食べたことのない珍しいポーク缶詰やチーズ、バター等の食糧品が支給された。実に有難く、美味しく食べた。

七月はクマゼミの鳴く季節である。木に止まっているこのクマゼミのメス（鳴かない）をとって焼いて食べた。食糧不足の名残である。（中略）

しばらく饒波で生活したが、大兼久区民は自分の村に帰り住むことが許された。山へ避難して数カ月ぶりの里帰りで、やっと解放された思いである。

自分の村に帰ったものの、わが家は、米軍によって焼き払われ跡形もない無残なものであった。祖母や父母は悲嘆にくれた。

大兼久は、上方の家は幾らか戦災を免れ残っていた。この残った家に村の人々は皆助け合って住んだ。私の家族は親戚である上門小《ウイゾーグヮー》にお世話になった。当時、上門小には仲門小《ナカゾーグヮー》、松下小《マッサーグヮー》、前倉根《メークラニー》の五世帯が一緒に住んだ。その後、国頭方面の方も米軍の命令で自分の村には住めず、大兼久等に移動させられてきた。その為、上門小には辺野喜の一世帯、宜名真の若サ屋が加わり、七世帯が一つ屋根の下に住む厳しい住宅事情であった。かかる窮屈な生活状況であっても、戦争の恐怖がないだけまだ良かった。

戦争に負け、人々は、放心虚脱状態にあったと思うが、新しい生き方を切り開かねばと村ではいろいろな動きが始まった。

漁夫は、組織的漁業を開始、農耕もはじまり、区行政や児童の教育も始まった。

一冬過ごした翌春からは住宅建築が始まり、茅ぶきではあるが次々と家が建った。本土や海外で活躍していた方々も引き揚げてきた。

わが家も父の頑張りと、南洋パラオから引き揚げてきた仲盛兄や親戚の方々の協力で十坪程の茅ぶき小屋を六月頃建てた。小さいながらも一軒屋に住めた時は大変嬉しかった。

前仲門も下親 田地小《サーウェーランチグヮー》にお世話になっていたが相前後して一軒家を建てた。しかし、伊江島の守りについた芳雄兄（注・本書33頁、**24**平良芳雄）の安否が知れず、家族は心配した。ウフアンマーは、元気で帰ってきて欲しいとの願いからユタ遣いもしておられた。その願いもむなしく芳雄兄は戦死し、帰らぬ人となった。その妻和姉さんには痛恨な思いであったろう。芳信、哲二も父親の顔も知らぬ間に戦争遺児になってしまった。

この戦争さえなければと、悲痛な思いをしている遺族をみていると偲びない。戦争は悲惨を生む、もうご免だ。

（※引用文中の注記、及び屋号や地名等、読みづらい箇所は筆者がルビを振った）

金城昭七さんは、当初、遠慮がちに話されていたのだが、一語、一語に力を込めて、はっきりと話された。その言葉は、私たち後輩を労《いた》わる優しい気遣いのようにも思われた。見送りには玄関の外まで出てきて手を振った。玄関脇の花壇には、大きな鉢に植えたシークヮーサーの樹があった。その樹にはたくさんの実が付いていた。「故郷の香り」は、金城昭七さんの心の中だけにあるのではなかった。記憶や決意は、時代や場所を一気に飛び越えて、私たちを励ます力になる。そんなことを教えてくれているように思われた。私たちは何度も礼を述べて、金城昭七さんの家を後にした。

奥島憲次郎さんの話

奥島憲次郎《おくしまけんじろう》さん（八九歳）の訪問を思い立ったのは、北霊之塔《ほくれいのとう》を建立するために、奥島さんが自らの土地を無償で提供したという『大兼久誌』の記述を読んだことも一つの要因だった。また私にとっては、父の仕事の都合上、長い間、郷里との関係を疎遠にしていたにもかかわらず、何かの村行事等で出会う度に「貞俊《さだとし》君、元気か」「頑張っているか」と、声を掛けてくれる優しい先輩でもあったからだ。後輩を思いやる温かい心遣いにいつも恐縮するばかりであった。

奥島憲次郎さんは、長い間、那覇地方裁判所で事務局長を勤め、定年で退職なさっていた。実直な人柄は、同郷の多くの人々からも尊敬されていた。さらに奥島さんは、戦争で肉親を亡くした遺族の一人でもあった。『大兼久誌』に記載された「字大兼久戦没者氏名と屋号」の第一番目に記載されている**1**奥島憲太郎《けんたろう》さんは、実兄に当たる。そんな不幸な出来事を微塵も感じさせない精神の強さは、一体どこからやってくるのだろう。奥島さんだけに限らず、先輩たちの誰もがみんな優しい。戦争体験者であり、遺族である人々の精神の強さには驚嘆する。

奥島憲次郎さんは、奥さんの静子《しずこ》さん（八九歳）と二人で待っていてくれた。そして丁寧に、几帳面に話を進めてくれた。静子さんも、うなずきながら、控えめではあったが話に加わってくれた。嬉しかった。話の中で知ったことだが、静子さんは台中丸で一家全滅の悲劇に遭遇した**62**照屋林起《てるやりんき》さんの妹であったのだ。迂闊であった。知らなかったことを恥じたが、このことを責めることもなかった。淡々と話す静子さんにも戦争体験者の優しさと強さが感じられた。

奥島憲次郎さんの取材に当たって、私はお願いをしていたことがあった。『大兼久誌』の名簿に記載されている犠牲者の人柄等について、出来るだけ知っている限りの多くの情報を教えて貰いたいと申し出ていた。このことが、犠牲者の織り成す物語を想像するには、最も有効な方法だと思ったからだ。奥島さんは、私のお願いに実直に答えてくれた。名簿の初めから一人ひとりについて順を追って話された。有難かった。

「名簿の最初に記載されている**1**奥島憲太郎は、私の兄貴だよ。三中を卒業した。当時は比《ひ》嘉《が》を名乗っていた。戦後、奥島に改姓したんだ。奥島は首里の本家の姓なんだ。兄は現役で徴集され満州で戦死した。昭和一二年ごろだったと思う。太平洋戦争以前だな。太平洋戦争での戦没者氏名ということになると、厳密には含まれないかもしれないいな」

「兄は、村主催で葬式をやった。ぼくが小学校三年生の時だったかな。大宜味校の校庭でやった。初めての村葬じゃなかったかな」

「兄は北満に派遣された。満州事変以前の戦病死ということになると思う。ぼくは、戦後出張で東京に行ったとき、兄の三中の同期生で同じ満州にいたという人と会ったことがある。その人から戦死の状況を教えてもらったことがある」

奥島憲次郎さんと奥さんの静子さん

「**2**山川元正《やまかわげんしょう》さんは、フィリピンに行って、戦後長崎で亡くなったんじゃないかな。山川元康《げんこう》さんのお父さんだ。山川勝《かつ》さんの旦那さんの元康さんのね」

「**3**奥島憲五郎《けんごろう》さんは、菊江《きくえ》さんのお父さんだね」

「**4**平良鍋一《たいらなべいち》は、光秀《みつひで》のお父さんだな。南洋に行って、軍属として漁業などをやっていたはずだ。**5**金城新太郎《しんたろう》は防衛隊。**6**金城新助《しんすけ》も防衛隊で亡くなった」

「**7**平良忠雄《ただお》は、東り仲門《アガリナカゾー》、**8**山川元太郎《げんたろう》は東り《アガリ》新門《ミーゾー》、**9**與那城蔵七《ぞうしち》は、盛次、あんたのお父さんの兄さんだな。一夫《かずお》のお父さんだ」

「**10**山城正喜《やましろせいき》は正喜屋《セイキヤー》、**11**金城正次郎《しょうじろう》は入り門《イリゾー》、**12**山川松次郎《まつじろう》は松下《マッサー》、この人は現役でなくて、年を取ってからの補充兵で召集されたはずだよ」

「13平良森吉《もりきち》は森雄《もりお》のお父さんだよ。14山川元次郎《げんじろう》は若松屋《ワカマツヤー》。15金城祥次郎《しょうじろう》は祥一郎《しょういちろう》のお父さん。この人は海軍に招集された。現役の兵隊じゃなくて、あとで召集されたんだ。16平良仲三《ちゅうぞう》は東り仲門」

（静子）「当時は、片っ端から、みんな召集されたんだね」

「17平良仲喜《ちゅうき》は浜仲門小《ハマナカゾーグワー》、この人も南洋で戦死だが、軍属じゃないかな。18金城正太郎《しょうたろう》は入り門、15金城清良《せいりょう》は大屋《ウフヤー》、この人のことは、よく知らないなあ」

「20山川桃福《とうふく》は上那小《ウイナーグワー》」

（静子）「東軒《とうけん》先生の兄さんよね」

「そう、上那小の長男だ」

「21大宜見朝健《おおぎみちょうけん》は、朝一《ともかず》、あんたのおじさんだな。この人は元気な人でね。身体も大きくてがっしりしていた。それで召集された。沖縄で戦死だ」

「22山川茂雄《しげお》は桃喜屋《トウキヤー》。23我喜屋宗栄《がきやそうえい》はガーザ。この人も一旦、沖縄へ帰って来たんだがまた行ったんだ。身体の大きい人だった。宗雄《むねお》のお父さんの弟だ。南洋で成功して郷里に立派な家を造ったんだ。24平良芳雄《よしお》さんは前仲門《メーナカゾー》、芳信《よしのぶ》のお父さんだな。25金城良雄《よしお》さんは宏明屋《コウメイヤ》、この人は現役だ」

「**26**大城新次郎《しんじろう》さんは新島《ミィジマ》。南洋ペリリューだが、ペリリューに行った人はほとんど戦死だな。召集とあるが、軍属で戦死した人も多いはずだよ。軍に使われてね。大兼久の人で南洋に出稼ぎに行った人は、ペリリューで働いていた人も多かったはずだよ。ペリリューの話はね、金城善昌《ぜんしょう》さんに聞けばよく分かるはずだ。パラオ会の会長もしていたからな。南洋にいた人たちは軍属、もしくは現地召集だろうな」

「**27**金城仁一《じんいち》さんは、新屋小《ミーヤグヮー》、足の速い人だった。**28**照屋一夫《てるやかずお》さんは照屋小《ティラグヮー》、現役間違いない。**29**金城福正《ふくまさ》は上親田地小《ウイウェーランチグヮー》、この人も身体の大きい人だったな」

「**30**前田元栄《まえだげんえい》は前田《メーダ》、軍属とあるが、うーん……軍属か現地召集か、ぼくには、はっきり分からない」

「**31**大城神盛《かみもり》さんは、上門《ウイゾー》、この人は現役ですね。**32**照屋林英《りんえい》は、ハノイか？」

（静子）「はっきり分からない」

「あのね、林英さんは静子の兄さんだが、戦死公報が来ていないものだから、はっきり分からないんだ」

（静子）「木箱に名前が書かれていただけだった」

「飛行機の整備兵だった」

「**33**金城正善《せいぜん》さんは入り門、現役、海軍、間違いない。私は正善さんと一緒にウミンチューをやった。正治《まさはる》さんも一緒にね、アギエーの追い込み漁を一時期やったんだ。網元の船を借りてね、菊江さんのお父さんの**3**憲五郎さんと四名でね。半年ぐらいウミンチューをしたよ。正善さんとは仲良しでね、夕方になるとね、浜でユンタクしたり……、そういう間柄でした」

「**34**山城照義《てるよし》はよく分からないな。**35**金城圭助《けいすけ》は宏明屋、農林学校を出て、中国かどこかで亡くなったんじゃないかな。**36**平良森幸《もりこう》さんは新地小《ミージグヮー》、モリコウと呼ぶんだ。森雄のお父さんの**13**森吉さんの兄弟。**37**山城得栄《とくえい》さんは西東り《ニシャアガリ》、得昭《とくしょう》先生のお父さんの弟、叔父さんに当たるな」

「**38**大城仲吉《ちゅうきち》は浜仲門《ハマナカゾー》、南洋だな。光秀のお父さんの兄弟。光秀のおじさんになるな。あれ、これは、大城ではなくて平良仲吉でないかな。浜仲門は平良だからな、これは間違いかもしれない。確かめてみるといい。平良仲吉が正しいんじゃないかな（注・94頁参照）」

「**39**山川茂喜《しげき》さんは桃喜屋、さっきの**22**山川茂雄さんも桃喜屋だったがハツさんのご主人。待てよ、……。東軒さんに聞いたら分かるね。聞いてごらん」

「**40**宮城《みやぎ》親栄《しんえい》さんは浦崎小《ウラサキグヮー》。**41**大城昇《のぼる》さんは川端小《ハンバタグヮー》。昇さんは、身体が弱かったけれど、現役で徴集されたんだな。**42**山城昇は東り《アガリ》。三中か農林卒だったはず。この人も身体が弱かったよ。**43**金城新幸《しんこう》さんは新助屋《シンスケヤー》。**44**照屋林盛《りんせい》さんは照屋小。この人たちは、大城昇さん、山城昇さんと同じグループだ。照屋林盛さんは沖縄で徴集されたけれど、所属した部隊が台湾へ移動した。それで台湾で戦死となっている。移動せずに沖縄に残っていても沖縄で戦死、ということになっていたんじゃないかな」

「45大城安蔵《あんぞう》は倉ン当《クラントウ》。46金城輝好《てるよし》は前新屋《メーミーヤー》、この人たちは沖縄で徴集、沖縄で死亡だな。輝好さんは学徒出陣とあるけれど現役で徴集じゃないかな。沖縄農林、嘉手納《かでな》にあった農林学校にいたはずだ。47山川元三郎《げんざぶろう》は松下小《マッサーグワー》、現役。48前田光雄《みつお》は親太郎屋《シンタロウヤー》、49奥島武雄《たけお》は上那《ウイナー》、50大宜見秀雄《ひでお》は朝吉屋《チョウキチヤー》、朝一、あんたのおじさんだよな」

「51前田元三《げんぞう》は仲前田《ナカメーダ》。この人は護郷隊で、ぼくと一緒。52與那城光雄《みつお》東り門《アガリゾー》も護郷隊、大兼久からは、第一次召集では私と併せて三名だった……。ここに護郷隊の会誌『さきもり』があるよ（手にとって渡す。しばらく沈黙）。……ぼくらは第二護郷隊だった。各字ごとに分隊に組み込まれた。第一護郷隊はヤンバル、第二護郷隊は恩納村《おんなそん》だ。光雄は食糧を探しに山を下りたときにヤラレタ。遺骨は持ち帰った……」

「53金城久幸《ひさゆき》は玉井《タマイ》、護郷隊ではなくて防衛隊だと思うよ。だから戦死地も恩納村でなく、金武《きん》辺りでないかな」

「54我那覇宗貞《がなはむねさだ》は我那覇屋《ガナハヤー》だが、宗貞じゃなくて宗秀《むねひで》じゃないかな。55大宜見秀光《ひでみつ》さんは朝《チョウ》吉屋《キチヤー》、こっちも朝一のおじさんだな。朝一はおじさんを三人も亡くしているんだな。56山川裕《ひろ》子は元三屋《ゲンゾウヤー》、名護《なご》にいたからな。おそらく三高女だと思う。元三屋の長女だ」

「**57**前田牛太郎《うしたろう》は入り前田《イリメーダ》、この人は、どうだったかな。同じ名前の人でシャーロット台風で亡くなった人がいたような気もするんだが……」

(静子)「山から下りてきたところを、ヤラレタって聞いたことがあるよ」

「そうだったか……。**58**我那覇宗久《そうきゅう》は我那覇屋、**59**屋良朝貞《やらちょうてい》は大屋《ウフヤー》だな。この人のことはよく知らないな。同じ屋号の大屋で、**19**金城清良さんがいるが、屋良と金城、どうしてかな。これも疑問符だな」

「**60**平良光正《みつまさ》は浜仲門《ハマナカゾー》、光秀の兄さんだ。光秀は次男だから、光正は長男だな。光秀のお父さんは、光秀をおばあさんとお母さんに預けて、長男の光正を連れて南洋に行ったんだよ。で、二人とも亡くなった。**61**與那城正光は東り門。こう書いてマサテルと読むんじゃないかな。マサテルはシベリアに連行されて戦死したはずだ。中国と書いているけれど、シベリアだと思う。得清《とくせい》さんもシベリア帰りだよ。大兼久には、そういう人たちもおったんだな」

「次は、妻の静子たちの兄妹だ。一家全滅だった。**62**照屋林起、**63**貴美子《きみこ》、**64**芳郎《よしろう》、**65**林宣《りんのぶ》、**66**直子《なおこ》、**67**律子《りつこ》、そして妹の**68**光子《みつこ》だ……。沖縄へ赴任中、米国潜水艦に攻撃されて沈没した」

(静子)「私は、林起の妹、一緒に亡くなった光子と姉妹だよ。富原《とみはら》のトヨ姉さんと同じ歳だよ。危険な中、よく転勤命令が出たもんだなと思うよ……」

「次の頁からは、戦没者の記名漏れがあったので追記しますと書かれているね。ここからか(指で氏名をなぞる)。最初に載っているのは69山川文三《ぶんぞう》さん、70健次郎《けんじろう》さん、71文八郎《ぶんはちろう》さんの三名だが、この三名は、文信《ぶんしん》さんの子供たちだな。健次郎さんは、三中現役で北支で戦死、文八郎さんは、ぼくより二つ歳上だった。お父さんの文信さんには八名の子供もたちがいた」

「72山川好造《こうぞう》さんは元三屋だな。三中で鉄血勤皇隊。さっきの56山川裕子さんと姉弟じゃなかったかな。73富原美代子《みよこ》さんは戦時中、ハブに噛まれて死亡。74山城永蔵《えいぞう》さんは前金細工《メーカンゼーク》、盛次のお母さんのお父さんだな。戦後パラオから引き揚げて来て亡くなったはずだ」

「次からの名簿は、申し訳ない。よく知らないなあ。オバー、オバー、民間人と続くけれど、いつ亡くなったか、よく分からない。ウチのオバーは、平和の礎《いしじ》には刻まれているけれど、ここにはないよ」

(静子)「平和の礎に行って、確かめた方がいいかもしれないね。私は二、三回行ったことがあるけれどね。オバーは奥島ではなく、戦前の姓だから比嘉《ひが》マツで刻銘されていると思うよ」

「オバーは、昭和二〇年に亡くなった。マラリアだった。ぼくが帰って来てからすぐだった」

「ぼくは、名護《なご》で訓練を受けて、護郷隊として名護岳に行った。そこからぼくの所属する第二護郷隊は恩納岳《おんなだけ》に行ったんだ。恩納岳で隊長から、君は兵隊に志願しなさい、と言われて名護に行った。一四、五名いたかな、徴兵検査を受けてぼくは合格した。そこで豊見城《とみしろ》の嘉数《かかず》にある部隊に行って入隊した。昭和二〇年の三月一日だ。その日は空襲があって壕の中で入隊式をやった。入隊式をやったその晩、すぐに真和志に移動した。それから寄宮《よりみや》辺りに行って、タコツボに入っていた。タコツボには水が溜まっていてね。一晩中そこにいたら肺炎になった。それでヤンバルに帰されたんだ。ヤンバルまで歩いて帰った。一人でね。嘉手納《かでな》で一泊して、翌日ヤンバルに着いた。体調を崩して除隊になり、ヤンバルまで帰ることが出来なかったら、現役兵としてそこで戦死していただろうな。ぼくが配備された部隊は要塞砲を持っていてね、確実に攻撃されたと思う。また隊長の勧めで現役兵に志願しないで護郷隊に残っていたら、やはりそこで戦死していたはずだ」

「ぼくが入隊した隊はね、独立重砲兵第百大隊、玉一八八〇四部隊だった。要塞砲は、靖国神社の遊就館に展示されてているはずだよ」

「護郷隊は、食糧や弾薬運搬などをしたよ。数えで一九歳、いや一八歳だったかな」

（静子）「よく生きて帰れたよね……」

（静子）「この絵はね。台中丸の遭難の様子を描いた絵だよ。沈没したね。対馬丸とは違うよ。私の兄さんの照屋林起家族が、全滅したとき乗ってた船だよ」

（静子）「林起の奥さんの貴美子さんはね、貞俊《さだとし》さん、あんたの従兄弟の貞信《さだのぶ》さんの奥さん、百合子《ゆりこ》さんのお姉さんだよ」

「北霊之塔の建立にはね、山城永盛《えいせい》さんたちが深く関わっているはずだよ。永盛さんたちの同級生がたくさん死んだからな。土地は、ぼくが提供した」

（静子）「澄《すみ》ネエさんはねえ（平良澄子さん、106頁参照）、私と一緒に本土に行って働いたのよ。大兼久からは五名一緒だった。私はね、盛助《せいすけ》ニイさんが迎えに来て、戸畑に連れていかれた。戦後は、澄ネエさんに山口に呼ばれた。引き揚げて来るときは、澄ネエさんと一緒だった。林起がヤラレタのは知っていた。大分の新聞に載っていた。家族みんなが亡くなったってね。苗《なえ》ネエさんと一緒だったからね。苗ネエさんと一緒に新聞を見た。林起は私をも迎えに来るといっていたが、迎えに来ずに大阪から沖縄行きの船に乗ったんだ。大阪に奥さんのお母さんがいてね。面会してから沖縄に行こうということだったらしい。奥さんのお母さんはね、戦後ずっと後悔していたらしいよ。もっと大阪で呼び止めておけばよかったって悔やんでいたらしい。林起は林起で、自分と息子（長男）は飛行機で先に沖縄に帰っておこうかねって思ってもいたらしい。あれこれ考えているうちに、こうなってしまったわけよ。台中丸で奇跡的に生き残った人たちの話ではね。いよいよ明日には船が沖縄に着くからなって、甲板でみんなと話し合いながら夕涼みしていたらしいよ」

「大阪に寄らなければ、その船に乗ることもなかったかもしれないな」

（静子）「林起は那覇に家を借りる手続きも済んでいたらしい。県庁職員だからね。弟の林佑《りんゆう》はね、兄さんの林起がなかなか沖縄に来ないものだから、愛知県庁まで確かめに行ったんだよ。戦後のことだけどね。戦死公報には載っていなかったのでね、確かめたかったんだ。するとね、向こうの県庁職員は、びっくりしていたらしい。ええっ？　林起さんは、見送りましたよ。沖縄に着いていなかったのですかって……」

（静子）「戦後にね、林起の鳥取高農の友人が本土から訪ねてきてね。何周年めかの記念誌に一筆書いてもらいたいということだったらしいが、戦死していることを知らないでね。がっかりして帰られたという話もあるよ。今頃は知事にでもなっているんじゃないかなって期待して来たのにね……て」

（静子）「林起は鳥取高農を卒業すると、そのまま本土で就職したんだ。私は小学校六年生だったかな。林起は弟の林佑とも歳が離れていてね。おい坊主、早く一人前になって一緒に酒を飲もうな、って言われていたようだよ」

（静子）「どうしてこういうときに転勤させるのかねって思うよね、何か特別な仕事でもあったのかねって、思うよね……」

奥さんの静子さんは、悲惨な出来事を話すときも、感情を表に出すことはなかった。それだけでない。控えめではあるが、小さく笑みを浮かべて穏やかに話した。写真を写そうとすると、頑なに断ったが、私たちは強引に一緒に写真を撮ることに誘った。

当初は遺族としての奥島憲次郎さんの体験を聞くつもりであったが、奥さんの静子さんも遺族であった。このことを知ったときは忸怩たる思いであった。これまでに静子さんの名前は出てきていたはずだ。出てきていたはずだが、気に留めなかったのだと思う。気に留めないと戦争の実態も人物も、声を持たない風景として流れていくのだ。このことに気づいたときは愕然とした。私たち戦後生まれの世代は、本当に何も知らないのだ。

奥島憲次郎さんは、生死を分けたのは「運命」と呼ぶ以外にない出来事のようだと、話をしてくれた。多くの人材を、この戦争で喪ったことが手に取るように分かる。それは、沖縄県だけに限定されるわけではないだろうが、無念の思いは、ふつふつと湧いてきた。

私たち三人は、奥島憲次郎さんに引き止められて、刺身をつまみながら、ビールを飲んだ。なんだか話し終えてほっとしたような奥島さんの上気した笑顔と別れ難かった。ＩＣレコーダーのスイッチを切った後も、長い時間、座り込んで奥島さんの紡ぎだす話に耳を傾けた。

奥島さんの記憶は、どのエピソードを語るときも理路整然と話された。そして奥さんの静子さんは、常に控えめで、決して驕るようなそぶりを見せなかった。聞かれたことだけに謙虚に答えた。先輩たちの対応、そして戦争体験者たちの持つ命への優しさは、感慨深い発見だった。

奥島憲次郎さんから借り受けた三つの資料の一つに、照屋林起さんの鳥取高農時代の友人の手記「照屋林起のこと」（三日月直之著）がある。空手を愛する林起さんとの出会いに触れながら、その実直な人柄をよく回想していた。生存していたら、沖縄県庁の要職に就いていたに違いないと、痛ましい犠牲を嘆き、無念さを綴っている。

二つ目の資料は、奥島憲次郎さんが所属していた『独立重砲兵第百大隊（玉一八八〇四部隊）の沖縄戦』と題した冊子である。三つ目は護郷隊の会誌『さともり』であった。『さともり』は昭和六一年に「護郷の会」によって編集発行され、会長池原貞雄《いけはらさだお》さん（元琉球大学学長）の序文がついている。会誌には、奥島憲次郎さんの「少年護郷隊の思い出」の手記も掲載されているので、その一部を紹介しよう。冒頭の部分だが、次のように記述され臨場感が溢れている。（『さともり』一一七〜一二一頁）

昭和十九年十月十日米軍による本格的な沖縄本島爆撃が始まり、那覇市が焼け野原となって、いよいよ沖縄上陸の可能性が一段と日々強まる中、十一月初旬の頃のある日、突然、思いがけない一通の通知書が届いた。内容は記憶にないが、今思えば一種の徴兵検査のようなもので、護郷隊召集の適性検査を受けるため、大宜味小学校へ出頭せよとのことであった。

当時、私は大宜味青年学校の第三学年在学中で、大宜味登記所に勤務していた。まだ弱

冠十七歳である。（中略）

第一期の基礎教育が終わると十二月下旬にはいったん郷里へ帰された。又と召集はないと考えていた。ところが、年が明け一月中旬になると再召集がきた。同じ名護小学校である。今度は教育ではなく前線基地の陣地構築と物資補給である。場所は名護市街地から約四キロも山奥に入った名護岳である。既に兵舎用として鬱蒼と茂った山林の中に山小屋は造られていた。そこまでの山道を毎日弾薬や米俵を一人で又は二人で棒で担いで登ったのであるが、一番の難所は南城の坂道であった。どうして苦労をしなければならないのかと小言をいうわけにはいかない。体も大きかったので荷物も他人の物より大きいように思われた。

物資の運搬がやっと終わりかけた頃、ある日の一日、南城の岡に歩哨として立哨を命ぜられた。これもはじめての経験である。然も実戦用の鉄兜を被っての立哨である。鉄兜の重さは何キロあったろうか、その重さで頭の芯が痛くなり、一時間毎の交替とはいえ、とても堪えられる一時間ではなかった。

恩賜のタバコを廻して吸ったのも名護岳での初めての経験の思い出である。

名護岳は何日間いただろうか、僅かの期間だったと思う。ある日の真夜中、これも突然に転進命令が出た。行先は不明であり、然も秘密裡の転進である。睡魔による落伍者を防止するため隊員相互の体に紐を結んでの行軍であった。途中一、二回の休憩を挟んで、唯、黙々と、咳払い一つなく軍靴の音だけが聞こえる長い道程であった。そして夜の白む頃、やっと着いた所は恩名村安富祖部落であった。（以下略）

「平和の礎」へ

戦争の犠牲者は、運、不運としか名付けようがない。そのような偶然で、生死が分別されるのだ、と考えることもできる。しかし他方で、運、不運とは名付けられない得体の知れない必然によって生死が左右されるようにも思われるのだ。いや、どんなふうに記してもどこか違和感がある。釈然としない。なぜ、あの時間、あの場所で、彼らは生まれ育ったのか。なぜ、あの時間、あの場所で彼らは死に襲われたのか。なぜ、私たちはあの時代でなく、この時代に生まれたのか。生も死も、誕生も出会いも、何度考えても答えに納得がいかない。

私たちルシビ三人は、郷里の先輩たちの体験談や思い出を聞きながら、一緒に「平和の礎」を訪ねることに思いを重ねていた。何がそうさせたのだろうか。それもよく分からない。そこに答えがあるはずはないのだが、あるような気もしていた。先輩たちの私たちに対する優しさは身に沁みた。本来なら、もっと怒り、もっと寂しい表情を見せてもいいはずなのに。理不尽な戦争に駆り出され、肉親を喪った遺族なのだ。

しかし、だれもが静かに語ってくれた。だれもが、当然のことながら平和を願っていた。私たちは、途轍もない「バトン」を渡されたのではないか。遺族の平和を願うバトンだ。緊張さえ覚えた。それだけに、その正体を見極めたくなった。その答えがあるとも思われないのに、「平和の礎」を訪ねたくなった。郷里の戦争犠牲者の名前を、『大兼久誌』や「北霊之塔」のみならず、沖縄県が刻銘した「平和の礎」で確認したかったのだ。

その思いは、やはりうまく説明できない。それでも、今は気持ちを、素直に行動に移すしかないと思った。『大兼久誌』や「北霊之塔」と、「平和の礎」の刻銘者を照合してみようという思いからだけでないことは確かだ。それだけでは、微妙に答えがずれている。もっと大きな力や意志が働いているようにも思われる。それが何かはよく分からない。刻銘者を照合し、比較しても、私にはどれもが正しい刻銘のようにも思われるのだ。それを正す意志はない。そんな自問を繰り返しながら、私たちは摩文仁の公園にある「平和の礎」に出かけた。

摩文仁《まぶに》の公園には、観光客らしい小集団があちらこちらにたたずんでいた。ルシビの與那城盛次くんは足どりがおぼつかない。私たちはもう六〇歳半ばを過ぎたのだ。大宜見朝一くんは、一週間前に那覇マラソンを完走した。矍鑠《かくしゃく》として歩く。四二キロを走る体力と忍耐力は、私には容易に想像できない。でも、想像できることがある。あの時代あの場所に、私たちはい

平和の礎を前に

なかった。戦争の犠牲にはならなかったのだ。

公園内にある検索マシンを使って、郷里大宜味村大兼久の戦没者が刻銘されている場所を確認する。大宜見朝一くんは何度か来たことがあるようだ。私は郷里の戦没者名が刻銘された場所にたたずんだことがあるような気がするが、記憶は曖昧だ。風景は風のように通り過ぎたのかもしれない。與那城盛次くんはどうだろうか。盛次くんのおじさんの刻銘があるはずだが、尋ねることはよした。

三人で郷里の刻銘者の前で合掌し、刻銘者の数を指でなぞりながら数えてみた。すぐに違いが分かった。『大兼久誌』には、追加者も含めて九二名の犠牲者が記載されていた。「北霊之塔」の刻銘者は、追加者を除いて当初の六八名である。「平和の礎」の刻銘者は一〇六名に及んでいた。明らかに多い。何度か数え直したが間違いない。犠牲者の数が一四名多く刻銘されていた。

もう一度確認しながら名前を照合してみる。すると単純に人数が増えているというわけではないことも分かった。『大兼久誌』には記載されているのに、「平和の礎」には記載されていない犠牲者が五人見つかった。また、逆に、「平和の礎」には刻銘されているのに、『大兼久誌』には記載されていない犠牲者が、一八名いた。なぜそのような違いがあるのかは分からない。何らかの事情があるのだろうが、私たち三人にとって、その事情は推測の範囲を越えることはできない。

さらに、明らかに同一人物であるのに、字体の違う犠牲者や名前の違う犠牲者もあった。その事実を前に、私たちは少なからず動揺した。私たちに何ができるか。また、何をすべきか。三人とも、判断に至るまでの思考を整理できなかった。

「とにかく、この事実を記しておこう」という大宜見朝一くんの提案に同意した。その違いを整理したのが次の表である。

◇大兼久戦没者氏名、刻銘者の比較一覧

注1『大兼久誌』をベースにして、「平和の礎」、並びに「北霊之塔」を比較した。

注2「平和の礎」、「北霊之塔」の欄の○印は刻印有り、×印は刻印なし。

注3「平和の礎」の刻銘で異字であるが、『大兼久誌』と明らかに同一人物と思われる者はその下に異字を書いて示した。

注4「平和の礎」に刻銘された一〇六名に『大兼久誌』のみに記載された五名を加えると大兼久の戦没者は一一一名になる。

番号	大兼久誌	平和の礎	北霊之塔
1	奥島憲太郎	比嘉憲太郎	○
2	山川　元正	○	○
3	奥島憲五郎	比嘉憲五郎	○
4	平良　鍋一	○	○
5	金城新太郎	○	○
6	金城　新助	○	○
7	平良　忠雄	○	○
8	山川元太郎	○	○
9	與那城蔵七	与那城蔵七	○
10	山城　正喜	○	○
11	金城正次郎	○	○
12	山川松次郎	○	○
13	平良　森吉	○	○
14	山川元次郎	○	○
15	金城祥次郎	○	○
16	平良　仲三	○	○
17	平良　仲喜	○	○
18	金城正太郎	○	○
19	金城　清良	○	○
20	山川　桃福	○	○
21	大宜見朝健	○	○
22	山川　茂雄	○	○
23	我喜屋宗栄	我喜屋宗英	我喜屋宗榮
24	平良　芳雄	○	○
25	金城　良雄	○	○

26	大城新次郎	○	○
27	金城　仁一	○	○
28	照屋　一夫	○	○
29	金城　福正	金城　福昌	○
30	前田　元栄	前田　元榮	前田　元榮
31	大城　神盛	○	○
32	照屋　林英	○	○
33	金城　正善	○	○
34	山城　照義	○	○
35	金城　圭助	○	○
36	平良　森幸	○	○
37	山城　得栄	山城　得榮	山城　得榮
38	大城　仲吉	○	○
39	山川　茂喜	山川　茂輝	○
40	宮城　親栄	×	宮城　親榮
41	大城　昇	○	
42	山城　昇	○	○
43	金城　新幸	○	○
44	照屋　林盛	○	○
45	大城　安蔵	○	○
46	金城　輝好	○	○
47	山川元三郎	○	○
48	前田　光雄	前田　光男	○
49	奥島　武雄	比嘉　武雄	○
50	大宜見秀雄	○	○
51	前田　元三	○	○
52	與那城光雄	与那城光男	○
53	金城　久幸	○	○
54	我那覇宗貞	○	○
55	大宜見秀光	○	○
56	山川　裕子	○	○
57	前田牛太郎	○	○

58	我那覇宗久	○	○
59	屋良 朝貞	○	○
60	平良 光正	○	○
61	與那城正光	与那城正光	○
62	照屋 林起	○	○
63	貴美子	○	○
64	芳郎	○	○
65	林宣	○	○
66	直子	○	○
67	律子	○	○
68	光子	照屋みつ子	○
69	山川 文三	×	追加刻名なし
70	山川健次郎	×	〃
71	山川文八郎	×	〃
72	山川 好造	○	〃
73	富原美代子	富原 美代	〃
74	山城 永蔵	○	追加刻名なし
75	大城 マツ	○	〃
76	金城 ウシ	○	〃
77	金城 マカ	○	〃
78	金城 フミ	○	〃
79	山城ヨシ子	○	〃
80	山城 栄正	山城 永正	〃
81	大城 ウシ	○	〃
82	金城 朝子	○	〃
83	平良 ナベ	○	〃
84	大城 弘子	○	〃
85	我喜屋ツル	○	〃
86	島袋 真吉	×	〃
87	山川 ウト	○	〃
88	我喜屋トシ	○	〃
89	与那城マツ	○	〃

90	山城　タマ	○	〃
91	金城　ウシ	○	〃
92	金城　祥一	○	〃
93		我那覇照美	刻銘なし
94		大城　洋子	〃
95		金城　有太	〃
96		比嘉　松助	〃
97		前田孝次郎	〃
98		山城　芳子	〃
99		比嘉　マツ	〃
101		大城　フミ	〃

102		我喜屋ヨシ	〃
103		我喜屋宗光	〃
104		我喜屋勝代	〃
105		我喜屋宗敏	〃
106		山川　敏	〃
107		山川　行雄	〃
108		金城　ウト	〃
109		島袋幸次郎	〃
110		金城　曽次	〃
111		屋良　ツル	〃

金城善昌さんの話

私たち三人のルシビは、私たちの父親と同じくパラオで終戦を迎え、戦後はパラオ会の会長を務めた金城善昌《ぜんしょう》さん（九四歳）を訪ねることにした。私たちは、だれもが父たちが暮らしたパラオのことを知らないのだ。父たちが体験したパラオの戦争を知らないのだ。私たちの父は、三人とも、あの世に逝ってしまったが、戦争のことは多くを語らなかった。いや、何も語らなかったというのが正しい。父たちが存命していた頃、私たちはあまりにも幼すぎた。無知であったのだ。

金城善昌さんは、あの玉砕の島、ペリリュー島で働いていたという。まさに九死に一生を得て郷里に生還した一人だ。私の父は、コロール島で徴兵され、ジャングルの野戦病院で病に臥し痩せこけて生還する。私たち三人のルシビの父親には、それぞれの戦後に繋がるそれぞれの物語があるはずだ。もちろん、善昌さんもそうだろう。

善昌さんは、奥さんの文子《ふみこ》さん（八四歳）と一緒に私たちを迎えてくれた。文子さんは、コーヒーやケーキや菓子類をかいがいしくテーブルに並べて、私たちを恐縮させた。

ソファーに腰掛けた善昌さんは、腰を伸ばして凛としていた。若い頃から剣道で鍛えた肉体は、衰えることを知らないかのように矍鑠としていた。戦前、戦後を通じて、数奇な運命に翻弄されながらも、剛毅に生きて来た軌跡を彷彿させるようだった。言葉にも九四歳とは思えない力強さが宿っていた。やや耳が遠いということで、文子さんが気を使ってくれた。壁には、善昌さん自らが描いたというパラオのスケッチ画が、水彩やアクリルの技法で何枚も描かれ掛けられていた。善昌さんはその絵を指差しながら話し始めた。

「あれはね、コロールのホテルから描いたもの。それは、コロールの南海楼通りだ。大兼久の人たちが近くにたくさん住んでいた。あれはテニアン。そして、あれはペリリュー島だ。あの船はね、入り門《イリゾー》の金城正太郎さんの船だ。米軍の空襲を受けて沈没、正太郎さんも戦死した」

金城善昌さんと奥さんの文子さん

「あんたたち三人のお父さんは、コロールにいたよ。住んでいたところも分かりますよ。あんたたちはパラオ人だよ。パラオで生まれなかったけれど、親父がパラオだからね（笑い）」

「私は昭和一三年、一五歳でパラオに渡った。私はコロールにはあまり長くいなかった。南洋興発という会社があってね。それは南洋一大きな会社だったんだがね。そこで働いた。三月の一三日にパラオに着いて、二〇日には故郷の先輩の紹介で採用された。月給は九円だったかな。故郷では、何倍かになったはずだ。メシは美味しいし、パラオは人間の極楽の場所だった。衣食住、満ち足りていた。ヤンバルとはまったく違っていた」

「今年、天皇陛下がペリリューに行きましたが、新聞社などが私のところに訪ねて来てね、取材をしていったんだ。これは送ってくれた新聞の切抜きだ」

(文子)「自分でコピーして、資料集を作っているんですよ」

「私がパラオに行く前に、すでに父も兄もパラオに渡っていた。父は昭和九年、兄は昭和一〇年だ。マグロ船に乗っていた。盛次のお父さんは、古株だな。一五、六年はパラオにいたはずだ。貞賢《ていけん》先生は確か昭和一九年にパラオのコロールの学校に来たはずだ。学校で一緒にテニスをしたよ。貞俊君、あんたたちが兄弟でパラオを訪ねたときね。私は大統領のお姉さんに手紙を書いてね、コロールの公学校に勤めていた大城貞賢先生の子供たちがパラオに行くから、よろしく案内してくれって手紙を書いて、送ったんだよ」

「私は、昭和一八年の一二月にテニアンにある南洋興発の附属の専習学校を出てパラオに転勤になったんだ。南洋興発ではね、専習学校で学ばせて会社の幹部を作ろうとしたんだね。専習学校を出たので待遇が一段とよくなったんだ。しかしね、昭和一八年の頃のテニアンはね、もう戦争が間近に迫っていた。パラオに行けということは、潜水艦に撃沈されるかもしれない。私に死ねということかと、思ったね。ところがね、会社の係の人はね、こう言うんだ。金城君、あんたは幸運なんだよ。もう戦争は近くまで来ている。テニアン、サイパンは確実に攻撃される。パラオに行けばあんたは生き延びられるかもしれない。私たちはこの島で玉砕だよ、とね。こう言うんだ。そうかと思って、考え直して行くことにしたんだ。会社の船でね、木造船だったがテニアンを出発した。向かったところはロタ島だ。ロタ島経由でパラオに渡った。ロタも豊かな所だった。米もできる。水も出る。食べ物も豊富。一二月二八日にロタに着いて、先輩たちと正月をロタで楽しく過ごした。明けて一月二日、ロタを出た。夜は寝ずに船で交互に敵船を監視した。やっとヤップ経由でパラオに着いた。一月の一〇日だ。親父も迎えに来ていた。会社は公学校のすぐ近くにあったんだ。陸送部隊でね、私は最初の頃は、車の配車係をした。職場は沖縄の人が多かった。公学校を覗くとね、校庭で貞賢先生がテニスをしていた。そこで初めて貞賢先生に会ったんだ。貞賢先生に声を掛けられてね。ああ、あんたもパラオに来たのか、頑張れよと励まされたよ」

「陸送部隊の仕事はね。荷物を仕分けてね、各地に送る仕事だった。18金城正太郎さんは南洋興発の寿丸という船を持っていてね。船長だ。軍需物資をペリリューに運ぶ途中、米軍の空襲で戦死した。こんなこと、話をせんとだれも分からんからな」

「それから、アイライの飛行場の建設で多くの沖縄の人たちも徴用された。私も行った。南洋庁からも職員が来ていた。山を削ってね、飛行場を造ったんだ。三月二九日の朝、山でね、作業を始めた時にね、東から飛行機が飛んできた、空襲だった。びっくりしたね。みんな逃げ惑った。そのとき、だいぶの人がヤラレテいる。兵隊も民間人もみんなだ。三一日頃だったかな、もう空襲はないだろうということでね、夕方になって遺体を片付け始めたんだが、もうウジムシが湧いていた。三日間か四日間、片付けは続いた。その時に**10**山城正喜さんがヤラレタ……。怖かったよ」

「七月の二五日は、**18**金城正太郎さんの戦死の日だ。その日はね、米軍に味方したのか、晴天の日だった。正太郎さんは私の又従兄弟なんだ。兄貴なんだ。ペリリューに行ってきてくれと言われてね。兄貴、頼むぞっていうことでね、部隊から命令されて、大砲、食糧品、雑貨などを積み込んで一〇時ごろに港を出た。米軍の飛行機が来たのは午後二時ごろだった。まずいぞ、ペリリューに船が着くのは、午後の四時頃だがな、と思ったんだ。これは大変なことになったなと思った。我々も事務所から出て、防空壕に逃げた。途中で空襲されてね。私は電柱一本に身を隠して、命拾いをした」

「正太郎は、エライコトになっているんじゃないかと思ってね。不安でたまらなかった。空襲が終わったので、事務所に帰って、何か連絡があるだろうと夜通し待っていた。そしたら、島民が二人来て、手紙みたいなものを持って駆け込んできた。どうしたんだと聞くとね、船、ヤラレマシタというんだ。ペリリューの入口でヤラレマシタと言うんだよ。乗組員は泳いで島に渡って避難しています。ところが、タイショウはヤラレマシタと言うんだ。二八日に会社の船を出して捜索に行った。部隊からは陸軍少尉と兵三人、会社からは私と12山川松次郎の二人が加わった。光丸に乗って捜索に行った。島民が持ってきたメモには金城、山川へと書かれていたんだ。まだ意識はあったんだな。船はね、焼け焦げて機械だけが残っていた。浅瀬に半分乗り上げていた。光丸を止めて、米軍の飛行機が来ないのを確かめながら、陸軍少尉が下りて行った。船にはだれもいない。よくよく調べてみたら、ハッチの中に正太郎の遺体は入っていた。乗組員の島民が、遺体が流れてはいけないということで、ハッチの中に入れていたんだな。みんなで、ビール三本でお祈りをして、やっとのことで遺体を取り出して、急いで帰ってきた。マラカルでは会社の人、みんなが迎えてくれた。それから火葬場に行った。火葬場は海軍の兵隊の遺体が山積みにされていて、中に入れなかった。それで、会社の人が、薪を入口に準備してくれてね、火葬することにしたんだ。昼間はダメだからね、夜に私は火葬したんだ。それから会社に遺骨を届けたけれどね。戦争というのは、こんなにも辛いことがあるんだなと思ったよ……」

「この写真はね、戦後、正太郎の息子の一夫《かずお》と一緒に、ペリリュー島に慰霊祭に行ったときのものだ。正太郎が、どのようにして戦死したかは、私が証明できる。おそらく、午後の二時ごろヤラレタんだと思う」

（文子）「息子の一夫さんは、私と同級生だよ」

「それからもう一人……、だあ、名前を思い出せないなあ。この本は友人が書いたものだが、これにパラオの戦争のことはみんな書いてある。これを読めば分かるはずだ（『パラオ島引揚者遭難記』伊佐勇三著、一九七九年、私家版を渡される）。パラオから台湾に渡って破傷風とマラリアで亡くなった人もいるよ。さまざまな戦死の形があったな。何か書くのであれば、これも参考にするといいね」

「大兼久誌の中のパラオ島在住者戦死者名簿にはあるけれど、平和の礎には名前がないという金城善太郎《ぜんたろう》はね、私の兄貴だ。昭和一四年一〇月一四日、コロールの沖で、船に乗っていて遭難した。ちょうど二〇歳だ。船に乗っていた五、六名、全員が死亡した。平和の礎にも、大兼久戦没者名簿にも載っていないとすればね、戦争が始まる前で、米軍に沈没させられたわけではないからだなあ。兄貴の乗っていた船は暴風で遭難したんだ。捜索したけれど全員見つからなかった」

「ペリリュー島で戦死した人はね、私もペリリュー島に住んでいたから、その事情はよく分かるんだけどね。それ以外の島から徴集されてきた人は、よく分からないんだ。パラオは小さい島も多いからね」

「戦争中、大兼久の人はアイミリーキに避難していたよ。私も除隊してからアイミリーキに行った。アイミリーキで、貞賢先生と二人でアメリカからの物資などの配給を手伝ったよ。アイライに出かけて行ってね、アメリカから物資を貰ってくるんだ。大兼久の人はね、皆で海にも出かけてね、食べ物も分け合っていた」

「アイミリーキで亡くなった平良カナさん（名簿に記載なし）は、裕子のお母さんだ。平良仲一《ちゅういち》さんの奥さんで饒波《ぬうは》の人だった。アイミリーキの一の谷で亡くなった。12山川松次郎さんは、アイミリーキで徴用されて、林業試験場で亡くなった。そこの庭に埋められているということを聞いて、遺骨を取りに行ったことがある。金城正太郎さんの奥さんは、松次郎さんの姉さんだ」

「あと一か月戦争が続いていたら、パラオは全滅しよっただろうなあ。食糧が全くなくなっていた。ところがね。戦争が終わったら日本軍の食糧が出てきたよ。不思議だった。どのようにして隠していたのかねえと思ったよ」

「私は、あんたたち三人のお父さんと一緒に、戦後みんなでパラオから引き揚げてきたんだ。私の父はね、昭和一九年の三月に、一足先に引き揚げていた。戦争が近寄っているということでね、妊婦などを引き揚げさせたんだな。その人たちの引率で引き揚げていた。南洋で親父を見ることはほとんどなかったよ。南洋にいる間に三回ぐらいしか会っていない」

（文子）「お父さんは、家族には南洋の話はしないのよ。南洋のことを聞きに来る人たちにはね、ああだった、こうだったと話をするけれどね」

「ペリリューはね、昭和八年に南洋興発が燐鉱採鉱所を作って事業を開始した。南洋興発は国策会社でね。大きな会社だった。従業員も二万人を越えていた。全国から集めていた。沖縄の人たちもたくさん働いていたよ。飛行場建設は南洋興発が請け負った。昭和一四年に完成した」

「昭和一五年ごろにはね、ペリリューで一緒に働いた上司の人たちは次の任地に赴任した。(写真を広げて見せる)この人はロタ、この人はテニアン、この人は本土に戻った。生き延びた人たちとはね、戦後も長く付き合いが続いたよ。この人は戦後、滋賀大学の教授になったんだ。この人の紹介でね、五名の女子大生を私の家に泊めたこともあるよ」

「南洋興発は南洋群島全島に事務所があった。戦後、南興会という親睦会を作ったんだ。三百人ぐらいが集まったよ。私は兵隊に徴集されるまでの約八年間、南洋興発に勤めていた。もう南洋興発のことを知っている人は少ないね」

「朝一のお父さんはね、南洋庁の水産部にいたんだがね。魚などを捕って、軍に供出していたんじゃないかな。南海楼の下は大兼久の人がたくさんいてね。私も何回か遊びに行ったけれど、大兼久の方言で話しよったからね。大城吉郎《きちろう》、山城永蔵《えいぞう》などの家があってね。あの一帯のことは、みんな知っているよ」

「パラオの歌も、いろいろ覚えているよ。(現地語で歌いだす)カレキマ　ナイニモ　ナイニモナイニ、サバナリコア　ルンパガドゥ　ルンパガドゥ、ヒトリタンワルギ、サバリナ　サバリナテマロギセー……。これはね、島民のモーアシビの歌だよ。アバイ（集会所）で歌ったんだよ（笑い）」

「パラオのシマンチュのことはね、なんとか本にしてもらいたいという希望をいつも持っている。頑張ってくれ。会誌はいろいろと私も作ってきたんだがねえ。今日は、有り難う」

金城善昌さんは、私たちがお礼を言う前に、私たちより先にお礼を言った。奥さんの文子さんは私たちに言った。「この人は、パラオのことなら何時間でも話していますよ」と。

金城善昌さんの話は起伏に富んでいた。それこそ、様々な出会いや別れを話してくれた。その全部を収載できなかったが、パラオは善昌さんにとって、人生の凝縮された場所と時間であったようだ。時には懐かしそうに話し、時には寂しそうに話し、時には怒っているように話した。その全部が、善昌さんにとって忘れられない出来事だったのだ。

取材当日、金城善昌さんから借り受けた『パラオ島引揚者遭難記』（伊佐勇三著）には、戦死した郷里の先輩60平良光正さんの様子が詳細に描かれていた。痛々しい記述だが、要約すると次のようになる。

「平良光正さんは予科練に入隊するために弱冠一七歳でパラオを後にして本土に向かう。昭和一九年五月のことだ。しかし、乗船した船は、パラオ、マラカルの桟橋を出港して間もなく、米潜水艦の攻撃を受けて沈没する。九死に一生を得るが、移り乗った船もまた潜水艦の攻撃を受ける。二度目の攻撃で大腿部から骨が飛び出すほどの重傷を負い、マニラに上陸、病院で右脚を切断する。その後、治療のために台湾に向かうが、その船がまた魚雷攻撃を受けて沈没する。三度目の遭難である。片足で泳いでいるところを助けられ、台湾の高雄病院に入院する。昭和一九年の末頃、退院し、引揚者の団体のところで過ごしていたが、栄養失調とマラリアで病没する。昭和二〇年九月頃のことだ」と……。（合掌）。

エピローグ

沖縄という土地の思想

嘉数高台公園
「空」から「姦」へ
大兼久の慰霊祭
死に優劣はない
物語の剥奪
「戦争被害学」の確立を

嘉数高台公園

私は、現在、宜野湾市《ぎのわんし》の嘉数《かかず》に住んでいる。背後には嘉数高台公園があり、普天間《ふてんま》飛行場が一望できる。展望台からの人声も聞こえてくる。訪れる人々の姿も間近に見える。展望台から普天間飛行場へ直線を引くと、私の家はその真下に位置する。発着する航空機の進路にもなっている。

嘉数高台公園は周知のとおり、沖縄戦での激戦地の一つだ。戦時中は第七〇高地と命名された。嘉数高台の争奪をめぐっての攻防は、「嘉数の戦い」と称され、一九四五年四月八日から一六日間に渡って行われた。この戦いは沖縄戦最大級の戦闘の一つとして知られるほどの激戦であった。

日本軍は斜面に生い茂る木々の中に陣地を構築して迫り来る米軍に頑強に抵抗した。嘉数高台での戦いは凄惨を極め、米軍からは「死の罠」「忌《いま》わしい丘」などと呼ばれた。

米軍は、一九四五年四月一日に、読谷《よみたん》、嘉手納《かでな》、北谷《ちゃたん》に上陸する。海を埋め尽くした一五〇〇もの艦船、一八万人の兵員で上陸する。沖縄戦はアイスバーグ作戦と呼ばれ、後方支援部隊を含めると五四万人という太平洋戦争最大規模の作戦だ。

米軍は上陸にあたって、日本軍の水際での反撃による相当の被害を予測していたようだが、しかし、日本軍は水際作戦を取らなかった。これまでの上陸に比べればピクニックの様な上陸であったと言われている。日本軍は沖縄で米軍を釘付けにして本土決戦までの時間をかせぐために、壕に潜って戦う持久作戦を取ったのである。そのために沖縄の住民は、官民一体となったスローガンに鼓舞されて、根こそぎ動員されて総力戦になる。

上陸して順調に進んできた米軍は、ここ嘉数高台で最初の日本軍の猛反撃に遭う。日本軍は嘉数高台にトーチカを構え、トンネル陣地を構築して戦う。正面の比屋良川《ひやら》も作戦の重要なポイントになる。日本軍は両岸が断崖であるその川に架かる橋を、敵の戦車の進撃を誘導する意味から敢えて破壊しなかったという。その罠にはまった米軍は一日で二二台の戦車を失ったと言われている。

沖縄では、戦後七〇年が経ったとはいえ、まだ不発弾が見つかる場所もある。南部の糸満《いとまん》では数年前に、工事現場の不発弾が爆発して、近くにある老人施設の窓ガラスを割ったことがある。戦後の処理はいまだ終わらず、長い衝撃の時間は続いているのだ。

戦後七〇年、沖縄はいまだに様々な問題が山積している。米軍基地の問題、日本政府との対応、、新たな琉球処分と呼ばれる新基地建設と構造的差別、戦争体験のトラウマ、そして貧困……。しかし、これらの課題はいずれも県民が望んだものではない。戦後七〇年の苦難の歴史からの学びは、きっと将来に生かされるだろう。いやもっと歴史の尺度を伸ばしてもよい。

一六〇九年、薩摩による琉球王国侵略からの四百年余の歴史を射程に入れて考えると、郷土の歴史はさらに様々なことを教えてくれる。戦後七〇年、これからの数十年を含めた戦後百年は、沖縄県民にとって歴史の真実を見極める大きなターニングポイントになるだろう。その胎動となるこれからの三〇年は、私たちの未来を決める重要な歳月になるはずだ。

「空」から「姦」へ

今回、戦争で犠牲になった遺族の人々の声を聞くという行為は、私に多くのことを教えてくれた。まずその一つは、体験者の声は過去からの声のみならず、未来を照らす声でもあるということだ。現在の沖縄の状況を抉る射程を有した告発の声とも言える。換言すれば、私たちが、どう生きるかを問われる声である。このことを痛感させられた。

二つ目は、遺族の有する私たちへのまなざしの優しさである。誰も彼もがみんな優しいのだ。一心に身を寄せ合って戦後を生きてきた先輩たちは、まぶしいほどの優しさを身に付けていた。それは命あるものすべてへの慈しみの心であると言い換えてもいい。私たちへ託する希望と言い換えてもいい。絶望の体験こそが、優しさと希望を生み出したのだろう。

三つ目は、戦争の犠牲者は死者だけではないということだ。遺族もまた、様々に傷つき悩む戦争の犠牲者であるということだ。死者たちが紡げなかった物語を必死に語り紡いでいく。中断された死者たちの物語を涙を堪えながら織り成していく。この行為を受け継ぐことによって、自らの物語を紡ぐことを断念することも数多くあったはずだ。戦争とは、その時代に生きたすべての人々の物語を奪っていくのだ。

その他、大きな示唆は幾つもあったが、特に、沖縄は改めて死者とともに生きている土地だということを知らされた。死者の視線を宿して多くの人々が生きているということを痛感させられた。

今日、沖縄の人々にとって大きな課題となっている米軍基地の存在は、解決不可能なアポリアのように思われる。国家の政治的課題としても浮上している。沖縄の歴史や地方自治を尊重するか、国家の益を優先するかと対立点も極まってきている。今回の取材から、私にはその解決のヒントの一つが、おぼろげながら見えてきたような気がする。

それは、両者ともに死者の言葉を獲得することだ。民衆に宿る死者の言葉を紡ぎだすことが一つの力になるように思われる。政治的な言葉よりも生活の言葉は、はるかに振幅が広い。ここを拠点に発せられる言葉こそが力を持つ。これらの言葉こそが、豊かな想像力を飛翔させ、相手の心に届く言葉を生みだすように思われるのだ。

もちろん、その努力は、国家の側にも民衆の側にも等しく課されるものだ。いつの時代にも困難な課題は数多くある。しかし、どんな困難な状況の中でも、私たちの先人は希望を見い出し、死者とともに言葉を紡ぎ出して目前の大きな壁を乗り越えてきたようにも思われるのだ。沖縄の人々は死者の思いを背負って生きている。戦争で犠牲になった親、兄弟の思いを背負って、平和な島を創ろうと願っている。沖縄の困難な課題を考えるとき、このことを射程に入れながら政治の言葉を考えることは、とても重要なことのように思われる。

かつて琉球王国の時代の政治のあり方や人々の生き方を、私たちの先輩は「空《くう》の思想」と名付けた。琉球王国という小さな島国が生きていくためには、自らをむなしくする。つまり「空」にする。大和政府と対峙するときは大和政府に寄り添い、清国政府と対峙するときは、清国政府に寄り添う。諸外国と交易をしている貿易船も、相手国を見極めて掲げる旗を代えたという。それが小国の生きる道だったと。

今、琉球王国が薩摩に侵略されて以来の苦難の歴史を考えるとき、私は「空の思想」から「姦の思想」に変化しているように思われる。踏みにじられ、陵辱された歴史が次々と浮かび上がってくる。例えば、去る沖縄戦での県民の犠牲的な精神は国家に顧みられることはなかった。それどころか、終戦時には沖縄を切り捨てる政策が採られた。それでもなお日本が民主国家であることを信じた県民は、孤独な闘いを続け復帰を実現する。だが、軍事基地のない平和の島としての復帰を願う県民の思いは叶えられなかった。そして二〇一五年の今日、永久に基地の島として存続させられるのではないかという県民の不安は大きく膨れ上がっている。

今日の沖縄を巡るこれらの状況を考えるとき、明治政府の傘下に入って以来、「琉球処分」と呼ばれる差別的な歴史がまたもや繰り返されると指摘する人々もいる。しかし、私たちの先人は何度も裏切られ、何度も辱められてきたが、我慢強く堪え、基本的な人権を取り戻す運動を誇りを持って構築してきた。その生き様を、その粘り強い思想を、私は「姦の思想」と勝手に名付けている。もちろん、この言葉は「被姦の思想」と表裏する。沖縄の悲劇の歴史を象徴している。それ故に、この言葉を一日も早く払拭する日が来ることを期待してやまない。そして、この言葉は、東アジアの歴史をも照射する射程を有しているようにも思われるのだ。

それにしても、この「被姦の歴史」に費やした先人の努力に私は敬意を表したい。時には「被姦の土地」に耐えられずに自死し、時には国外へ移住し、時には権力の側に擦り寄ることもあっただろう。しかし、希望を捨てることはなかった。いつの時代にも誇りを捨てることはなかったのだ。このような土地に生きていることを、私は恥ずかしいと思ったことは一度もない。むしろ誇りに思っている。斃れていった死者たちの視線を有して、仲間の哀しみを共有することができるのだ。あるいはこのことの発見こそが、今回の取材を通して手に入れた最も大きな収穫の一つであったように思われる。

大兼久の慰霊祭

沖縄では、六月二三日は「慰霊の日」だ。去る大戦のことを忘れず、死者に寄り添う鎮魂の日だ。その日は沖縄守備隊第三二軍の司令官であった牛島満《うしじまみつる》中将や長勇《ちょういさむ》参謀長官が、南部の洞穴で自決した日である。組織的な戦争が終わった日とされているが、実際にはその後も戦争は続き、戦死者は続出する。第三二軍は、米軍に降伏したわけではなく、本土決戦に備える時間を確保するために、最後の一兵まで戦えと檄を飛ばすのである。まさに捨て石作戦だ。

そのために、沖縄の県民は、なおも砲弾の飛び交う戦場を彷徨うことになる。「根こそぎ動員」されたにわか作りの兵士や軍属、そして最も弱い老人や女子供も死に巻き込まれる。

沖縄県では、南部の激戦地摩文仁《まぶに》の地に慰霊塔を建立し、「平和の礎《いしじ》」には二四万人余の死者の名前を刻印して平和を願っている。毎年、この日に県主催の慰霊祭が行われる。今年は戦後七〇年の節目の慰霊祭である。とりわけ、辺野古《へのこ》新基地建設反対の県民の意向を受けて誕生した翁長雄志《おながたけし》県知事は、県民の付託を遂行するとして、戦争に繋がる一切の政治的動きを否として強い対応を続けている。それは日本政府の政策と対峙するときのスタンスにもなっている。

県主催の慰霊祭では、翁長知事が、平和な世を作るためには、新基地建設は好ましくないとして、明確なメッセージを披瀝した。日本国家を代表してあいさつに立った安倍晋三総理大臣も、沖縄県の負担を軽減する努力を精一杯行うと決意を述べた。

二人の指導者のあいさつを聞きながら、私には摩文仁の地に刻銘されている二四万人余の死者たちがいっせいに蘇り、日本の行く末を見守り、耳を傾けている光景が脳裏に浮かんできた。私の郷里大兼久《おおがねく》の一一一名の死者たちも立ち上がってきた。どの顔も悲しそうに顔をゆがめている。なぜだろう。なぜ、顔をゆがめているのだろうか。戦時中に受けた肉体や精神の傷に顔をゆがめているのか。あるいは未来を見据え、現在を憂えて顔をゆがめているのか。私も自らの思いを咀嚼しながら、死者を思い、平和を願い、テレビの画面を見つめ続けた。

午後からは、郷里大兼久の慰霊祭に参加するために、宜野湾市嘉数の自宅を出た。大兼久には戦没者の名前が刻銘された「北霊之塔《ほくれいのとう》」がある。毎年、午前中はその周りの清掃を行い、午後からは、遺族や成人会、老人会、婦人会の代表者などが集まり、反戦の誓いを新たにする機会になっている。そして特筆すべきことは、小中学校の児童生徒を集めて、村の戦争体験者が体験を語り聞かせながら平和への願いを共有していることである。今年は、午後六時から一時間ほどの予定で執り行われると聞いていた。私はその会に参加したいと思って、車を駆って郷里に向かった。

死に優劣はない

北霊之塔は、大兼久の霊園の一角に設けられている。戦後、字単位で作られた慰霊塔では、最も早い時期の建立だと思われる。村の先輩諸氏の努力に敬意を表したい。そして、父母や家族を亡くして、戦後を様々な労苦を背負いながら、生きてきた遺族の努力に敬意を表したい。さらに、建立後、毎年慰霊塔の前に集まって、子供たちへ戦争のない社会を作らねばならないと語り続けている村人の思いに敬意を表したい。その思いは、北霊之塔に近づく一歩ごとに、強く増していた。

午後六時、掃き清められた北霊之塔前に設けられた香炉で香を焚き、みんなで合掌して冥福を祈った。高齢者の遺族には、折りたたみ式の腰掛が用意されて、墓前で腰掛けている。九七歳になる平良澄子《たいらすみこ》さんがいた。八八歳になった奥島菊江《おくしまきくえ》さんがいた。私の姿を認めると、二人とも手を上げて私を招き寄せ、温かく抱擁をしてくれた。

私は以前にも、この行事に参加したことがある。でも今日は特別な感慨だ。少ない人数とはいえ、取材によって遺族の体験談を聞いたからであろうか。彼らの悲しみに寄り添うことが出来るような気がする。

私は平良さん、奥島さんの二人に抱きすくめられながら、二人の過ごして来た戦後七〇年を思った。涙がにじんでくる。泣くまいと堪えて、努めて明るく振る舞った。二人はそんな私の思いに気づいたのかもしれない。二人の目にもうっすらと涙が溜まっていた。

慌てて二人の前を辞して、涙を振り払って階段を下り、テントの張られた階段下の広場に向かった。テントの下には青いビニールシートが敷かれ、児童生徒がかしこまって座っていた。

慰霊祭風景

その周りを取り囲むように、遺族や村人たちが座っている。区長のあいさつがあり、戦争体験者の体験談があり、遺族のあいさつがあった。戦争体験者のあいさつには山川東軒《やまかわとうけん》さんが、児童生徒を諭すようにゆっくりと体験を語り聞かせた。遺族の代表には、平良森雄《もりお》さんが指名され、感謝の意を述べ、平和の世の中であって欲しいと希望を述べた。区長は私の友人の前田正宏《まえだまさひろ》さん（六五歳）だ。前田さんはきっぱりと、次のように決意を述べた。

「皆さん、こんにちは。今日は朝から慰霊塔の清掃をしてもらって有り難うございます。お陰さまで立派になっています。ところで日本は厳しい世の中になりつつあります。国会では戦争が出来る法案の審議が始まっています。会期も九五日間、延長されました。お互いがこういう行事を続けているのは、二度と戦争を起こしてはいけないという思いからのものであります。みなさんにも是非このことを考えて貰いたいと思います。戦争で亡くなった村の先輩たちは、今日の状況を嘆いていると思いますし、あの世でこの行事を見守ってくれていると思います。戦争体験者が、年々少なくなっていきますが、戦後七〇年の今日の慰霊の日を境に、もう一度、戦争を起こさない国になることをみんなと一緒に願いたいと思います。今日は戦争体験者の話、この村や地域で起こった戦争の話も、体験者の方から聞くことが出来ます。那覇からも多くの郷友会の皆さんが参加してくれています。戦争法案は、みんなで力を合わせて、しっかりと廃案にしましょう。本日は有り難うございました」

区長の前田さんは一語一語、噛み締めながら、しっかりと自分の意見を述べた。国会のことは、この場にそぐわないのでは、という思いもあったが、やむにやまれない前田さんの思いがあったのだろう。

前田さんの言うとおり、那覇からの郷友会員の参加者も多く見られた。村に住んでいる私の友人、知人も、数多く参加していた。山川東軒さん、平良森雄さんだけではない。山川絹《きぬ》江《え》さん、奥島菊江さん、平良澄子さん、金城祥一郎《きんじょうしょういちろう》さん、與那城一夫《よなしろかずお》さん、一夫さんの二人の姉さんの妙子《たえこ》さん、和子《かずこ》さん、そして、平良友重《ともしげ》くん、新城寛成《あらしろかんせい》さん、奥さんの弘子《ひろこ》さん、新城寛《ゆたか》さん、山城徹《やましろとおる》くん、平良芳信《よしのぶ》さん等々……。私は、もう顔を上げて、人数を数えることが出来なかった。彼らの全てが、何らかの形で戦死者と繋がっており、遺族であり、この行事と繋がっていた。

児童生徒の代表が、感謝の気持ちを、用意した作文を読み上げて披露した。大兼久の児童生徒は全員で六人だという。その六人全員が参加していた。その後に、みんなで立ち上がって「月桃の花」を歌っってくれた。

前田正宏さん

私の親しくしているルシビで老人会長をしている金城良一《りょういち》くん（六七歳）もこの席に参加していた。金城くんは、次のように述べた。

「大宜味村で、各字ごとの慰霊祭をやっているのは、唯一大兼久だけだと思う。残されたわれわれは、先輩たちの思いを引き継いでいかなければいけない。歩ける間は、是非続けたい。ぼくも毎年参加したい」

金城良一くんは、いつものような冗談を封じて、真顔で答えた。金城くんは漁が好きである。自称「ウミアッチャー」だ。役場に長く勤めていたが、退職後は

金城良一くん

人生を楽しむように、気儘な生活を続けている。朝早くから投網を持って、浜辺に寄ってくるミジュン（魚）を捕り、それを餌にタマンやチンやガーラを狙う。私が郷里に帰った日などは、捕った魚を何度かお土産に貰ったことがある。浜辺で捕ったミジュンを、海水で洗い、一緒に刺身にして食べたこともある。小学校の頃からの親友だ。いや、小学校に上がる前からの幼馴染だ。

「同じアッチャー（歩く）でも、海に行くのと、慰霊祭に行くのとは違うんだよ。海には行けなくなっても、慰霊祭には行くよ」

何気なく、付け加えた金城くんの言葉が、私の心で、魚のように飛び跳ねた。私たちも、あの時代に生まれていたら、確実に戦争に巻き込まれていたのだ。二人とも死んでいたかもしれない。あるいは、與那城盛次《もりじ》くん、大宜見《おおぎみ》朝一《ともかず》くんと一緒に、南洋の地で死んでいたかもしれない。どこで死んでいたかは定かでない。戦争で奪われる命は、場所を選ばない。時間を選ばない。人を選ばない。それが取材を続けてきた私の感慨だ。

物語の剥奪

北霊之塔での慰霊祭が終わって間もなく、太陽は大きく傾いて水平線の彼方に沈みそうになった。久し振りに見る郷里の夕日だ。私の住んでいる宜野湾市嘉数では、水平線に沈んでいく夕日を見ることは出来ない。思わず足を止め、夕日を眺めた。

夕日は、本当に黄金色に輝いていた。周りに掛かっていたわずかばかりの雲も、いつの間にか姿を消していた。光が海面に黄金色の轍を作った。それは水平線の彼方から、私の目前に糸を引くようにまっすぐ伸びてきた。海面が魚のうろこのように波形を重ねて、きらきらと輝いた。美しい！　という思いと同時に、ここで聞いた様々な声を思い出した。

「この海に、身体を沈めてね。ティーラ（照屋）のお母は、亡くなった息子の名前を、毎日のように呼び続けていたんだよ。息子の家族は、船が沈没して一家全滅だからね。クラサランサヨヤ（悲しくてやりきれないよねえ）」

「ぼくはね、目の前のアメリカーに気づかれないように、弟を抱いて、じっとしていたんだよ。生きた心地がしなかったよ」

「お父の遺骨はね、なかったよ。広島、長崎と探し歩いて、やっと手に入れたと思ったのにね」

「ペリリューでは、爆弾を持ってリーフまで泳いで行き、上陸する船に爆弾を投げ込むんだ。無謀な作戦だよ。人間魚雷だよ」

「お父さんは、ハンサムだったよ。村一番の美男子さ」

「戦後七〇年、まだ野ざらしにされている骨があるんだよ」

多重な声が聞こえてくる。死者たちは、だれもが、夢を摘み取られ、物語を織り成す行為は剥奪されたのだ。この海を眺めながら、老母は、死んだ息子の名前を呼び続けたのだ。私たちが生活している、この地で戦争があったのだ。踏みしめているこの地に、生者たちが斃れ、命を絶えたのだ。

故郷の土地は、死者たちを抱擁してくれるだろうか。私は、この土地の声を聞き、死者たちの声を聞くことが、私の使命だと思うようになっていた。逡巡を重ねたが、今は迷いはない。表現者としての力量のなさに、無念の思いが溢れてくるが、土地に寄り添い、奪われた死者たちの物語を紡ぎだしたいという思いは、日ごとに増している。浜辺に打ち寄せる波の音が、大きく、私の心で響いていた。

「戦争被害学」の確立を

土地に寄り添う記憶を紡ぎたい。故郷への恩返しをしたいという思いから始めた私の作業は、思わぬ効果を私自身にもたらした。私の変革である。私の故郷に対する思いは、益々深くなり、親族を含めた人間への尊厳の思いは益々強くなった。

戦争とは残酷なものである。たぶん、いつの世でもそうであろう。肉親を奪い、肉親の絆を断ち切る冷酷なものだ。そして、時は戻されず永遠に再現されることはない。

大兼久海岸から眺める夕陽

肉親の思い出を語るとき、七〇年前の日々が大きな記憶として立ち現れる。死者たちの記憶は涙腺を刺激する。人間は脆い。しかし、それを消化する強さも持っている。そのことを希望にして歩む以外ないのだ。

家族の営みは、国家や民族のスローガンの前に脆くも崩壊した。出征する父や兄たちを止めることができず、歯を食いしばって悲しみに耐えた。しかし、戦後七〇年、家族の営みこそが政治に対峙する力になり得るような気もする。もう一度、成熟した個の力を信じ、家族の力を拠点にして世界を見回していいかもしれない。

戦争は、もちろん被害者だけを生むのではない。もう一方で心の傷を抱えた加害者も生むのである。本書では被害者の視点から聞き取りを行ったが、同時に私たちは、当時存在していたすべての村人、沖縄県民、日本国民、あるいは人類が、去る大戦では加害者であったという視点も忘れてはならない。家族を壊すこの加害のメカニズムを明らかにすることも、大きな課題の一つである。しかし、ここではこのことを目的とはしなかった。

私は、本書で証言を受け継ぐ聞き手であり同時に本書の語り手に徹したが、私でない私が語り手の私であってもいいと思った。その意識は持続された。語り手である私を作ったのである。そういう意味では、語り手である私の存在はフィクションであり、ノンフィクションとの境目はボーダレスになったようにも思う。いわゆる自伝的フィクションである。同時に記録的な証言集であり、フィクション的なエッセイである。いずれにしろ作品の性質で分類する意図は最初から稀薄であった。

ただし優れた聞き手であったかと自問すれば、必ずしもそうではなかった。私は、相手の気持ちに、いつの間にか寄り添うだけの聞き手になってしまっていた。感傷的な記述は私の意図するものではなかったが結果的にそうなった。しかし、このことを潔しとする私がいた。私も、私自身の感慨をそのような言葉で語らなければ壊れそうであった。記憶の被害者になりかねなかったのだ。生き続けるための精神のバランスを維持するには、様々な方法があることを学んだのは、全共闘世代の処世術である。

正しい記憶、というものはないかもしれない。それぞれの記憶があるだけだ。時間と共に語るものの側に定着していく記憶、それがあるだけだ。その記憶は、時には修正され、時には増殖する。時には消去されていく記憶もあるだろう。それらが全部記憶なのだ。

私は戦後生まれである。戦争体験のない世代に属する。しかし、戦争体験がないから戦争を語れないということは断じてない。私たちは言葉を持っているし文字を有している。想像力を有しているし命を有している。映像を有しているし音楽をつくることができる。文明は、できごとを継承するために発展してきたように思うのだ。同時に人間の肉体、目、耳、鼻、口、手、足、並びに精神の原初的は働きと構造は、そのためにこそあるようにも思われるのだ。

今、私の脳裏に響いている言葉がある。「戦争被害学」という言葉だ。「平和学」という言葉があれば、「戦争被害学」という言葉があってもいい。文学の分野で「戦争文学」が成立するのであれば、学問の分野で「戦争被害学」を成立させてもいいのではないか。なぜ、戦争が起こるのか。戦争は体験者の心にどのような傷を与えるのか。また戦死者の遺族は、どのような生活を強いられるのか。文化、社会、医学、心理学、あらゆるスタンスからのアプローチが可能である。なぜなら、戦争は、あらゆる事情を飲み込んで人々を破壊していくからだ。私が本書を書き終えるに当たって、にわかに立ち上がってきた私の結論である。もちろん、そこには多様な視点の一つとして加害のシステムや殺人国家の道義や正義のシステムとして対になる「戦争加害学」を加えてもいい。

取材に同行した二人のルシビ、大宜見朝一くんと與那城盛次くんは、短い言葉で次のような感想を述べた。

「お互い三名で行けてよかった。一人では、なかなか聞けない話だからなあ。戦争の実態がよく分かった」

「先輩の皆さんの記憶が、鮮明なことに驚いた。戦争は強烈な体験だったのだろうなあ」

「北霊之塔に刻銘された人たちのことも、また亡くなった人たちとの関係も、よく分かった。これまでは漠然と眺めてきただけだったからなあ」

「あと、二、三年早ければ、もっとたくさんの先輩の話を聞けたのになあ」

「先輩たちの話を聞いていると、人と人との繋がりが大切なことがよく分かる……」

「後輩のぼくたちに語ることを嫌がる先輩は一人もいなかった。むしろ歓迎してくれた」

「島の先輩たちの話は、本当に有難かった……」

ルシビの言葉は、やがて途切れがちになった。しんみりとなった。それぞれに重たい体験になったのだと思う。沈黙がちになった二人の思いは、ぼくにも十分理解できた。

本書が出来上がるためには、多くの人々の協力があった。特に辛い記憶を勇気を持って語ってくれた遺族の皆様には大きな声で感謝の意を伝えたい。また途中から聞き取りに参加してくれた私のルシビ、與那城盛次くんと大宜見朝一くんには、たくさんのお礼を言いたい。さらに本書の解説を書くことを嫌がらずに、多忙の中で引き受けてくれた田場裕規くんにも感謝したい。

本書は、私の所期の目的のとおり、故郷の地に建立された「北霊之塔」へ上梓することから始めたい。そして私をも変革してくれたこの書物に感謝したい。命あるもののみならず、全ての目に見えるもの、目に見えないものに感謝したい。有り難う。

注記：本書の出版までの歳月に、取材に協力してくれた大城武志さんが逝去した。ご冥福をお祈りしたい。合掌。

【取材協力者】（五十音順）

新垣　幸恵　　大城　武志　　大城　直子　　大城　信子　　大城　神信　　奥島　菊江
奥島憲次郎　　奥島　静子　　金城　昭七　　金城　善昌　　金城　文子　　金城　良一
平良　キク　　平良　澄子　　平良　森雄　　富原　貞子　　渡久地芳子　　仲地美智子
前田　裕子　　前田　正宏　　宮城　妙子　　宮城　達也　　山川　勝　　山川　絹江
山川　東軒　　山城　得昭

【取材同行者】

大宜見朝一　　與那城盛次　　田場　裕規　　辻　雄二　　中本　謙

【参考資料・参考文献等】

『沖縄県史　第8巻各論編7　沖縄戦通史』琉球政府編、一九七一年四月、琉球政府。
『喜如嘉の昭和史　村と戦争』福地曠昭、一九七五年十二月、「村と戦争」刊行会。
『大宜味村史　資料編』村史編集委員会、一九七八年九月、大宜味村。
『大宜味村史　通史』村史編集委員会、一九七九年三月、大宜味村。
『パラオ島引揚者　遭難記』伊佐勇三、一九七九年三月、私家版。
『さともり』護郷の会（編集代表池原貞雄）、一九八六年六月、新報出版。

『少年護郷隊―スパイ遊撃隊による山中ゲリラ戦』福地曠昭、一九八七年二月、沖縄時事出版。

『大兼久誌』編集委員長・平良泉幸、副委員長・山川東軒、一九九一年五月、大兼久区。

『故郷の香り―わが半生折折の記』金城昭七、一九九五年十一月、コロニー印刷、私家版。

『独立重砲兵第百大隊（玉一八八〇四部隊）の沖縄戦』独重百大隊沖縄戦編集グループ、二〇〇三年四月、私家版。

『沖縄戦の全女子学徒隊―次世代に残すもの　それは平和…』編著者・青春を語る会（代表・中山きく）、二〇〇六年六月、有限会社フォレスト。

『ペリリュー・沖縄戦記』ユージン・B・スレッジ／伊藤眞・曽田和子訳、二〇〇八年、講談社。

『火炎樹』金城善昌、二〇〇九年十一月、文進印刷、私家版。

『語りつぐ戦争　第3集　やんばるの少年兵『護郷隊』～陸軍中野学校と沖縄戦～』名護市史叢書17、名護市教育委員会文化課市史編纂係、二〇一二年三月、名護市教育委員会。

『山川家先祖の歴史―大宜味村大兼久に生きたひとびと―』山川稔編、二〇一一年、私家版。

『大宜味字誌　鎮守の里』宮城長信、二〇一二年十二月、大宜味区。

『新大宜味村史　戦争証言編　渡し番―語り継ぐ戦場の記憶』村史編纂委員会、二〇一五年三月、大宜味村役場。

『軍国少年がみたやんばるの沖縄戦　イクサの記憶』宜保栄治郎、二〇一五年四月、榕樹書林。

［解説］

人の心に人を住まわせる──大城貞俊の聴く力

田場 裕規

「聞き書き」の作法

言葉は嘘をつく。特に概念化された言葉は、嘘をつく。日本国語大辞典で「戦争」の項を引くと「軍隊と軍隊とが、兵器を用いて戦うこと。特に、国家が他国（交戦団体を含む）に対し、政治的意思を貫徹するためにとる最終的かつ暴力的手段」とあった。ここに記されたことは、所謂概念の説明である。「戦争」の説明にはなっていない。多くの沖縄戦の証言には、個別、具体的な「死」があり、それに伴う攪乱した心情がある。そして、その「死」に関わる記憶こそが「戦争」である。しかし、概念に近づいた言葉は、「死」を遠ざけ、嘘をつく。

言葉は嘘をつく。特に名詞と動詞の狭間で、嘘をつく。「戦《たたかい》（名詞）」と「戦う（動詞）」。「戦《たたかい》（名詞）」は「戦う（動詞）」を行った後に出現する。「戦う」ことは、「叩き」と「合う」

が一語になったものなので、「叩き合う」行為が確実に存在する。「叩き合う」ことは、即ち「殺し合う」ことに他ならない。名詞は一見、「叩き合う」こと、「殺し合う」こととして、その実相を片づけ、「叩き合う」ことの具体への想像を休止させる。具体を遠ざけ、嘘をつくのである。「戦争」を名詞のように、歴史の中にピンで留めたのでは、その実相はわからないのである。名詞と動詞の狭間を埋めるためには、個別、具体的な「死」に寄り添い、その「死」にまつわる〈物語〉を見出さなければ、戦争の実相を解明することはできないのである。

大城貞俊は、新境地を開いた。これまで小説の中で向き合ってきた沖縄戦を、「聞き書き」によって向き合うことに取り組んだ。大城曰く「ノンフィクションのようで、ノンフィクションではない、小説のようで、小説でない、まして資料集のようなものでもない、これまでやってこなかった表現で書きたい」と。本書は、大城貞俊にとって、新たな表現への挑戦である。

大城貞俊の「聞き書き」は、次の三つの作法を徹底した。

・黙ってじっと聴く
・話者の感覚に寄り添って聴く
・話者の記憶を共有して聴く

戦争を体験した者たちが語る話には、少なからぬ傷みを伴う。これは、話す側にも、聴く側にも生起する感覚である。大城は、その傷みから、話者に寄り添い、記憶の中の〈物語〉を共有しようと努めた。そして、ありのままに書き起こすことを大事にした。「聞き書き」を進めていくと、表現しにくい感覚が、無数に連鎖していく。戸惑い、言いよどみ、口ごもりに寄り添うことが、ありのままを書き起こすことに気づかせてくれたものと考える。しかし、そのような言いよどんだり、口ごもったりすることに寄り添うことは容易なことではなかった。沖縄戦の〈物語〉を聴くことは、自分自身の表現を問うことであり、自分自身のあり方を問うことでもあった。そのような中から見出した「聞き書き」の作法は、黙って、話者の感覚に寄り添い、その記憶を共有しながら聴くということであった。

また、「聞き書き」にこだわったのには、もう一つの理由がある。太平洋戦争によって奪われた〈物語〉には、「戦争」の一語で片づけられない個別、具体的な「死」があり、その「死」にまつわる感覚に寄り添うためには当事者から聴く以外にないと結論づけたのである。生身の感覚から生起する記憶の中に奪われた〈物語〉がある。そのことに気づいた者だけが、聴くことを許され、〈物語〉を紡ぐことを可能にするのだろう。個別、具体的な「死」にまつわる感覚の中に書き記す者の表現の可能性を託したのである。だから本書は、「聞き書き」の作法によって、読者にも聴くことを迫ってくる。暗に読者の立ち位置を問うのである。

大城は「奪われた物語」について、次のように述べている。

戦死者たちにとって、織り成されるはずであった人生の物語はどのようなものであったのだろうか。個々人にとって、かけがえのない一つきりのその物語が奪われたのだ。（略）／戦後七〇年間、郷里のこの土地は、無念の思いで斃れていった人々の血と物語を吸い込んで、空を見上げ、雨に打たれ、風に曝されてきたのだ。運命と呼ぶにはあまりにも悲しいこの想定内の愕然とした事実が、私にこの本を書かせる動機になったと言っていい。（14頁）

「運命と呼ぶにはあまりにも悲しいこの想定内の愕然とした事実」は、即ち「奪われた物語」のことである。ひとたび戦争をすれば、このような悲しいことになり、それを想定内だと断ずるのは、出会った話者たちの感覚を大城が共有しているからである。かけがえのない一つきりの物語は、奪われたのである。そして、「これは、想定されたはずだ」、と憤りを隠さない。これは大城が長年培ってきた感覚によるものである。

なぜ「聞き書き」か

大城が本書で見せたこだわりは、前述の通り「聞き書き」である。文体というよりも、表現法として見出したものであろう。「聞き書き」によって生み出されるのは、フィクションとノンフクションとの境界を一旦消すことにあったと考える。固定化された意識の中で、フィクションか、ノンフィクションか、という区分で読むのではなく、生身の人間が生きた〈物語〉として、読者と作家が共有する〈物語〉を標榜している。表現、ジャンル、書き手と読み手の区分といった固定観念による境界をフラットにすることによって、物語の可能性を見出そうとしているのである。ここに、本書の大きな特徴がある。大城曰く「すべてをボーダレスにしてみる」、「垣根を取っ払ってフラットにしてみる」と。

「沖縄戦の一級の資料は証言集である」と言われる。その為沖縄県では、戦争の証言を『沖縄県史』の関係資料として収集・編纂している。また、沖縄県平和祈念資料館では、「沖縄平和学習アーカイブ」を制作し、沖縄戦争体験者の証言一〇二人と、一八二点の沖縄戦写真並びに資料地図を閲覧することができるようになっている。その他にも、デジタル化された資料は、内閣府沖縄戦関係資料やＮＨＫ沖縄放送局が制作したアーカイブなどがある。昨今、沖縄戦関係の情報化は、目覚ましく進化をとげ、最新技術によるアーカイブ化は様々な期待が寄せられている。

しかし、いかに最新技術によって情報化を進めても、あるいは大量の情報を集めて簡便にその情報が得られる世の中になったとしても、実際に生きる人に出会う経験に勝るものはない。〈物語〉は単なる情報ではないのである。

昨今、修学旅行生が戦争体験者のお話を聞く際、過去と比較して、その態度が大きく変化してきていると聞く。平和学習の場面で、戦争体験者に暴言があったことは実に残念なことである。このような悲しい事例は、人が人に出会うという場面を疎かにしているから起こるのではないか。あるいは、単に情報を聞くというレベルで、戦争体験者に接するから起こるのではないか。戦争体験者の感覚に寄り添い、記憶を共有するという態度なくしては、戦争の実相は浮かび上がらない。ましてその時の感覚を共有しない限り、「学び」を深めることはできないはずである。事実としての羅列された情報を、脳の中に沢山集積することだけが平和学習ではない。情報を聞いて収集するというレベルの平和学習では、物語で重視されるコンテキスト（文脈）が無視される。つまり、人と人が出会うことによって始まる〈物語〉ではないのである。そのため情報は選択する側に従属するという意識が働き、体験者に寄り添うことや、記憶を共有するという意識を持つことができない。結果的に、本当の物語に出会うことができないのである。修学旅行のレポート課題のために、その情報を戦争体験者から集めているという、平和学習は案外多いようである。その平和学習の空隙に思いもよらない深刻な問題があり、それは聴くという行為を今一度問うところから始めなければならないのであろう。

インターネット空間で起こっている戦争体験者に向けられた罵詈雑言は、狂気そのものである。情報を自分自身に従えることができたと信じ、仮想現実に封じ込められた人たちは、特有の優越感を言葉に滲ませて、感覚を共有することは、もはや無理だと言わざるを得ない。その罵詈雑言は、コンテキスト（文脈）を持たずに、ただ過激になっていくだけである。コンテキスト（文脈）を失くした人の末路は、狂気にどんどん嵌まり込むことであり、現代の寂しさの極みを見る思いがする。深刻な現代病（愛着障害、コミュニケーション障害等）の底には、人類がどんどん〈物語〉を失くしていっているところにあるのではないだろうか。物語を失くすということは、即ち人が人に出会う経験を無化することである。仮想現実世界に支配された人たちは、「リアルを求めること」と「過激になること」を同一視してしまい、単なる情報の羅列と〈物語〉とを区別することができない。時間をかけてコンテキストを紡ぐことこそ、大城が求めた何にも代えがたい〈物語〉である。本書は、〈物語〉を失くした人々への警鐘でもあるのだ。

大城は「聞き書き」という作法を提示することによって、〈物語〉の底流にある「人と人との出会い」を強調している。どんなに情報が簡単に得られるような時代になったとしても、実際に生きている人と出会う経験に勝るものはない。生身の人間との交し合いの中にこそ、本当の〈物語〉があり、それを心の支えに生きていくのが人生なのであろう。「すべてをボーダレスにしてみる」、「垣根を取っ払ってフラットにしてみる」という大城の言は、物語の底流に「人と人との出会い」を見出し、そこに「真理」希求の本質を捉えているのである。

封印していい記憶、封印すべきでない記憶

大城貞俊は取材を続ける内にある葛藤が生まれる。それは、本当は語りたくない記憶を無理に語らせているのではないかという疑念である。封印していた記憶を覚ます取材は自己満足で利己的な行為ではないかという後悔でもあった。その疑念と後悔は、山川東軒さんを訪ねた際に、大きな渦となっていった。「私は故郷の山を見上げた。故郷の海を見た。慌てて東軒さんの証言を遮ったが、故郷のためにと思ってこの作業をスタートさせたが、本当にそうだろうか。本当に故郷のためになるだろうか。そんな疑問が湧いてきた。／また、私は、最後まで、この作業を続けることが出来ないかもしれないと思った。」（118頁）大城の感情のうねりが手に取るようにわかる。「本当に故郷のためになるだろうか」、と考えあぐねた末、「未来を考える契機にしなければならない」と、自分を奮い立たせ、決意を新たにする。

表面的には、過去を暴き出し、痛ましい経験を呼び覚ます行為のように見られるかもしれない。しかし大城の「聞き書き」は三つの作法を徹底していたことは、改めて強調しなければならないことである。山川東軒さんの話を、黙ってじっと聴き、東軒さんの感覚に寄り添って、記憶を共有しているからこそ、「私はもう尋ねることは出来なくなった」と呟くのである。その疑念と後悔のために出た呟きは見逃してはならない。聴く力とは、即ち「受け止める力」で

ある。本気になって受け止めるからこそ、大城は、東軒さんの苦しみや傷みを見つめることができ、我がことのように感覚することができるのではないだろうか。読者には、この感覚を共有してもらいたい。

封印していい記憶と封印すべきでない記憶は、確かに存在する。封印するか、否かは、その封印を解くものに「受け止める力」があるかどうかである。そんな単純なことではないのかもしれないが、結局のところは聴く力次第なのだと思う。戦争体験の記憶を聞こうとする大城の逡巡は、受け止めることを覚悟した大城の「代理受傷」によるものと言えるだろう。東軒さんの〈物語〉を聴いて、傷つき苦しむ大城を傍で見ながら、私も覚悟を決めた。

黙って聴く力

百年後の世界を想像する力が、どんどん衰えていくのは、なぜだろうか。明日、どのような世界になっているのかさえ、想像が難しくなっている。その想像を阻むのは、日々進化を遂げる技術であり、必要以上に提示される数値情報であろう。私たちは、いつの頃からか、技術と情報に支えられて生きるようになり、生活の中にある感覚を鈍磨させていくようになった。数値目標を掲げて技術革新を繰り返すうちに、予定調和的な生き方を身につけ、想像力を衰えさせていった。その為に、自分のことだけを話し、相手の話に耳を傾けない人が多くなった。自分のことだけを捲し立てて、相手の話すことには一切耳を貸さない人に困っている人は予想以上に多いのではないだろうか。いかにして相手を言いくるめようか、どのようにして相手を説得、屈服させようかということに、舌先を熱くさせているような状況において、問われるのは想像力であろう。このような人に会うたびに、百年後の世界が霞んでしまう。想像力とは、〈物語〉を紡ぐ力でもある。相手を受け止めることなく、自分のことだけにとらわれる場所に、〈物語〉は生まれない。

「自分のことをわかってほしい」という主張は、ある意味において暴力的である。同一性を求め過ぎるために、主張する人間は、落胆や失望に苦しみ、わかってくれないことに不安と怒りを露わにする。相手の話に耳を傾けられない人は、同一性を追求するあまり、小さな差異に感情を乱し、子どもにまで、「自分自身のことをわかってほしい」と迫る。想像力を失い、〈物語〉を失くしてしまった人の悲劇は、わかってもらえない時に暴力となってあらわれる。現代の病理は、同一性を求め過ぎるところにあり、相手への敬意を疎かにするために、悲劇が繰り返されるのではないか。このような状況で、百年後を想像することは困難だと言わざるを得ない。

一方、黙って聴く行為は、差異性を認め合う行為であり、相手への敬意の上に成り立つ行為である。そして、その差異から想像の翼をひろげて、技術や数値にとらわれずに、時間をかけて相手を受け止めていく。自分自身の心の余白を自在に活用して、定員のない心に、新しい住人を住まわせることを承認する。百年後の世界を想像する秘訣は、差異を認め合うところにあるのかもしれない。現代ほど、差異を認め合う力＝黙って聴く力が求められる時代はない。我がことにのみに汲々とする状況は、現代の息苦しさであると同時に、平和を阻む諸悪の根源である。

大城貞俊は、本書を「未来を考える契機にしなければならない」として筆を起こし、結論として「戦争被害学」を提唱した。「戦争被害学」を支えているものは、黙って聴く力と言ってもいいだろう。「なぜ戦争が起こるのか。戦争は体験者の心にどのような傷を与えるのか。また戦死者の遺族は、どのような生活を強いられるのか。」この問いに、向き合うためには、誰であっても、黙って聴くことから始めなければならない。そして、人の心に人を住まわせていかなければならない。

（沖縄国際大学総合文化学部准教授）

人名索引

＊本書で挙げられた大兼久の戦争被害者とその親族を中心に、姓・名がはっきりしている人物名を抽出した。
＊人名のゴシック体は『大兼久誌』、北霊之塔、平和の礎で現れる戦争被害者（270頁参照）とパラオ島在住者戦死者（42頁）を、太文字明朝体は取材協力者を、それぞれ意味する
＊振り仮名は証言者の呼び方に基づいている。また、読み方が明らかでない人名については、索引作成者の判断で配置はしたが、仮名は振っていない。
＊Pは当該ページに写真が掲載されていることを意味する。
＊本索引は沖縄タイムス出版部の責任によって作成している。

【新垣】 あらかき
新垣幸恵 さちえ 45、296 富原貞子の子
【新城】 あらしろ
新城寛成 かんせい 296 弘子の夫
新城弘子 ひろこ 297 寛成の妻
新城寛 ゆたか 297

【大宜見】おおぎみ
大宜見朝健　ちょうけん　32、92、227、254、270
大宜見朝一　ともかず　217P　92、216－218、227、240、254、257、267－269、282、298、304、305　朝健の甥
大宜見秀雄　ひでお　34、94、257、271
大宜見秀光　ひでみつ　34、95、257、271

【大城】おおしろ
大城安正　あんせい　94　安蔵の兄
大城安蔵　あんぞう　34、94、257、271　安正の弟
大城ウシ　うし　37、232、272
大城カナ　かな　137、200、201　貞次郎の妻、吉郎・吉次郎・貞三・貞賢の母
大城神信　かみのぶ　232P　93、230、231、232、235－237、239、240　神盛の弟、勝の父
大城神盛　かみもり　33、93、230、232、255、271　神信の兄
大城カメ　43、44
大城川栄　44
大城喜久江　きくえ　202、203　貞賢の妻、貞俊の母
大城吉次郎　きちじろう　51、136－138、143、145、147、201　貞次郎の子、吉男の父
大城吉郎　きちろう　41、44、136、137、173、175、200、201、282　貞次郎の子、貞夫・山川勝・富原貞子の父
大城絹江　きぬえ　93　貞三の妻
大城賢一　けんいち　139、193、196、197、201、207、208、212、213　貞賢・喜久江の子
大城皓次　こうじ　141　吉次郎の子
大城五郎　ごろう　232　神信の弟
大城貞夫　さだお　51、54、64、86、137、142、200　吉郎の子
大城貞俊　さだとし　73、117、185、209、251、260、276　貞賢・喜久江の子
大城貞信　さだのぶ　51、54、63、260　吉郎の子、百合子の夫
大城貞治　さだはる　64、167　仲吉の子
大城貞行　さだゆき　140　貞三の子
大城貞義　さだよし　206、207、210、213　貞賢・喜久江の

子
大城新次郎 しんじろう 33、93、255、271
大城新太郎 しんたろう 43、62
大城武志 たけし 141P 138、140、141、148 吉次郎の子
大城仲吉 ちゅうきち 33、43、64、94、167、256、271
貞治の父 ＊「平良仲吉」参照
大城貞賢 ていけん 46、49、50、55、72、201、211、
276、277、280 貞次郎の子、喜久江の夫、貞俊の父
大城貞次郎 ていじろう 52、137、185、188、200、201 カ
ナの夫、吉郎・吉次郎・貞三・貞賢の父
大城貞三 ていぞう 53、70、72、92、116、139、140、
201、202、208、228 貞次郎の子、直子の父、弘子・絹江の
夫
大城直子 なおこ 75P 74、75、79、139、140、203、230
大城貞三・弘子の子
大城信子 のぶこ 61P 59—61、65、68、87、164、170
山川絹江の姉
大城昇 のぼる 34、256、271
大城弘子 ひろこ 36、53、71、72、73、201、228、272
貞三の妻
大城フミ 273
大城勝 まさる 231、236 神信の子
大城マツ 36、43、62、114、272
大城百合子 ゆりこ 63、260 貞信の妻、照屋貴美子の
妹
大城洋子 76、273
大城吉男 よしお 138、140、142、143、145 吉次郎の子

【奥島】 おくしま
奥島菊江 きくえ 125P 61、90、123—125、127—129、176、
253、256、294、296 憲五郎の子
奥島憲五郎 けんごろう 31、42、61、90、156、176、
253、256、270 菊江の父
奥島憲次郎 けんじろう 253P 61、253—255、265、266
憲太郎の弟、静子の夫
奥島憲三 けんぞう 112
奥島憲太郎 けんたろう 31、61、90、125、156、251、270
憲次郎の兄

奥島静子 しずこ 253P 251、253、255、258、262、263 憲次郎の妻、照屋林起の妹
奥島武雄 たけお 34、94、157、257、271
我喜屋宗栄（宗英、宗榮） そうえい 32、43、92、254、270

【我喜屋】 がきや
我喜屋勝代 273
我喜屋宗光 273
我喜屋宗敏 273
我喜屋ツル 36、272
我喜屋トシ 36、272
我喜屋宗雄 むねお 254
我喜屋ヨシ 273

【我那覇】 がなは
我那覇五郎 ごろう 168
我那覇宗久 そうきゅう 35、95、96、225、258、272
我那覇照美 273
我那覇宗貞 むねさだ 34、95、257、271
我那覇宗秀 むねひで 257

【金城】 きんじょう
金城朝子 36、272
金城ウシ 36、114、167、273 新太郎の母
金城ウト 273
金城一夫 かずお 52、279 正太郎の子
金城圭助 けいすけ 33、93、256、271
金城祥一 37、273
金城祥一郎 しょういちろう 63、92、224、254、296 祥次郎の子
金城祥栄 しょうえい 63、96 祥次郎の弟
金城昭七 しょうしち 243P 242–244、250、251
金城正次郎 しょうじろう 32、91、92、255、272 正太郎の弟
金城祥次郎 しょうじろう 32、63、92、224、254、270 祥栄の兄、祥一郎の父
金城祥信 しょうしん 112

金城正太郎　しょうたろう　32、43、52、92、254、270、275、277―279、281　正善・正次郎の兄、一夫の父
金城仁一　じんいち　33、93、255、271
金城新幸　しんこう　34、94、256、271
金城新助　しんすけ　31、91、253、270
金城新太郎　しんたろう　31、90、167、253、270　ウシの子、輝好の父
金城新豊　しんほう　112
金城正善　せいぜん　33、52、93、255、256、271　正太郎の弟
金城清良　せいりょう　32、92、254、258、270
金城善昌　ぜんしょう　275P　255、273、274、275、283　善太郎の弟、文子の夫
金城善太郎　ぜんたろう　44、280　善昌の兄
金城曽次　273
金城輝好　てるよし　34、61、90、91、94、111、112、165、167、168、257、271　新太郎の子
金城久幸　ひさゆき　34、63、95、257、271
金城福正（福昌）　ふくまさ　33、93、255、271
金城フミ　36、272
金城文子　ふみこ　275P　274、275、283　善昌の妻
金城マカ　まか　36、114、272
金城正治　まさはる　112、256
金城有太　ゆうた　218、273　有太郎の父
金城有太郎　ゆうたろう　226　有太の子、平良キクの父
金城良雄　よしお　33、92、254、270
金城良一　りょういち　298P　237、238、297、298

【島袋】　しまぶくろ
島袋幸次郎　273
島袋真吉　36、272

【平良】　たいら
平良カナ　かな　43、52、63、281　仲一の妻、前田裕子の母
平良キク　きく　222P　220、222、227、229―231、239
平良澄子　すみこ　107P　105―107、261、294、296
平良武則　たけのり　131、132　森吉の子

平良忠雄 ただお　31、89、251、270
平良仲喜 ちゅうき　32、43、61、92、254、270
平良仲三 ちゅうぞう　32、92、254、270
平良仲蔵 ちゅうぞう　29、221
平良仲一 ちゅういち　63、281　カナの夫、前田裕子の父
平良仲吉 ちゅうきち　61　鍋一と兄弟
平良仲勇 43
平良友重 ともしげ　296
平良ナベ 36、272
平良鍋一（鍋市） なべいち　31、42、44、61、90、167、253、270　仲吉と兄弟、光正・光秀の父
平良光秀 みつひで　87、90、253、258　鍋一の子、光正の弟
平良光正 みつまさ　35、62、87、258、272、283　鍋一の子、光秀の兄
平良森雄 もりお　131P　62、91、93、123、129、133、134、165、254、256、295、296　森吉の子
平良森吉 もりきち　32、62、91、129、157、165、254、256、270　森雄の父、森幸の兄
平良森幸 もりこう　33、62、93、129、157、256、270　森吉の弟
平良芳雄 よしお　32、63、92、250、254、270　芳信の父
平良芳信 よしのぶ　254、297　芳雄の子

【照屋】 てるや
照屋一夫 かずお　33、93、255、271
照屋貴美子 きみこ　35、63、66、258、260、272　林起の妻、芳郎・林宣・直子・律子の母
照屋直子 なおこ　35、66、67、256、270　林起・貴美子の子
照屋光子（みつ子） みつこ　35、63、66、67、258、272　林起の妹
照屋芳郎 よしろう　35、67、67、258、272　林起・貴美子の子
照屋律子 りつこ　35、67、258、272　林起・貴美子の子
照屋林英 りんえい　33、68、93、255、271　林起の弟
照屋林起 りんき　35、40、63、65—67、93、109、252、

258、260−264、272　貴美子の夫、芳郎・林宣・直子・律子の父、林英・林佑・奥島静子の兄、
照屋林盛　りんせい　34、94、256、271
照屋林宣　りんのぶ　35、66、67、258、272　林起・貴美子の子
照屋林佑　りんゆう　65、66、261、262　林起の弟

【渡久地】とぐち
渡久地芳子　よしこ　205P　185、204、205、212、213　大城貞賢・喜久江の子

【富原】とみはら
富原貞子　さだこ　49P　44、45、49−54、59、60、137、172、173、176、177、200、205　大城吉郎の子、山川勝の妹
富原トヨ　とよ　258
富原美代子（美代）　みよこ　36、114、259、272　山川絹江の姉

【仲地】なかち
仲地美智子　みちこ　205P　50、204、205、207−209、213　大城貞賢・喜久江の子

【比嘉】ひが
比嘉ウト　64
比嘉マツ　まつ　259、273
比嘉松助　273

【前田】まえだ
前田牛太郎　うしたろう　35、63、95、157、225、233、258、271
前田元栄（元榮）　げんえい　33、43、93、153、255、271　山城八重子の父
前田元三　げんぞう　34、95、257、271
前田孝次郎　273
前田孝　たかし　153　元栄の子、山城八重子の弟
前田裕子　ひろこ　61P　52、59−61、65、164、168−170、172、204、207、280　平良仲一・カナの子
前田正宏　まさひろ　297P　295−297

前田光雄（光男） みつお 34、94、157、257、271

【宮城】みやぎ

宮城親栄（親榮） しんえい 33、94、256、271
宮城妙子 たえこ 179P 178、184—187、191
　与那城蔵七の子、達也の母
宮城達也 たつや 179P 178、179、183、185 妙子の子

【山川】やまかわ

山川ウト 36、272
山川勝 かつ 69P 69—72、74、83、137、200、253 大城吉郎の子、富原貞夫の姉、元康の妻
山川絹江 きぬえ 111P 87、110、111、118、296 東軒の妻、大城信子・富原美代子の妹
山川元康 げんこう 48、69、74、253 元正の子、勝の夫
山川元三郎 げんざぶろう 34、61、94、156、257、271
　元正と親子
山川元正 げんしょう 31、61、89、90、156、253、270
　元三郎と親子、元康の父
山川健次郎 けんじろう 35、88、112、156、259、272 文信の子
山川元次郎 げんじろう 32、92、254、270
山川元太郎 げんたろう 31、91、156、253、270
山川好造 こうぞう 35、62、88、113、156、158—160、259、272 裕子の弟、稔の兄弟
山川茂雄 しげお 32、43、62、89、92、156、254、256、270 高男の父
山川茂喜（茂輝） しげき 33、43、94、156、256、271
山川高男 たかお 89 茂雄の子
山川東軒 とうけん 87P 83、86、87、96、98、99、104、110、111、117、118、254、256、295、296 桃福の弟、絹江の夫
山川桃治 43
山川桃太 とうた 89
山川桃福 とうふく 32、43、92、97、156、254、270 東軒の兄
山川敏 273

山川夏子　なつこ　175
山川ハツ　256
山川裕子　ひろこ　34、62、88、95、156、158、257、259、271　好造の姉
山川文光　ぶんこう　113　文信の父
山川文信　ぶんしん　88、113、259　文光の子、文三・健次郎・文八郎の父
山川文三　ぶんぞう　35、88、112、113、156、259、272　文信の子
山川文八郎　ぶんはちろう　35、88、112、156、259、272　文信の子
山川松次郎　まつじろう　32、43、52、54、61、91、156、253、270、279、281
山川稔　みのる　113、155　好造の兄弟
山川行雄　273
山川義高　よしたか　96、98

【山城】　やましろ
山城功　いさお　151　得昭の弟
山城永輝　えいき　114　永蔵の子
山城栄正（永正）　36、272
山城永盛　えいせい　112、259、261
山城永蔵　えいぞう　36、114、272、282　永輝の父
山城繁　43
山城正喜　せいき　32、42、91、253、270、278
山城タマ　37、273
山城照義　てるよし　33、93、256、271
山城徹　とおる　297
山城得栄（得榮）　とくえい　33、93、150—152、154、256、271　得幸の弟
山城得幸　とくこう　150　得昭の父
山城得昭　とくしょう　149P　148—150、155、256　得幸の子、八重子の夫
山城八重子　やえこ　149、153　前田元栄の子、得昭の妻
山城昇　のぼる　34、94、157、256、271
山城ヨシ子　36、272
山城芳子　273

【屋良】やら
屋良朝貞　ちょうてい　35、258、272
屋良ツル　273

【与那城・與那城】よなしろ
與那城一夫　かずお　63、91、127、180、253、296　蔵七の子
與那城（与那城）蔵七　ぞうしち　32、63、91、127、177、178、191、253、270　千代の夫、一夫・宮城妙子の父
与那城マツ　37、272
與那城（与那城）正光　まさてる　35、88、258、272
與那城（与那城）光雄（光男）　みつお　34、95、232、257、271
與那城盛次　もりじ　215P　214―216、227、243、253、259、267、268、298、304、305
與那城千代　ちよ　177、178、181、182、184―186　蔵七の妻

[筆者紹介]

大城貞俊……おおしろ・さだとし

1949年沖縄県大宜味村大兼久生まれ。
1973年琉球大学法文学部国語国文学科卒業。
県立高校教諭、県教育庁指導主事等を経て、琉球大学教育学部教授を定年退職。現在大学非常勤講師。詩人・作家。
2005年詩集『或いは取るに足りない小さな物語』で第28回山之口貘賞
2007年沖縄タイムス芸術選賞文学部門（小説）大賞
主な著書：小説『椎の川』（具志川市文学賞、朝日新聞社）。評論『沖縄戦後詩史』（沖縄タイムス芸術選奨文学部門評論奨励賞）。小説『アトムたちの空』（第2回文の京文芸賞、講談社）。小説『ウマーク日記』（琉球新報社）。戯曲『山のサバニーヤンバルパルチザン伝』（第1回沖縄市戯曲大賞）。小説『G米軍野戦病院跡辺り』（人文書館）。大城貞俊作品集上巻『島影』、下巻『樹響』（人文書館）など。

奪《うば》われた物語《ものがたり》

大兼久《おおがねく》の戦争《せんそう》犠牲者《ぎせいしゃ》たち

著者　大城貞俊
発行者　上原　徹
発行所　沖縄タイムス社
〒900-8678　沖縄県那覇市久茂地二-二-二
電話　〇九八-八六〇-三五九一
二〇一六年六月一七日　初版発行
印刷　東洋企画印刷

ISBN978-4-87127-233-9　C0095